Mein Leben ist so sündhaft lang

Ralph Giordano

gest. 12/14

Mein Leben ist so sündhaft lang

Ein Tagebuch

Kiepenheuer & Witsch

Der Buchtitel – »Mein Leben ist so sündhaft lang« – ist ein Zitat von Victor Klemperer.

Mix
Produktgruppe aus vorbildlich
bewirtschafteten Wäldern und anderen
kontrollierten Herkünften
www.fsc.org   Zert.-Nr. SGS-COC-001940
©1996 Forest Stewardship Council
Verlag Kiepenheuer & Witsch, FSC-N001512

1. Auflage 2010

Umschlaggestaltung: Rudolf Linn, Köln
Umschlagmotiv: © Grosse/laif
Gesetzt aus der Stempel Garamond
Satz: Dörlemann Satz, Lemförde
Druck und Bindung: GGP Media GmbH, Pößneck
ISBN 978-3-462-04240-5

Inhalt

I. *»Die Tränen kommen früher als sonst«*

März–Juni 2009

20. März 2009, Köln
Vormittags im Verlag Kiepenheuer & Witsch. Gespräche über die nächsten Pläne: ein Tagebuch; heute beginnend über exakt ein Jahr hin, Erscheinungstermin: Herbst 2010; danach eine Auswahl meiner Reden, Vorträge, Lesungen der letzten zehn Jahre, Herbst 2011; schließlich das Thema, das immer offener zum Problem Nr. 1 der deutschen Innenpolitik wird, »Migration und Integration – Allah auf leisen Sohlen«, Herbst 2013.

Meine Großmutter mütterlicherseits hat, mir noch im Ohr, einmal gesagt: »Der Junge hat was Tollkühnes an sich.« Wie wahr! Würde die Verwirklichung dieser Pläne doch nichts anderes bedeuten, als mich noch als Neunzigjährigen über die Frankfurter Buchmesse humpeln zu sehen ...

Der Verlag ist übrigens umgezogen – vom Stadtteil Marienburg in die City. Dagegen ist nichts einzuwenden – die neuen Räume sind licht, man kann ausschreiten und stolpert nicht mehr in engen Zimmern und schmalen Fluren über aufgetürmte Büchergebirge, ganz abgesehen vom Anblick auf den geradezu imperialen Hauptbahnhof. Dennoch ist der Ortswechsel für mich nur schwer zu verwinden. Brauchte ich doch über Jahrzehnte hin nur kurze Zeit, um vom Wohnpark Bayenthal durch das Nobelviertel und einen gepflegten Park zum denkmalgeschützten Haus Rondorfer Straße 5 zu gelangen: zehn Minuten zu Fuß, fünf per Rad, dieselbe Postleitzahl: 50968 Köln.

Damit ist es nun vorbei.

Wie mit den guten Vorsätzen – kein neues Buch mehr, zwanzig genügen. Aber die Welt dreht sich weiter, und ich kann nicht leben, ohne zu schreiben. Also das laufende Jahr unerschrocken unter das Mikroskop meiner späten Tage gelegt.

Heute bin ich übrigens sechsundachtzig geworden.

21. März 2009, Köln

Das erste, was ich nach dem Erwachen tue: Ich nehme Knuffi-Kirschauge in die Arme, drücke ihm einen Kuß auf die schwarze Nase und bin sprachlos, so inniglich schaut er mich an. Dabei sind seine Augen aus Glas, handelt es sich doch um einen Stoffwelpen, den mir ein alter Freund aus Bremen rechtzeitig zum gestrigen Tag geschenkt hat. Und das in Kenntnis meines lebenslangen, aber bis dato unerfüllt gebliebenen Wunsches nach einem Labrador mit hellem Fell. Rastlosigkeit und Arbeitswut ließen ihn schlicht nicht zu. Das habe ich einsehen müssen, deshalb dieser »Ersatz«. Aber was für einer! Wenn ich, wie jetzt, Knuffi von ganz nah tief in die Augen schaue, nehmen sie einen Ausdruck an, der von dem eines echten Hundegefährten kaum noch zu unterscheiden ist.

Da ist also gerade ein Ritual geboren worden.

28. März 2009, Köln

Endlich ist ein neuer Fahrstuhl installiert.

In den über dreißig Jahren Berndorffstraße 4, Köln-Bayenthal, bin ich mehrere Male zwischen Erdgeschoß und sechstem Stock steckengeblieben, und das bis zu einer halben Stunde – für den Klaustrophoben die Apokalypse schlechthin.

Ihre Ursache: September 1939, Geheime Staatspolizei, Leitstelle Hamburg. Der hölzerne Käfig, der eingezogene Kopf, die Halsstarre, das verbogene Rückgrat, die schmerzenden Knie – ich war sechzehn. Seither fürchte ich mich, wenn Türen hinter mir geschlossen werden, besonders in Fahrstühlen. In manchen Gebäuden bin ich die Treppen bis zu zwanzig Etagen und mehr hochgeklettert. Auch hier bin ich oft genug die sechsundneunzig Stufen per pedes hinaufgestiegen, aber das ist im Lauf der Jahre immer anstrengender geworden, das geben die Muskeln nicht mehr her. Und wegziehen will ich nicht.

So vertraue ich mich denn der neuen Technik an, lasse mich neuerdings in dem blitzblanken Käfig rauf- wie runterkarren und versuche mir einzureden, ich hätte etwas von der Furcht, eingeschlossen zu sein, verloren.

Und weiß doch, daß das nicht stimmt, daß es ein Selbstbetrug ist, weil nichts unvergessen ist, was von damals kommt.

5. April 2009, im Zug
Auf der Fahrt von Berlin zurück nach Köln.

In Bielefeld steigt eine Mutter mit Tochter und Sohn zu – das Mädchen zwölf, dreizehn, der Junge acht oder neun – Migranten. Sie setzen sich hin, still, schüchtern fast. Sofort ist in mir das alte Grundgefühl da, stärker als alles andere: sie zu beschützen – Allah hin, Mohammed her.

Die Kinder sprechen mit der Mutter türkisch, untereinander aber deutsch. Der Junge zeigt auf mich, lächelt, raunt der Schwester etwas zu. Beide sind langbewimpert und lösen einen nachhaltigen Zärtlichkeitsschub in mir aus. Ich kann es mir nicht verkneifen und streichle dem Jungen über die Wange, mit der Außenseite meiner rechten Hand, nicht der Innenseite – das wäre zu intim. Das Mädchen würde ich natürlich nicht mal mit der Fingerspitze anrühren. Ich habe ihnen inzwischen auf gut Glück die Namen Ayşe und Bassam gegeben.

Als sie Anstalten machen, in Hamm auszusteigen, schenke ich den Kindern ein paar Ostereier, vorsichtig, weil ich nicht weiß, wie sie reagieren werden. Sie bedanken sich artig, geben mir die Hand, auch das Mädchen, und lächeln, wie die Mutter. Ich sehe ihnen nach und habe dabei nur einen, einen einzigen Gedanken: Es soll ihnen gutgehen, es soll ihnen, verdammt noch mal, gutgehen!

Dieser Wunsch liegt allem, aber auch restlos allem zugrunde, was ich über Migration und Integration in der Öffentlichkeit gesagt und geschrieben habe oder je sagen und schreiben werde. Es gibt darin nichts, was gegen die Interessen von Ayşe und Bassam gerichtet wäre.

Zu Hause angekommen, bewegen das Erlebnis und seine Assoziationen mich dazu, den PC anzuwerfen und zu schreiben, eine Art »Charta«:

Es bleibt die Ehre der Nation, jeden Eingewanderten, Fremden oder Ausländer gegen die Pest des Rassismus und seine Sympathisanten zu schützen. Gleichzeitig aber ist es bürgerliche Pflicht, sich gegen Muslime zu wehren, die jenseits von Lippenbekenntnissen den freiheitlichen Errungenschaften des demokratischen Verfassungsstaates feindlich gegenüberstehen.

Deshalb Schluß mit der deutschen Feigheit, Kritik am inflationären Bau von Großmoscheen, an der Politik fundamentalistischer Verbandsfunktionäre oder gar am Islam selbst zu üben! Schluß vor allem mit dem niederträchtigsten aller niederträchtigen Totschlagargumente der Political Correctness: »Wer sich kritisch äußert, macht die Sache der Nazis von heute.« Umgekehrt wird ein Schuh draus: Haben doch gerade die deutschen Multikulti-Illusionisten, Dauerumarmer, Gutmenschen vom Dienst, Sozialromantiker, xenophilen Einäugigen und Beschwichtigungsapostel jene unerträglichen Zustände in der Migrantenszene geschaffen, auf die sich die Rassisten berufen.

Es sind diese professionellen Kreidefresser, die in die Misere der gescheiterten Integration gesteuert haben, jene total verfehlte Immigrationspolitik, die aus Furcht, ausländerfeindlich geschimpft zu werden, die berechtigten Eigennutzinteressen des Aufnahmelandes sträflich außer acht ließ.

Zur Lösung der Probleme gehört eine klare, furchtlose Sprache.

Hier stoßen zwei Kulturkreise von höchst unterschiedlichem Entwicklungsstand zusammen – der judäo-christliche, der in den letzten fünfhundert Jahren mit Renaissance, Aufklärung, bürgerlichen Revolutionen und ihrer Fortschreibung einen gewaltigen Sprung nach vorn getan hat, während der andere, der islamische Orbit nach kulturellen Höchstleistungen, die Europa nur beschämen konnten, seither auf verstörende Weise stagniert.

Es liegt im innersten Interesse der türkisch dominierten muslimischen Minderheit in Deutschland, sich von allen integrationsfeindlichen Kräften zu distanzieren und sie zu überwinden, Voraussetzung für eine Eingliederung, die diesen Namen verdient hätte.

Migration, Integration – sie sind längst zur Schicksalsfrage der deutschen Geschichte des 21. Jahrhunderts geworden.

Mein Standort in dieser Auseinandersetzung noch einmal: Es soll Ayşe,
es soll Bassam gutgehen! Es soll ihnen, verdammt noch mal, gutgehen!
Und wer dagegensteht, ob von deutscher oder muslimischer Seite, der kriegt
es mit mir zu tun.

15. April 2009, Köln

Im Fernsehen läuft die Verfilmung von Marcel Reich-Ranickis
Autobiographie »Mein Leben«.

Ich stelle das Telefon ab, da darf nichts stören, nichts unterbrochen werden.

Und schrecke zusammen, als deutsche Soldaten in Warschau
die Juden aus den Häusern holen – dieses Brüllen und Schreien,
Laute, die einem das Trommelfell sprengen wollen. Bei ähnlichen
Szenen in anderen Filmen habe ich oft gedacht: »Werden Zuschauer von heute, neue Generationen mit größerer Distanz zum
Tatgeschehen, nicht sagen: »Ist das nicht übertrieben? Haben
sich deutsche Soldaten wirklich so benommen?«

»Mein Leben« läßt keinen Zweifel an der Antwort.

Ein glaubwürdiger Film, weil er sich an die Glaubwürdigkeit
des Marcel Reich-Ranicki hält.

Persönliche Gründe, ihm Kränze zu flechten, habe ich nicht.
Er hat sich nie um meine Bücher gekümmert, ausgenommen ein
einziges, gleich nach dem Erscheinen im Frühjahr 1982, und das
höchst negativ – »Die Bertinis«. Das Buch hat nach seinem ko-
metenhaften Aufstieg in eine internationale Longseller-Laufbahn
bis heute eigentlich nur *eine* wirklich schlechte Kritik erfahren –
eben die in der F. A. Z. Zwar hat sie ein anderer geschrieben, aber
das unter Reich-Ranickis redaktionellem Zepter. Weil Heinrich
Böll damals gerade im »Spiegel« eine verständnistiefe Eloge über
meine Hamburger Familien-und-Verfolgten-Saga veröffentlicht
hatte? Ich habe mir sagen lassen, zwischen ihm und dem »Litera-
turpapst« hätten die Dinge nicht zum Besten gestanden. Prüfen
konnte ich das nicht, überdies – Tempi passati. Aber, das sei un-
verschwiegen, der Verriß ist mir lange nachgegangen.

Doch der Film über das Leben Marcel Reich-Ranickis und seiner Frau bis zur Befreiung hat mich tief erschüttert – ich konnte die Tränen nicht zurückhalten.

Sie kommen übrigens früher als sonst.

Barack Obama – omnipräsent.

Unvergeßlich für mich: Nach dem Wahlsieg bei den US-Präsidentschaftswahlen tritt er am 5. November 2008 mit einem lässigen »Hello, Chicago!« vor die Hunderttausenden seiner Anhänger – umwerfend.

Man spürt, da ist etwas Neues im Gange, und das ist groß. Enttäuschungen aber sind programmiert, wie immer bei zu hohen, wenngleich verständlichen Erwartungen.

Größere als diese hat es wohl selten gegeben.

»Fakt«, sozusagen die polnische »Bild«-Zeitung, erbittet von mir einen Artikel über die deutsch-polnischen Beziehungen. Nach einigem Zögern mache ich mich daran.

Kernpunkte: Keine Geschichte der Vertreibung ohne die Vorgeschichte, keine Vorgeschichte der Vertreibung ohne ihre Geschichte. Ich plädiere für Aussöhnung durch Wahrhaftigkeit und appelliere dabei auch an die Politiker und Staatsmänner im ehemals deutsch besetzten Europa, ihrerseits ehrlich zu prüfen, wo für sie nach 1945 die Wahrheit schmerzlich wird. Ich jedenfalls will weinen dürfen, wenn ich Bilder sehe, wie vertriebene Deutsche verprügelt und niedergeschlagen werden, mit blutenden Köpfen und bei Frost auf offenen Güterwagen. Wenn ich das sehe, will ich weinen dürfen, ohne mich schämen zu müssen und ohne daß das den Strom der Tränen mindert, die ich vergossen habe und vergießen werde über die Opfer des Holocausts, die ermordeten Polen, Sinti und Roma.

Dazu ein Wort über die Feindikone Erika Steinbach, Präsidentin des Bundes der Vertriebenen. Für dessen Leitung gab es über Jahrzehnte hin überhaupt keine Vorgeschichte der Vertreibung, sondern nur »Deutschland – das Opfer der Geschichte«. Entsprechend war meine Haltung gegenüber dem BdV. In den Neunzigern kamen von dort dann plötzlich andere Töne: Gleichsetzung von Vertreibung und Holocaust sei falsch, der Völkermord an den europäischen Juden ein singuläres Verbrechen und der Krieg die Ursache der Vertreibung – Hitler habe die Büchse der Pandora geöffnet. Dieser Kurswechsel war verbunden mit der Vorsitzenden des BdV, Erika Steinbach, und führte zu einer vorsichtigen Annäherung meinerseits. Auf Dauer gehalten hat sie zwar nicht, weil die Vorgeschichte der Vertreibung in der Öffentlichkeitsarbeit immer noch zu kurz kommt.

Aber so zu tun, als hätte sich gar nichts geändert oder als wäre hier eine Revanchistin am Werk, das stieß dann doch auf meinen entschiedenen Widerspruch.

Deshalb als »Postskriptum« ein Appell an Erika Steinbachs polnischen Intimfeind, den »verehrten Władysław Bartoszewski«: »Lieber Mitpartisan und Vorreiter guter deutsch-polnischer Beziehungen, Sie waren der erste Pole, der 1999 in einer Rede vor dem Bundestag zum 50. Jahrestag der Bundesrepublik Deutschland das Leid der deutschen Vertriebenen beschworen hat. Helfen Sie nun bitte mit Ihrem begrüßenswerten Temperament und Ihrer höchst einflußreichen Stimme, das deutsch-polnische Verhältnis aus den Turbulenzen der Polemik auf den Boden einer so prinzipientreuen wie auch sachlichen Verhandlungsatmosphäre zu geleiten. Mit herzlichen Grüßen.«

Bin gespannt, ob »Fakt« das bringt.

Der brutale Militäreinsatz der Russen in Tschetschenien wird offiziell für beendet erklärt. Tatsächlich ist nur eine Wunde zugepflastert worden.

Ich habe bei den Nachrichten über die blutige Tragödie immer wieder aufgehorcht, wenn ein Name genannt wurde, der mir noch aus den Siegesmeldungen der Wehrmacht geläufig war – Grosny. Damals, Herbst 1942, hatte die Spitze der Panzerverbände die Stadt im Kaukasus fast erreicht und damit den östlichsten Punkt der deutschen Angriffsmaschine überhaupt. Lange halten konnte sie ihn nicht, der Versuch, an das Öl von Baku zu gelangen, scheiterte. Aber der Name blieb mir im Gedächtnis. 1942–2009 …

Zwei Überlegungen erschüttern mich: Grosny kennt bis heute keinen wirklichen Frieden. Und ich, damals neunzehn und in ständiger Todesfurcht, lebe immer noch.

Barack Obama setzt die CIA-Folter unter Straffreiheit.

Zu dieser Folter zählte auch, daß Männer in einen Käfig gesperrt wurden, wovon ich heute zum erstenmal höre. Also von der Methode, der ich 1939 durch die Gestapo im Hamburger Stadthaus ausgesetzt war und die ich heute noch in meinen Knochen spüre.

Ich falle aus allen Wolken – das tut mir weh, Amerika, das tut richtig weh. Fast mehr noch aber die Furcht, daß dies der Anfang einer Kette von Enttäuschungen sein wird.

18. April 2009, Köln / Kaisborstel

Der TV-Sender »Phoenix« hat es gebracht: Die Büffel sind vor dem Aussterben gerettet, es gibt jetzt ihrer wieder 150 000! Das sind zwar wenige, gemessen an den 60 Millionen, die einst in großen Herden über die Prärie, die Great Plains, donnerten. Aber am Ende des 19. Jahrhunderts waren die majestätischen Tiere bis auf einen Rest von 5000 nahezu ausgerottet.

Meine ganze Jugend war erfüllt von ihnen, ihrer gebuckelten Physis, gewaltigen Silhouette und der historischen Kulisse ihrer Gattung, dem Untergang der Ureinwohner Nordamerikas.

Ich habe ihn immer von den Kaffernbüffeln Afrikas oder den europäischen Wisenten zu unterscheiden gewußt, den »Indianer-Büffel«. Von Kindheit an gehörten Indianer und Büffel für mich zusammen, bald, sehr bald schon weg von Karl Mays falscher Romantik mit ihren rotgefärbten Germanen à la Winnetou und hin zu den ebenso großartigen wie bitteren dreihundert Jahren »Go West«.

Unheimlicher Gedanke: In dem Moment, als Christoph Kolumbus am 12. Oktober 1492 seinen Fuß auf die Insel Guanahani setzte, heute San Salvador, war das Schicksal der »Neuen Welt« entschieden …

Bei Günter Kunert, Kaisborstel, Schulstraße 7.

Draußen über der norddeutschen Flachlandschaft schwelt ein Apriltag vor sich hin, unentschlossen, ob er die Sonne scheinen lassen will oder nicht.

Ich bin gern hier, in dem alten Schulgebäude, in dem der Poet seit 1980 lebt.

Der alte Freund, Mitjude und DDR-Dissident, einer der großen Aufmüpfigen unseres Zeitalters, hat mich seit je inspiriert, zuletzt mit seinem Gedichtband »Als das Leben umsonst war«, dem er die Widmung »von Herzen – old Kunert« hinzugefügt hatte.

Ich habe in seinen Texten immer zuerst und quer nach Worten und Bildern gesucht, die nur von ihm stammen konnten, etwa »Der Südwest – Tanzmeister der Bäume«, »Krümel und Staub, die Imperatoren des Daseins«, »Auge zu sein meine einzige Gabe« – herrlich. Oder: »Die Schritte unhörbar, in leeren Gängen, wo ewige Lampen leuchten, Tür neben Tür, dahinter die Beichtbetten.« Da raste ich aus, da werde ich süchtig, da führt ein ganz Großer die Lyrikfeder, gerät ihm alles zu Poesie.

Dahinter dräuen dunkle Beispiele, Schwermut, Unwägbares, Überraschungen, Erbarmungslosigkeiten, mit der Pointe: »Ansonsten ist das Landleben gemütlich.«

Was da aufeinanderprallt, läßt mich vor Vergnügen krächzen. Obwohl von hier also meist keine frohe Botschaft gesendet wird, weigere ich mich, Kunert einen Fatalisten oder Pessimisten zu nennen. Genauer, treffender wäre »Exzentriker der Wirklichkeit«. Die läßt ja angesichts des nuklearen Multi-Overkills durchaus Endzeitphantasien für das Los der Menschheit zu. Aber da hockt dieser späte Nachfahre Heinrich Heines die ganze Zeit über in seinem nordischen Domizil und produziert ein Werk

17

nach dem andern, Jahrzehnt um Jahrzehnt, bis in die letzte Zeile des Gedruckten. Das steilt dann auch an einer Bücherfront hoch, die einen schwindlig macht und nicht so aussieht, als bereite sie sich darauf vor, in einem Weltenbrand sang- und klanglos zu verglühen.

Wann immer ich in Norddeutschland bin, finde ich den Weg hierher, in ein Haus, in dem Katzen das Sagen haben.

Dann sitzen wir in dem großen Wohnraum, palavern über die Welt, halten Gericht über sie und über uns, bestätigen in der Regel gemeinsame Auffassungen und staunen wieder und wieder, Freunde geblieben zu sein. Inzwischen beide alt genug, um das schätzen zu können.

Am 14. Mai 2009 erhält Günter Kunert in Kiel den »Norddeutschen Kulturpreis«. Gerade hat er mich festgenagelt, die Laudatio zu halten.

Ich sage freudig zu, ganz fiebrig erfüllt davon, nach Boshaftigkeiten zu fahnden, hinter denen sich das Gegenteil versteckt.

20. April 2009, Köln
Besuch von Marie H., meinem armenischen Patenkind, sechzehn, eine begnadete Geigerin.

Ich hatte sie vor vier Jahren kennengelernt im Rahmen meiner Bemühungen, den Völkermord an den Armeniern 1915/16 im türkisch-osmanischen Reich in das öffentliche Bewußtsein zu bringen.

Ich hatte sie vorher nie gesehen und erlebte nun ihr Spiel. Das Auditorium war hingerissen und ich der Hingerissenste von allen. Ein Bogenstrich von solcher Kraft, daß man unwillkürlich aufschreckte, die Begegnung mit einer außergewöhnlichen Begabung von unbewußter Würde und Reife weit über ihr Alter hinaus.

Inzwischen ist aus dem kleinen Mädchen ein wunderhübscher Teenager geworden, mit dem ganzen Schmelz der Jugend, langbewimperten Rehaugen und überhaucht von dem eigenartigen

Liebreiz armenischer Frauen. Jetzt ist Marie H. alt genug, um die Tragödie ihres Volkes zu begreifen und darüber zu sprechen.

Die Familie ist 1992 aus Armenien nach Deutschland gekommen und lebt in Düsseldorf. Ohne die Schule zu vernachlässigen, übt Marie ihre Kunst in zahlreichen Veranstaltungen und Wettbewerben aus und findet überall Anerkennung und Lob.

Ihr Besuch steht unter einem winzigen Hoffnungsschimmer. Es scheint so etwas wie Bewegung in die versteinerten türkisch-armenischen Beziehungen zu kommen. Der türkische Präsident ist nach Eriwan gereist, Hauptstadt der Republik Armenien, und hat sich dort mit der Regierung getroffen, eine Aufwartung, die von dieser bald erwidert werden soll. Ein Bekenntnis der Türkei zu ihrer historischen Altschuld ist das nicht, aber schon die kleinste Veränderung des Status quo wird freudig begrüßt.

Ich begleite den Lebensweg von Marie H. nun schon einige Jahre und will auch weiterhin das Meinige zu ihrem Wohl beitragen.

Vor dem Abschied führe ich, stolzer *Godfather*, Marie noch einmal vor das Hochzeitsfoto von Samar aus Beit Sahour – meine beiden Patenkinder, das armenische und das palästinensische, sind die schönsten auf der Welt!

(Ich nenne Marie übrigens nur »Mariechen« – der Ausdruck einer späten, aber zärtlichen Neigung, mir Menschen, die mir nahestehen, durch diese intime Veränderung noch näherzubringen.)

22. April 2009, Heidelberg
Gestern gelesen aus den »Erinnerungen eines Davongekommenen« im Dokumentations- und Kulturzentrum Deutscher Sinti und Roma.

Eingeladen und vom Bahnhof abgeholt hatte mich sein Vorsitzender, mein Freund Romani Rose.

Wie mit den Armeniern, habe ich ein starkes Solidaritätsgefühl für die Sinti und Roma, befinden sie sich doch in einer viel schwächeren Position als die Juden und deren Verbände und Organisationen. Nach wie vor ist der Begriff »Zigeuner« negativ besetzt.

Deshalb habe ich es als meine Pflicht empfunden mitzuhelfen, das Schicksal der Sinti und Roma unter Hitler an das Licht der Öffentlichkeit zu bringen, auch wenn ich dabei auf manchen jüdischen Widerspruch und Widerstand gestoßen bin.

Beirren konnte mich das nicht.

Vielmehr war ich wieder tief erschüttert, als Romani Rose gestern auf der Fahrt in das im Zentrum Altheidelbergs gelegene »Hotel zur Alten Brücke« sagte: »Freu dich, ihr habt, wie gut, Israel …« Es traf mich wie ein Schlag.

Dabei fühlt er sich, 1946 in dieser Stadt geboren, hier durchaus heimisch, ja, stellt den Heidelbergern ein geradezu glänzendes Zeugnis aus. Was den Erhalt der Demokratie betrifft, so kommt im Gespräch mit ihm ein starkes Vertrauen in die Mehrheit der Deutschen zum Vorschein, und das mit so warmen Worten, daß ich angenehm berührt war. Trotzdem kennt er natürlich all die Vorurteile und Vorverurteilungen, denen Sinti und Roma hierzulande immer noch ausgesetzt sind.

Dennoch war der Lesungssaal gestern brechend voll und das Publikum mehrheitlich keine Sinti und Roma.

Notabene: Nach fünfundzwanzig Jahren Stehpult bei Lesungen bevorzuge ich seit kurzem einen Sitz am Tisch. Alle körperlichen Anstrengungen werden fühlbarer, die seelischen aber auch.

Jetzt, vor der Rückreise, gehe ich auf die berühmte Neckarbrücke, direkt am Hotel. Die Natur ist dieses Jahr geradezu explodiert. Sprühendes Sonnenlicht, die Schloßruine aber noch im Schatten – eine Idylle, wie sie deutscher nicht sein kann. Dahinein weht mir, dem hoffnungslosen Romantiker, denn auch ein Lied aus frühen Tagen zu, so daß ich summe »Ich hab' mein Herz in Heidelberg verloren / in einer lauen Sommernacht / ich bin verliebt bis über beide Ohren …« und bleibe dann stecken. Habe ich aber doch einmal gewußt …

Die Fahrt nach Köln mit der Bahn geht linksrheinisch über Bingen und Koblenz, also die schöne Trasse, und nicht über den rechtsrheinischen Parcours, die ICE-Rennstrecke.

Kurz vor der Loreley schwöre ich, nicht wieder »Ich weiß nicht, was soll es bedeuten ...« vor mich hin zu summen und nicht an Heinrich Heine zu denken. Und weiß doch, daß auch diesmal, wie schon hundertmal zuvor, alle Anstrengungen umsonst sein werden.

Manchmal trifft es mich wie ein Blitz – die unglaubliche Wirklichkeit, daß ich nahe, sehr nahe an die Hundert geworden bin und das mit klarem Geist in das Sprechgerät diktieren kann.

Dann rechne ich ab ovo zurück – 1923 –, kneife mich, ob ich auch wirklich noch da bin, und hoffe, wenn es dann soweit sein wird, daß es glimpflich abgeht und nicht in einem Schmerzinferno, einer physischen Apokalypse.

Welch ein Trost, daß es aktive Sterbehilfe gibt, welch ein Trost.

24. April 2009, Köln
Anmerkungen:

Beim Tinnitus, dem Dauergeräusch im linken Ohr, das ich seit fünfzehn Jahren habe, tröstet nur eines: daß es nicht noch lauter ist ...

Ich habe schreckliche Träume, überall Hände, Hände – an Türen, Decken, Wanden.

Eigenmächtige Umwandlung des lateinischen Sprichworts: »Sine ira et studio« (»Ohne Zorn und Eifer«) in »Cum ira et studio« (»Mit Zorn und Eifer«)

Aber Vorsicht, Giordano, Vorsicht!

Erschreckend Menschen und Meinungen, die so tun, als seien Rechtsextremismus, Rassismus, Fremdenfeindlichkeit und Antisemitismus läßliche Accessoires der Demokratie und nicht ihr Schandfleck.

In der letzten Zeit verstärkte Drohungen von Muslimen per Telefon, nachts, kurz, brüllend, haßtriefend, immer endend mit »Allah, Allah«, als wollten sie den Hörer sprengen.

Beim Anblick der Klagemauer in Jerusalem muß ich, der sich religionsloser Humanist nennt, immer wieder schlucken.

Eine Kollegin von der »Welt«, Hannelore Crolly, kommt aus Frankfurt am Main, um mich über mein Verhältnis zu Köln zu interviewen. Ich gebe ihr Antwort, so redlich wie möglich. Das geht bei Tee mit Zitrone über Stunden. Dann entdecke ich, daß sie, schon vorher hübsch, immer schöner und schöner wird – nachdem sie sich eine Brille aufgesetzt hat.

ARD und ZDF, die Öffentlich-Rechtlichen, kommen unter Finanzdruck. Große Ausfälle, nicht zuletzt durch hohe Arbeitslosenzahlen und Gebührenbefreiung aus sozialen Gründen. »Wir stellen uns auf magere Zeiten ein«, heißt es aus dem Olymp der Intendanzen.

Wer hätte das gedacht!

Erinnerung aus meinen Jahren beim NDR-Fernsehen, Ost-West-Redaktion, 1961–64, Ausspruch eines Kollegen: »Gott sei Dank, daß wir bei einer krisenfesten Institution beschäftigt sind.«

Wenn fast über ein halbes Jahrhundert hin etwas als absolut krisenfest galt, waren es doch, höchst abgesegnet vom Bundesgerichtshof und vom Verfassungsgericht, ARD und ZDF.

Auch hier bewahrheitet sich wieder: Nichts ist sicher – außer der Unsicherheit.

Die polnische Zeitung »Fakt« hat meine »Charta der deutschen Vertriebenen« (Keine Geschichte der Vertreibung ohne die Vorgeschichte, keine Vorgeschichte der Vertreibung ohne ihre Geschichte) wörtlich übersetzt gebracht.

Der »verehrte Mitpartisan« Władysław Bartoszewski hat sich nicht gerührt. Dabei wird es wohl auch bleiben.

30. April 2009, Köln

»Nee, das war mir zu vornehm.«

So der Altkanzler auf die Frage von Giovanni di Lorenzo, warum er in einem ganz unspektakulären Reihenhaus des Hamburger Stadtteils Langenhorn wohne und nicht an der Elbchaussee … herrlich!

Immer wieder läßt mich die Lektüre »Auf eine Zigarette mit Helmut Schmidt« hell auflachen – sei es über sein lapidares »Nee« und »Nö« oder wenn er eingesteht: »Sprechen habe ich erst im Laufe des Lebens gelernt.«

Was ich aus eigener Erfahrung nur bestätigen kann. Dachte ich doch lange, ich spräche ein einwandfreies Hochdeutsch. Bis mich die Arbeit für Rundfunk und Fernsehen dann mit erschreckenden Defiziten konfrontierte – darunter dem nicht ganz reinen, zum O hin tendierenden A, den verschluckten Endsilben, der Neigung zum Nuscheln und einem öligen Singsang an Stelle von dem, was anderswo »Dialekt« genannt wird.

Da waren, ganz à la Schmidt, Korrekturen nötig.

Die Distanz zwischen unseren Geburten – 1918 und 1923 – beträgt fünf Jahre, die zwischen den Schauplätzen der Kindheit und frühen Jugend in Barmbek wenige hundert Meter.

Persönlich begegnet sind wir uns einige Male, im Rathaus, vor Mikrofon und Kamera, einmal auch im Refugium der Schmidts am Brahmsee.

Der Hausherr hatte »Die Bertinis« gelesen und dann nach der Lindenallee gesucht, jener Straße, die über eine lange Strecke der Hamburger Familien-und-Verfolgten-Saga der Hauptschauplatz des Geschehens war. Er habe sie aber nicht gefunden, erfuhr ich. Konnte er auch nicht, da die Straße nur im Buch so heißt, in Wirklichkeit aber die Hufnerstraße ist. Ich erinnere mich, daß ich einige Mühe hatte, mein Amüsement über die selbstverständliche Gleichsetzung von Roman und Realität zu verbergen.

Woran ich mich ebenfalls erinnere, waren die Bodyguards, die Tag-und-Nacht-Bewachung, die offenbar fest in das Leben von Loki und Helmut Schmidt integriert war. Wobei ich mich immer wieder bei der Frage ertappte, wie das auszuhalten sei.

Als ich dann selbst an der Reihe war, bewacht zu werden, wollte ich davon nichts wissen. »Lieber abgemurkst als nie allein«, erklärte ich. Und dabei ist es geblieben.

Helmut Schmidt ist mir seit den fünfziger Jahren ein Begriff, als SPD-Redner gegen Adenauer und sein Regime, vor allem aber als Chef des Kampfes gegen die große Flut vom Februar 1962 – über dreihundert Tote am Zusammenfluß von Norder- und Süderelbe. Auftritt im NDR-Fernsehstudio Lokstedt, ein martialischer Anblick: Hamburgs Innensenator in Parker und Stulpenstiefeln, ganz natürliche Autorität, ganz Gebieter, mit paramilitärischer Aura. Hinter vorgehaltener Hand wurde etwas vom »strammen Oberleutnant« gemunkelt.

Dazu gab es, viel später, einen Nachschlag.

Anfang der achtziger Jahre hatte ich einen öffentlichen Strauß mit Helmut Schmidt, damals noch Kanzler. Bei einer Moskauer Zusammenkunft mit dem Generalsekretär der KPdSU, Leonid Iljitsch Breschnew, hatte er gesagt: Er habe mit den Nazis nichts im Sinn gehabt, aber als Soldat seine Pflicht erfüllt ...

Das war mir dann doch zu happig.

Ganz abgesehen davon, daß der »pflichtgemäße« deutsche Überfall die Sowjetunion zehn Millionen Militär- und fünfzehn Millionen Ziviltote gekostet hatte, diese Interpretation von »Pflichterfüllung« lag mir nun doch allzu nahe an der Legende vom »sauberen Waffenrock der Wehrmacht«. Denn wenn es damals »Pflicht« gewesen wäre, zu gehorchen, so konterte ich, dann wären nach dieser Logik Deserteure, Verschwörer und Widerständler gegen Hitler eben die Hoch- und Landesverräter gewesen, als die sie an Klaviersaiten aufgehängt oder erschossen worden seien.

Wenn Schmidt wenigstens erklärt hätte, er habe seinerzeit *geglaubt*, als Soldat trotz Hakenkreuz seine Pflicht tun zu müssen … War nicht inzwischen genügend Zeit verstrichen, neue Erkenntnisse zu gewinnen? Statt dessen aber nun eins zu eins die alten Wertvorstellungen.

Schmidts Replik habe ich nicht mehr in Erinnerung, kann mir aber nicht vorstellen, daß er heute noch auf dem gleichen Standpunkt steht.

Seinen Schwierigkeiten, Emotionen zu zeigen, habe ich immer Verständnis entgegengebracht, obwohl ich selbst so ungefähr das diametrale Gegenteil davon bin. Um so beeindruckter war ich dann aber von seiner Trauerrede zum Tod von Marion Gräfin Dönhoff in der Hamburger Michaeliskirche. Da konnte auch er Rührung, konnte auch er Bewegung nicht verbergen. Ich hatte danach das dringende Bedürfnis, ihm die Hand zu drücken.

Ich hoffe, daß Helmut Schmidt noch leben wird, wenn mein Tagebuch erscheint. Er ist zur Stunde dieser Niederschrift einundneunzig, fünf Jahre älter als ich, und kann nicht mehr gut gehen und hören. Er spricht selbst von »alt« und »wacklig«, aber das mit ironischem Unterton. Weinerliches gibt's hier nicht. Ich kenne niemanden, dessen Kopf klarer wäre als der seine. Sein Wissen ist enorm, seine öffentliche Ausdauer bewunderungswürdig und sein lapidares »Nee« oder »Nö« unübertreffbar.

Deshalb, von Barmbeker zu Barmbeker: ein kräftiges, ganz kräftiges Masel tov, sehr geehrter, lieber Helmut Schmidt, masel tov!

2. Mai 2009, Köln
Gestern ist es an verschiedenen Plätzen der Bundesrepublik zu gewalttätigen Demonstrationen gekommen. Brachiale Zusammenstöße, eine neue Art der Bedrohung von rechts, sagen Kommentatoren.

Ich bin tief beunruhigt.

Da wird ein Bollwerk angetastet, hinter dem ich lebe, all die Jahre und Jahrzehnte, hier in Deutschland – die demokratische Republik. Ich habe mich dahinter sicher gefühlt, gewiß, daß es nicht eingerissen, ja, nicht einmal wirklich beschädigt werden könnte. Und nun? Wenn mir diese Gewißheit genommen werden würde, dann stürzte etwas ein, worauf sich mein ganzes Sein gründet.

Aber auch wenn es nicht so kommt, wenn ich mich unnötig fürchtete – schlimm genug, daß unsere Zeit mir solche Gedanken aufzwingt.

4. Mai 2009, Köln

Heute vor 64 Jahren sind wir befreit worden, von der 8. britischen Armee des Feldmarschalls Bernard Law Montgomery.

Hamburg hatte einen Tag zuvor, am 3. Mai 1945, kapituliert. Und wir, meine Eltern und drei Brüder auf der Flucht vor dem tödlichen Deportationsbefehl für die Mutter, lagen seit Monaten in einem dunklen, feuchten, rattenverseuchten Kellerverlies, zu schwach, um unseren Befreiern aufrecht entgegenzugehen. Seit Wochen abgeschnitten von jeglicher Nahrungszufuhr, wären wir verhungert, wenn die Briten nur wenig später gekommen wären. Doch sie kamen gerade noch rechtzeitig.

Das ist jetzt unendlich lange her, doch wird dieser Tag für mich immer der unvergleichlichste und unglaublichste meines Lebens bleiben. Aber auch der peinigendste.

Wieso?

In diesem Jahr erlebe ich den 4. Mai ganz allein – Eltern, Geschwister und sonstige Verwandte sind gestorben. Tatsächlich bin ich der letzte der Sippe, der buchstäblich allerletzte – und das kinderlos.

Warum? Mag ich keine Kinder? Unsinn – das Gegenteil ist der Fall. Je älter ich wurde, desto größer meine innere Nähe zu Kindern, desto neugieriger wurde ich auf sie und immer besorgter um ihr Wohl und Wehe.

Aber selber habe ich keine – und das beabsichtigt.

Heute überwinde ich mich und werde über die Gründe dafür schreiben und sie in mein Tagebuch eintragen.

Ich habe in meinen Büchern mehrfach die Mißhandlungen und Folterungen geschildert, die ich als Jugendlicher unter Hitler erleiden mußte, darunter die schwerste im August 1944 als Einundzwanzigjähriger im Haus der Rassengestapo Hamburg am Johannisbollwerk. Es ist die authentische Schilderung eines Menschen-*Bashing* bis hinein in die Bewußtlosigkeit. Unmittelbar vor dem Abtauchen in die Schwärze aber hatte sich eine Artikulation in mein Hirn eingestanzt, um es nie wieder zu verlassen, ein Wunsch, ein Schrei, den ich bis heute höre, abrufbar zu jeder Zeit: »Wärest du doch nie geboren worden, nie geboren, nie.«

Die Schlußfolgerung daraus, nachdem ich den Holocaust überlebt hatte, war: »In diese Welt setzt du keine Kinder, dieser Welt setzt du niemanden aus. Wer sagt dir denn, daß sie nicht Ähnliches erleben werden, wie du es erlebt hast, oder gar noch Schlimmeres? Wer sagt dir denn, daß sie dich nicht eines Tages verfluchen werden, weil sie geboren wurden?«

Heute weiß ich, daß meine Antwort auf diese Frage falsch war und daß mein Leben glücklicher verlaufen wäre, wenn ich Kinder, Töchter oder Söhne, gehabt hätte.

Und deshalb ein schweres Eingeständnis: Von allen Verbrechen, die die Nazis mir angetan haben – und sie haben mir vieles angetan, mich früh von meinen Spielgefährten und Freunden getrennt, mir die Seele aus dem Leib geprügelt und die erste Liebe getötet –, von all diesen Verbrechen ist dies das größte: daß sie mich zur Verweigerung eigener Kinder gebracht, daß sie mir den Mut zu eigenen Kindern genommen haben. Das ist von all ihren Verbrechen das größte. Und ich mußte alt werden, um es zu erkennen und zu bekennen.

Dabei herausgekommen aber ist schließlich doch eine Überwindung des Irrtums, und zwar jene mich immer wieder tieferwärmende Beziehung zu Kindern, auch wenn sie nicht die meinen sind.

Jetzt, nach diesem Geständnis, fühle ich mich erleichtert.

Liebe Eltern, liebe Brüder, liebe Schwester – so begehe ich mit für euch den 64. Jahrestag unserer Befreiung am 4. Mai 1945.

7. Mai 2009, Berlin

22. Verleihung des »CIVIS – Europas Medienpreis für Integration« im Paul-Löbe-Haus des Deutschen Bundestages.

Und wieder sind alle, alle gekommen – von ARD, ZDF, ORF, arte, Phoenix, 3sat, Deutsche Welle und dem Schweizer Fernsehen – ein Riesenaufwand. Fünfhundertvierundzwanzig Radio- und Fernsehprogramme hatten sich um die begehrten Auszeichnungen beworben, zwanzig kamen in die Endauswahl, elf wurden prämiert.

Darunter ein Beitrag über die Situation der Roma in Ungarn, mit Aufnahmen, vor denen man die Augen schließen möchte. Brennende Hütten und Häuser, verzweifelte Eltern, Kinder, die nicht lächeln können. Zustände, wie sie nicht nur in Ungarn, sondern auch in anderen Ländern des Kontinents herrschen. Europa – wo bist du? Warum läßt du das geschehen? Heftiger Wunsch, von hier zu fliehen oder unsichtbar zu werden.

Dabei ist es doch verdienstvoll, auf das Schicksal bedrängter Ethnien hinzuweisen, ja. Aber wo und wie geschieht das? Mir ist der Saal plötzlich zu lichtdurchflutet.

Und was habe ich, WDR-Pensionär von 1988, hier denn überhaupt zu suchen?

Von Mitte der achtziger bis in die erste Hälfte der neunziger Jahre war ich Vorsitzender der CIVIS-Jury gewesen, eine Funktion, die tiefen Einblick in die Probleme von Migration und Integration bot. Dazu kam nach der Wende ein wahrer Flächenbrand des Rassismus, eine Inflation ausländerfeindlicher Gewalttaten und Brandstiftungen, mit den Stichworten Hoyerswerda und Rostock-Lichtenhagen, bis hin zu den Mordanschlägen von Mölln und Solingen, denen acht Türkinnen und Türken zum Opfer fielen. Gleichzeitig wurden in ganz Deutschland jüdische

Friedhöfe geschändet – ein schauriger Beweis für das Zwillings-verhältnis von Antisemitismus und Fremdenhaß.

Wie alarmierend die Situation war, zeigte sich schlagartig bei der Preisverleihung von »CIVIS 92« im Großen Sendesaal des Westdeutschen Rundfunks in Köln. Wie schon in den Jahren zuvor, hatte ich eingangs so etwas wie eine Bilanz seit der letzten Verleihung zu ziehen. Eine Ouvertüre mit folgenden Schluß-sätzen:

»Seien wir einander Bundesgenossen, überlassen wir Deutschland nicht abermals seinen potentiellen Verderbern, sondern verteidigen wir diese kostbare Demokratie, verteidigen wir – ich fürchte nicht, es auszusprechen – unser Vaterland! Wir haben kein anderes.«

Der Stoß, der ganze Tenor dieses Aufrufes richtete sich eindeutig, ja ausschließlich gegen die Gefahr von rechts.

Obwohl alle Probleme der Migration und Integration von heute schon damals existierten und CIVIS hochkritische Filme, vor allem über die Stellung der Frau, prämiert hatte – kein Wort über den politischen und militanten Islam, keine Silbe gegen Sitten, Gebräuche und Traditionen innerhalb der türkisch-arabischen Minderheit, die mit dem Grundgesetz und den Werten der Demokratie unvereinbar sind.

Nicht ohne Verblüffung stelle ich heute fest: Eine kritische Hinterfragung von Migration und Integration als nationales Problem gab es damals so gut wie nicht. Auch »9–11«, mit New Yorks brennenden Twin Towers, hatte bei uns nicht dazu geführt. Erst als am Bau der Köln-Ehrenfelder Großmoschee vor laufender Kamera öffentlich Kritik geübt wurde – am 11. Mai 2007 bei einem Streitgespräch zwischen dem Funktionär der Türkisch-Islamischen Union der Anstalt für Religion (DITIB), Bekir Alboga, und mir –, erst von da an brandete jener öffentliche Diskurs auf, der mit der Auseinandersetzung um die kritischen Äußerungen Thilo Sarrazins den Point of no Return erreicht hat.

Ganz offenbar hatte ich etwas ausgesprochen, was viele nicht auszusprechen wagten. Anders jedenfalls waren jene Hunderte und Aberhunderte von Briefen nicht zu deuten, die ich nun aus ganz Deutschland bekam und die alle den gleichen Tenor hatten: »Wir sind wie Sie beunruhigt, wagen aber nicht, es öffentlich zu bekunden, weil wir dann in die falsche, die neonazistische, rassistische Ecke gestellt werden.« So die Wirkung des niederträchtigsten aller niederträchtigen Totschlagargumente der Political Correctness: »Wer den Bau von Großmoscheen kritisiert oder gar den Islam, der macht die Sache der Nazis von heute.«

Es ist die so wirksame wie schamlose Ausbeutung des nach wie vor überhängenden Schulddrucks aus der Nazizeit durch jene Multikulti-Illusionisten, deutschen Umarmer, Gutmenschen vom Dienst, Sozialromantiker und Beschwichtigungsapostel, die überhaupt erst jene unhaltbaren Zustände in den Parallelgesellschaften schufen, auf die sich Deutschlands ausländer- und fremdenfeindliche Rechte beruft.

Eingeladen als Jury-Ehrenvorsitzender a.D., finde ich mich nun hier bei der 22. Verleihung des CIVIS-Preises im Paul-Löbe-Haus wieder – und das mit wechselvollen Gefühlen.

Ich bin ziemlich sicher, hier wären Begriffe wie »schleichende Islamisierung«, »Scharia« und »Dschihad« (»Heiliger Krieg«) nicht willkommen, ganz im Gegensatz zu Parolen wie »die Migrations- und Integrationskonflikte haben mit dem Islam nichts zu tun«. Abonniert auf eher »ermutigende Beispiele«, dürfte hier nicht gefragt sein, was Necla Kelek »den harten Kern der kulturellen Differenzen« nennt (etwa die Rolle patriarchalischer Gewalt als alltägliche Erfahrung in türkischen und arabischen Familien). Der Hinweis gar, daß, bei allen Versäumnissen deutscherseits, die entscheidenden Hemmnisse für Integration aus der muslimischen Minderheit selbst erwachsen, dürfte einer Gotteslästerung gleichkommen.

Ich spüre deutlich diese unsichtbare und doch von allen akzeptierte Grenze, eine strenge, lautlose Disziplin. Es käme, fürchte ich, hier schlecht an, wenn ich fragen würde, warum Polizisten in bestimmten Vierteln unserer Städte nur noch in Mannschaftsstärke einziehen und Sozialarbeiter und Fürsorger ihrer Aufgabe nur unter Staatsschutz nachkommen können. Oder, konkret: Was ist mit den Zehntausenden von Kindern in Berlin-Neukölln, die in einem hochexplosiven Klima keinerlei Hoffnung auf Entfaltung haben, solange ihre integrationsunwilligen Eltern mit den Glacéhandschuhen einer selbstmörderischen Toleranz angefaßt werden?

Ich finde die Antworten nicht, weil die Fragen nicht gestellt werden. Gleichzeitig werde ich vor mir selbst gewarnt. Ich will den Beteiligten an CIVIS kein Unrecht tun, will nicht dem Irrtum eines Rundumkahlschlags anheimfallen, zumal unter den Versammelten viele, sehr viele sind, die ich kenne, achte und schätze, wie Cherno Jobatey, den Riesenkerl vom ARD/ZDF-Frühstücksfernsehen, oder Sonia Mikich von WDR-Monitor, die da im leichten Sommerkleid auftaucht, oder die rassige Anne Will, die souverän durchs Programm lenkt. Wäre es nicht viel klüger, den Frust für mich zu behalten?

Nur geht das nicht, weil die Stunde in mir einen Stachel zurückläßt.

Das war kein Durchbruch heute, kein Abschied von der Political Correctness, sondern ihre Bestätigung. Aber konnte es denn überhaupt etwas anderes sein, muß ein Preis mit dem Untertitel »für Integration« nicht unweigerlich von seiner Genesis her eine Schlagseite haben?

Paul-Löbe-Haus, Deutscher Bundestag, 7. Mai 2009.

Ich habe das Gefühl, dem Problem Nr. 1 der deutschen Innenpolitik über das ganze 21. Jahrhundert hin nahe, sehr nahe gewesen zu sein.

»Deutschland, deine Muslime«.

Rückfahrt ins Hotel Savoy, Fasanenstraße, meine Leib-und-Magen-Unterkunft bei Aufenthalten in Berlin.

Aber welch ein nicht mehr meßbarer Unterschied doch zwischen der Bonner Idylle und der Berliner Dynamik, dieses Grundveränderte.

31

Da will Nostalgisches in mir hochkommen, sich eine lächerlich sentimentale Sehnsucht nach Bad Godesberg anmelden, mit der Gefahr, die alte Bundesrepublik zu verklären. Die war in manchem schauerlich genug, um es vorsichtig auszudrücken, diese Republik der »zweiten Schuld« – wer hätte das ausdauernder angeprangert als ich? Aber sie war unbestreitbar auch eine Erfolgsgeschichte, wacker durchgehalten in manchem Sturm. Was es an demokratischer Nachkriegsgeschichte gibt, das kommt von ihr. Irgendwie hat sie tapfer und störrisch Kurs gehalten, und wie wunderbar, daß es heute zwischen Köln und Berlin kaum fünf Stunden Bahnfahrt bedarf, gemessen an den unvergessenen sieben oder gar neun im geteilten Deutschland (ganz abgesehen von den Atembeschwerden, sobald die innerdeutsche Grenze näher kam).

9. Mai 2009, Berlin
Zehnter Todestag von Jürgen Fuchs, Gedenkstunde in der Heinrich-Böll-Stiftung.

Neben mir Lilo Fuchs, die Witwe, eine zarte, blasse Person, die während der Feier ihre Hand in meine gelegt hat. Neben ihr Wolf Biermann.

Ich lernte den DDR-Dissidenten und Widerständler gegen das SED-Regime Fuchs 1976 kennen – Berlin, Tempelhofer Damm 54. Nach langer Stasihaft ohne seine Frau und die einjährige Tochter gerade ausgewiesen (und in völliger Ungewißheit, wann und ob er sie überhaupt wiedersehen würde), saß vor mir ein junger Mensch von großer Zerbrechlichkeit und unerschütterlicher Würde.

Er hatte wenige Stunden vor meinem Besuch gerade seine erste Erfahrung mit bundesdeutschen Medien gemacht. »Können Sie sich eine Ablehnung finanziell überhaupt erlauben?« So der Leiter eines Fernsehteams des Bayerischen Rundfunks, als Fuchs ein Interview verweigert hatte.

Der Affront zitterte noch nach.

Ich war Jürgen Fuchs vorher nicht begegnet, wußte also nicht mehr als das, was bis dahin an die Öffentlichkeit gedrungen war. Das aber hatte genügt, ihn mir zu einem Begriff zu machen — ein widerständiges Leben von früh an. Kritische Äußerungen des Abiturienten im Jahr der Studentenproteste und des »Prager Frühlings« 1968; Schwierigkeiten, einen Studienplatz an der Friedrich-Schiller-Universität Jena zu ergattern; mündlicher und schriftlicher Kritik wegen Zwangsexmatrikulierung und Ausschluß von allen Universitäten, Hoch- und Fachschulen der DDR; Juni 1975 Einzug mit Frau und Kind in das Gartenhaus von Robert Havemann, dem DDR-Dissidenten Nr. 1, wo Wolf Biermann bereits sein Domizil bezogen hatte. Nach Protest gegen seine Ausbürgerung Verhaftung von Jürgen Fuchs am 19. November 1976, eingefangen wie ein Schwerverbrecher auf offener Straße und ins Gefängnis Berlin-Hohenschönhausen verbracht. Zelle 117, dreifach vergitterte und verriegelte Stahltür; nach 281 Tagen Stasihaft und internationalen Protesten Zwangsausweisung nach Westberlin. Erst Monate später folgten Lilo und Lilly Fuchs, Frau und Kind. Es blieben: 33 Aktenbände.

Da saß ich nun also vor ihm, spürte sofort etwas von einer geradezu gläsernen Ehrlichkeit und dachte: Wie soll dieser Mann dieses Deutschland aushalten?

Er hat es ausgehalten, und ich durfte dessen Zeuge werden. Seine »Gedächtnisprotokolle«, die minutiöse, ja sekundöse Niederschrift der Hafterlebnisse sind das Phänomenalste, was ein menschliches Hirn je an schmerzenden Erinnerungen rekonstruiert hat, die Einswerdung von Persönlichkeit und Dokumentation. Welch ungeheure Standhaftigkeit vor der Erbärmlichkeit der Vernehmer!

Die Liste seiner Publikationen ist lang, vom Geniewurf der »Protokolle« bis zu seinem letzten Roman »Magdalena«, eine schlaflose Produktivität, die einem einzigen Zweck gewidmet war: über das DDR-System aufzuklären.

Dabei blieb ihm der Todfeind auch im Westen dicht auf den Fersen — mit zerschnittenen Bremsschläuchen an seinem Auto, mit Bombenexplosionen vor seinem Haus und systematischem Rufmord – also der ganzen unerschöpflichen Stalker-Phantasie der Stasi.

Ich habe gesehen, wie er nach der Wiedervereinigung gelitten hat, daß auch diesmal, wie schon nach 1945, die Täter wieder davongekommen sind, der Rechtsstaat auch nach 1989/90 mit dem Erbe des vorangegangenen Gewaltregimes nicht fertiggeworden ist. Und wie er böse wurde, wenn man ihm vorwarf, beide Daten in einem Atemzug genannt zu haben. Natürlich, so konterte er, sei das Kriminalgewicht des Holocaust-Staates ungleich schwerer als das der Hammer-und-Zirkel-DDR! »Aber wird ein so scheußliches System wie das des real existierenden Sozialismus denn weniger scheußlich dadurch, daß es ein noch scheußlicheres gab?« Nein, wird es nicht.

Sein Zorn war der meine, wie mein Schwur, nicht aufzugeben, der seine war. Ich hoffte auf lange Gefährtenschaft.

Der Tod wollte es anders – oder die Stasi?

Jürgen Fuchs, 48 Jahre alt, starb am 9. Mai 1999 – an einem Blutkrebs, der auf Strahlenschäden hinwies. Sein krankheitsbedingter Tod nährt den Verdacht, daß er als Häftling des Ministeriums für Staatssicherheit vorsätzlich Gammastrahlen ausgesetzt war.

Heute ist in Erfurt eine Straße nach ihm benannt worden, in seiner Heimatstadt Reichenbach (Vogtland) eine Bibliothek. Wenig genug.

Zusammen mit anderen seiner Freunde und Weggefährten will ich das Meinige tun, sein Andenken zu bewahren.

Darum bin ich an diesem 9. Mai 2009 hier in der Heinrich-Böll-Stiftung zu Berlin.

In meiner Rede sagte ich:

Hier ein öffentliches Geständnis, in Trauer gebracht, daß ich es nicht mehr vor ihm selbst abgelegt habe: In diesen fast fünfundzwanzig Jahren war nicht ich, der um so viele Jahre Ältere, der Senior – er war es! Er, der mein Sohn hätte sein können – und es in gewisser Weise auch war. Ich sah mich ihm ge-

genüber in der Rolle des Juniors. Eine singuläre Erfahrung. Wenn ich in Zweifel war, fragte ich: Wie würde er reagieren, wie er entscheiden? Ich zählte auf seine Kundigkeit.

Es war das Fertige an ihm, weit über seine Jahre hinaus, das verblüffte und erstaunte. Er hatte früh zu sich selbst gefunden, dieser verletzliche Mensch, sehr früh.

Nach seinen Schwächen habe ich nicht gefahndet, sie gehörten zu ihm wie zu jedem Menschen. Anderes war exemplarisch: daß er transparent war, ganz wörtlich, durchscheinend.

Ich war sein Freund und bin es, weil er in dieser Welt der Gewalt, der Gegengewalt und einstürzender Gewißheiten so etwas wie ein Bannerträger war.

Ich war sein Freund und bin es, weil er in Haft war, gequält und in Angst um die Seinen. Da verharre ich und denke daran, wie ich in Haft war und in Angst um die Meinen.

So wird man einander Freund.

Als ich an meinen Platz zurückging, legte Lilo Fuchs ihre Hand wieder in die meine.

Jürgen Fuchs, ihr Mann und Vater von Lilly, wäre heute achtundfünfzig geworden.

12. Mai 2009, Köln

Der Prozeß gegen John Demjanjuk, den Schrecken des Vernichtungslagers Sobibór, wirft seine unguten Schatten voraus. Steht den KZ-Prozessen vor bundesdeutschen Schwurgerichten doch so etwas wie eine Premiere bevor. Zum erstenmal will sie einen ausländischen Schergen aus dem letzten Glied der Befehlskette belangen, weil er mithalf, die Mordmaschinerie in Gang zu halten, *ohne daß ihm bis jetzt durch Zeugen eine persönliche Exzeßtat nachgewiesen werden konnte.*

Nun soll nachgeholt werden, was über fünfzig Jahre als ebenso fester wie skandalöser Bestandteil bundesdeutscher Rechtsprechung systematisch unterlassen worden ist – nämlich die Handlanger des Holocausts zur Rechenschaft zu ziehen. Abgeurteilt wurde nur, wer einen eigenen, zusätzlichen Beitrag geleistet hatte.

Wer von den Wach- und Tötungsmannschaften des Vernichtungsapparates am »ordnungsgemäßen« Ablauf mitgewirkt hatte, dem passierte gar nichts. Erst wenn durch Zeugen bekundet worden war, daß der Angeklagte eine persönliche »Mehrleistung« über die »normale« hinaus vollbracht hatte, wenn er das Opfer auf dem Weg zur Gaskammer oder zur Hinrichtungsgrube totgeschlagen oder -getreten, einer Mutter das Kind vom Arm gerissen und dessen Kopf am Boden oder an einer Mauer zerschmettert hatte – erst dann sahen sich die bundesdeutschen Richter genötigt, eine Verurteilung in Betracht zu ziehen. Dem professionellen »Endlöser«, der hitlerhörig, effizient und ohne Gefühlsaufwand am Tötungsablauf beteiligt war, ihm fehlte in den Augen von Richtern und Geschworenen das Odium des Mörders. Nicht die diszipliniert und zuverlässig rotierenden Rädchen der gutgeschmierten Tötungsmaschine waren für diese Justiz verurteilenswert, sondern erst jene Täter, die der grauenhaften Szene noch ihren persönlichen Haß, ihre individuelle Wut hinzufügten. Nicht die Fließbandarbeiter der »Endlösung«, sondern die Brüller, die Treter, die Schläger, die KZ-Bestie, den NS-Sadomörder hatte sich die bundesdeutsche Rechtsprechung zum exemplarischen Tätertypus erkoren. Die anderen, die Stillen, die emotionslos funktionierten, sie fielen nach diesem Ausleseprinzip durch die Maschen des ohnehin ungenügenden Gesetzes. Die nahezu ausschließliche Fahndung nach dem Exzeßtäter – sie war das Schlupfloch, durch das die Masse der Holocaustpraktiker entschlüpfen konnte: organisierte Täterentsorgung.

Als wenn das Lager selbst nicht das Delikt gewesen wäre und alle Beteiligten zur justiziablen Täterschaft zählten: die die Pläne entwarfen, die Gaskammern und Krematorien errichteten, das Gas zuleiteten, die Deportationsbescheide verschickten und die Mordbefehle unterschrieben. Wer als Wachmann nach Sobibór kam, wurde automatisch zum Mordhelfer. Wird die Justiz das auch so sehen, die Regel durchbrechen und John Demjanjuk aburteilen, auch wenn er keiner Exzeßtat überführt werden kann? Die Todgeweihten aus allen Ecken des deutsch besetzten Europa wurden hier übrigens nicht durch Zyklon B ermordet, sondern von den Abgasen schwerer Panzermotoren – was den Erstikkungstod bis zu einer halben Stunde verlängerte.

Bis jetzt hat der Ukrainer alles überlebt – den Häftlingsaufstand, der Sobibór im Herbst 1943 ein Ende setzte; zahllose Ermittlungen durch die Nachkriegsjahrzehnte; alle Anklagen der wenigen Überlebenden des Lagers; israelische Haft, weil Demjanjuk verwechselt worden war mit einem Mörder von Treblinka, ebenfalls ein reines Vernichtungslager (was zur Freilassung Demjanjuks aus israelischer Haft führte).

Es bedarf wohl keiner großen Phantasie, um sich diesen Mann nur einen Tag in Sobibór vorzustellen, eine einzige Stunde.

Und so steht die bundesdeutsche Justiz nun vor der Aufgabe, mit einer täterbegünstigenden Praxis Schluß zu machen in einem Verfahren, dessen Hauptzeuge der Holocaust sein wird.

Ich werde ihm nicht beiwohnen, das hielte ich nicht aus. Denn John Demjanjuk war der Typ, in dessen Hände zu fallen ich jahrelang furchtbare Angst hatte.

Ich weiß nicht, wie das Verfahren ausgehen wird, ich weiß nur eines: Im Falle eines Freispruchs würde in mir etwas beschädigt werden, das nicht reparabel wäre.

14. Mai 2009, Kiel
Die Sonne scheint. Von meinem Hotelfenster aus kann ich die Aufbauten einer der riesigen Ostseefähren sehen – Atlantikstürmer, viel zu groß für das Binnenmeer, will mir scheinen. Aber draußen dann doch Seegeruch und in der Luft kreischende Möwen – damit bin ich groß geworden.

Hier bin ich, weil Günter Kunert heute den von der HSH Nordbank gestifteten und vom Landeskulturverband Schleswig-Holstein verliehenen »Norddeutschen Kulturpreis 2009« erhält und ich die Laudatio halten soll.

Dazu ein Vorwort.

Ich hege seit langem und unter Einschluß schmerzlicher Selbst-erfahrung den Verdacht, daß es manchem Preisgeber weit mehr darum geht, die eigene Person oder Organisation zu feiern als den Auszuzeichnenden. Das läßt sich am besten daran ablesen, an welche Stelle des Programms Laudandus und Laudator, also Belobigter und Belobiger, vom Veranstalter gesetzt werden. Die Regel: je egozentrischer der Veranstalter, desto später.

Und so nimmt das Verhängnis denn seinen Lauf. Kommt zu-nächst einmal doch üppig zu Wort die obligate Riege örtlicher und regionaler Politiker, die vom ersten Satz an enthüllt, daß sie nie auch nur eine Zeile aus der Feder des freudig Begrüßten gelesen hat, während die nachfolgenden Redner so ermutigt nun erst recht die Gelegenheit beim Schopfe packen, ihrerseits in die eigene Biographie und vor allem deren Verdienste abzu-schweifen.

Das kann Stunden dauern, wie mir am eigenen Leibe gesche-hen bei einer Preisverleihung, die ich hier nicht näher lokalisieren will, weil die Leute von bestem Willen beseelt waren. Leider aber hatten sie den Vorlauf bis zu meiner Dankesrede derart gedehnt, daß nur ein Fragment von ihr übrigblieb.

So vorgewarnt, wurden hier in Kiel alle Befürchtungen noch einmal weit übertroffen – was ich gegen Mitternacht in mein Tagebuch eintrage.

Ich habe es mir in einer Art Trotzreaktion und rhetorischer Opposition dennoch nicht nehmen lassen, meinen vollen Text zu sprechen, gute sechs Seiten, insgesamt etwa zwanzig Minuten.

Und das eingeleitet mit dem verdrießlichen Geständnis, hier höchst widerwillig zu stehen, weil ich, Verfechter der »kritischen Methode«, in diesem Fall unglücklicherweise nichts zu kritisieren hätte, aber auch nicht den Apologeten mimen will. Also komme ich darauf, was uns bei aller Homogenität voneinander unter-scheidet: die Frisur – soweit bei dem Laudandus davon über-haupt gesprochen werden kann. Denn während die Gene mei-ner Mutter mich unverdientermaßen bis in die zweite Hälfte des neunten Lebensjahrzehnts mit üppigem Haarwuchs bedacht haben, hat das Schicksal bei dem Freund anders entschieden, nämlich mit einem blanken Nichts. Die Pointe: Dennoch hat es seinerseits in den Äonen, die wir uns kennen, nie auch nur den Anflug von Neid gegeben, was doch nur zu verständlich gewesen wäre. Und so behauptete ich denn mit der Weisheit und der Autorität des um sechs Jahre Älteren, daß diese Neidlosigkeit die Feuerprobe einer wunderbaren Freundschaft sei.

Als er schließlich an der Reihe war, kürzte old Kunert den Text seiner launigen Dankesrede erheblich, aber das mit der Versicherung, daß nicht meine ungekürzte Rede dafür verantwortlich sei.

Als Konsequenz des Tages beschlossen wir vor dem Schlafengehen, bei künftigen Preisverleihungen, sei es als Laudator oder Laudandus, rechtzeitig in die Programmplanungen einzugreifen und so beispielgebend ein neues Zeitalter öffentlicher Auszeichnungen einzuleiten.

Nachtgedanken.

Mir wird oft vorgeworfen, was meine Mutter mir schon als Kind attestiert hat: Ich sei eitel. Das stimmt, bei gleichzeitigem Bedürfnis anzufügen: aber das selbstironisch. Gibt es doch auch eine Eitelkeit, die sich ihrer nicht bewußt ist, sich nicht kontrolliert, und die ich deshalb dumm nenne.

Meine hat jedenfalls eine ästhetische Grenze.

Die kommt etwa bei *Standing Ovations* zum Ausdruck, also stehendem Beifall nach Lesungen aus meinen Büchern oder nach Vorträgen. Darüber freue ich mich natürlich, spüre aber dennoch in mir ein Gefühl der Scham, gepaart mit einer bestimmten Furcht: daß ich darauf bedacht sei, die Zustimmung, den Applaus zu verlängern. Das Gegenteil ist der Fall. Ich bin eher darauf aus, durch Körperhaltung und Gestik die Ovationen zu verkürzen, ein ganz starker Wunsch in solchen Situationen. Anerkennung der Leistung – gut, aber bitte mit hoher Disziplin auch auf seiten des Auditoriums. Um Gottes willen nicht den

Eindruck vermitteln, ich wolle durch längeres Verweilen auf der Bühne auch den Applaus dehnen. Nur das nicht. Da kommt wahrscheinlich etwas Norddeutsches in mir hoch.

Also eitel? Meinetwegen. Aber der Skeptiker in mir schließt auch sich selber ein.

Warum habe ich eigentlich nie tanzen gelernt?

Dabei bin ich grundmusikalisch, Sohn eines Pianisten und aufgewachsen mit den Melodien der gesamten Klassik im Ohr, allen voran Chopin. Dazu, wenn ich pfeife, kein falscher Halbton!

Aber tanzen habe ich nicht gelernt, es ist mir einfach nicht geglückt. Heute nicht mehr, wohl aber über eine große Strecke meines Lebens hin habe ich darunter gelitten, daß ich diese Schwelle nicht überschreiten, ein inneres Hemmnis nicht überwinden konnte. Lächerlicherweise habe ich als Fünfzigjähriger einmal Tanzstunden genommen, aber das nur kurz, sehr kurz. Da fehlte ein innerer Schwung, was mir immer wieder peinliche Situationen bescherte, wenn ich mich an einer Aufforderung vorbeimogelte, ohne den wahren Grund dafür zu nennen.

Dabei wäre ich, bin ich sicher, ein guter Tänzer geworden.

Weitere Versagung – ein eigenes Haus.

Dazu hatte es lange keine finanziellen Voraussetzungen gegeben, aber als sie dann durch meinen beruflichen Erfolg endlich da waren, erfüllte sich die Sehnsucht dennoch nicht.

Das hängt mit meiner Einstellung zum Geld zusammen.

Ich habe nie ein persönliches Verhältnis zu ihm gehabt, in meiner Vorstellung gehörte es nicht mir, sondern immer denen, für die ich zu sorgen hatte. Zunächst also meiner Mutter und der Familie, dann meinen Ehefrauen Helga und Röschen (die 1984 bzw. 2002 gestorben sind).

Und seither?

Ich habe keine Familie, sondern bin der »letzte Mohikaner«, ohne leibliche Erben. Wohl aber gibt es Menschen, denen ich nach meinem Tod etwas zukommen lassen möchte, und das gleichmäßig verteilt auf die Auserwählten. Wie aber ginge das bei einem Haus? Sollte es etwa geteilt werden? Also ging und geht es weiter wie bisher.

Nicht, daß ich mir etwa Beschränkungen auferlegt hätte, aber Luxus kam erst recht nicht in Frage.

Mit anderen Worten: Ich lebe im Interesse meiner (nichtleiblichen) Erben, denen soviel wie möglich erhalten bleiben soll.

Einziger Streitpunkt die einzige Extravaganz meines Lebens, inzwischen zwanzig Jahre alt, aber immer noch so blank wie damals: Wer kriegt meinen alten Jaguar?

19. Mai 2009, Kassel

Ich bin von der Evangelischen Studierendengemeinde an der Universität Kassel zum Thema »Glück im Unglück« eingeladen worden – mein »Doktor phil. h. c.«-Vater Dietfrid Krause-Vilmar würde auch da sein.

Also kam ich und las themabezogen aus meinen »Erinnerungen eines Davongekommenen«.

Dabei ist mir wieder klargeworden, wieviel Glück ich in meinem Leben hatte. Einmal, weil ich der Nazizeit entkommen bin, alles weitere Dasein daran gemessen also nur glücklich sein konnte, wie schwer es auch immer gewesen sein mag. Glücklich dann aber auch, weil ich als Publizist, Schriftsteller und Fernsehautor vollkommen frei arbeiten konnte, über ein langes schöpferisches Leben hin, und das bis zum heutigen Tag. Kann es ein größeres Glück geben?

Was konnte ich anderes tun, als dem sehr jugendlichen Auditorium einzuschärfen, sich die demokratischen Freiheiten zu erhalten und allen auf die Finger zu klopfen, die sie einschränken wollen?

Am Schluß gab es dann noch ein rührendes Erlebnis.

Abgeholt vom Bahnhof Kassel-Wilhelmshöhe hatten mich Krischan H. und seine Frau, die auch die abendliche Veranstaltung leiteten.

Wie sich herausstellte, hatten beide acht Jahre in Hamburg gelebt, und das in der Hellbrookstraße, also ganz in der Nähe der Hufnerstraße, wo meine Familie und ich bis zur Ausbombung Ende Juli 1943 gewohnt hatten – so, wie es in den »Bertinis« steht. Und nun erfuhr ich, daß sie unter Anleitung des Buches all die Orte aufgesucht hatten, die darin erkennbar erwähnt werden, wie die Sandkiste, der Stadtpark oder der Bahnhof Barmbek. Daß sie aber auch ihre Kinder, Jonathan (6) und Katharina (4), mit der Lektüre vertraut gemacht haben, so kindgerecht, wie es eben ging. Jonathan aber auch mit ernsten Passagen, darunter die Zeit im illegalen Versteck – mit all den Risiken auch für die Frau, die uns versteckte. Dabei hatte der gerade schulpflichtig gewordene Knabe eine Frage gestellt, die erst die Mutter, nun aber auch mich sprachlos machte: »Hätten wir uns genauso verhalten wie diese Frau? Hätten wir die Familie auch versteckt?«

Den weiteren Weg dieses Jungen möchte ich im Auge behalten.

Aber damit war es nicht genug.

Mein autobiographischer Roman ist in dieser Familie offenbar sehr genau gelesen worden, darunter auch das Kapitel »Über die seltsamen Beziehungen der Bertinis zur Tierwelt« (wo unter anderem über den Verlust eines Panzernashorns aus Elastolin geklagt wird).

Denn nun zum Abschied erhalte ich ein Panzernashorn aus Elastolin, dem mit einem blauen Band ein hornloses Nashornbaby auf den Rücken gebunden ist, worauf steht: »Als Ersatz für das Panzernashorn Ihrer Kindheit von Jonathan und Katharina«.

Als ich dann noch ein Buch über den Wombat geschenkt bekomme, ist es um mich geschehen, da habe ich mal wieder geheult.

Das neue Nashorn aber und sein Kleines samt Kärtchen stehen von nun an neben dem Computer und werden dort zeit meines Lebens stehen.

Ich lasse den Schlüssel in meiner Wohnungstür seit kurzem so stecken, daß von außen hereingekommen werden könnte – falls mir was passiert und ich den Weg bis zur Tür nicht mehr schaffe (ein vertrauenswürdiger Nachbar hat einen Zweitschlüssel).

Solche Gedanken sind mir früher nicht gekommen.

23. Mai 2009, Freiburg

Wieder in der Schwarzwaldstadt, bei meiner alten Freundin, Schicksalsgefährtin und Schriftstellerkollegin Ingeborg Hecht-Studniczka, achtundachtzigjährige Tochter des in Auschwitz umgekommenen Hamburger Rechtsanwalts Dr. Felix Hecht.

Die Besuche hier bei ihr und dem Freundeskreis sind zu einer Institution meines Lebens geworden. Wir kennen uns seit 1982, durch das ähnliche Schicksal während der Nazizeit eng miteinander verbunden, und sie ist eine Kollegin dazu.

Der Platz vor dem Freiburger Münster ist sonnenüberflutet, wolkenloser blauer Himmel. Es ist Freitag, und die Menschen sitzen vor den Lokalen und Gaststätten oder wandeln an den Marktständen entlang – ein schönes, ein beruhigendes Bild. So wird es heute überall dort in Deutschland sein, wo die Wetterverhältnisse es gestatten. Und hier sehe ich dazu noch einen powackelnden Labrador, der in unbewußter Schönheit eine Pfote vor die andere setzt und mich mit einem Blick streift, als gelte seine Aufmerksamkeit für eine Sekunde mir.

Das Leben kann schön sein.

Aber da kommt es wieder in mir hoch, auch wenn ich mich dagegen wehre, da drängt sie sich wieder nach vorn, stark und immer stärker, die Frage: Bleibt es so? Bin allein ich es, der daran denkt, daß hier gleich eine Bombe hochgehen und die Wonnen des Alltags platzen lassen könnte?

Die Prognosen stehen nicht gut. Deutschland ist nach den Berichten des Innenministers Wolfgang Schäuble und der Sicherheitsorgane im Visier der islamischen Terroristen. Es wäre ja bereits ein ganz anderes öffentliches Klima da, wenn die Kofferbomben von Köln gezündet und die Sauerland-Bande und ihre Komplizen zugeschlagen hätten.

Wird es so bleiben?

25. Mai 2009, Köln

Frühmorgendlicher Anruf eines Mannes, bewegte Stimme, gebildet, mit deutlichem Akzent, aber klar verständlich, Afghane, wie er sich vorstellt. Er bezieht sich auf einen großen Artikel im neuen »Spiegel« über den Holocaust, zu dem ich mich geäußert hatte, versichert nun Israel seiner Solidarität und warnt dabei »als Anhänger des liberalen, modernen Europa« vor einem expandierenden Islam.

Das bricht aus ihm heraus, ich höre zu, komme nicht zu Wort, will es auch gar nicht, sondern bin berührt von der Leidenschaft, mit der der morgendliche Ruhestörer sich »als Muslim« zum demokratischen Europa bekennt. Die Stimme sagt: »Wer, wie die Palästinenser, Anteilnahme für das eigene Schicksal fordert, muß der nicht auch Empathie für das Schicksal der Juden haben?« Und dann immer wieder: »Was den Juden angetan worden ist, ist unvorstellbar, unvorstellbar ...«

Ich komme nicht dazu, ihn um seine Adresse zu bitten, der Mann ist nur Sender. Sagt, er wolle mich einfach seiner Solidarität versichern, und legt auf.

Ich halte den Hörer noch lange stumm in der Hand.

Posteingang: ein umfangreiches Manuskript von Jürgen S. aus Gelsenkirchen über – ich blättere – »Juden, den Holocaust und die Haltung des Vatikans«. Alles handgeschrieben, wie gestochen, kalligraphisch.

Der erste Satz: »Der Judenhaß ist das Dümmste, das Allerdämlichste, was je von Menschen ausgegangen ist.« Und weiter: »Alles, was ich geschrieben habe, ist wahr und von mir allein erarbeitet. Sollten Sie meinem Ansinnen zu einem gemeinsam verfaßten Buch zustimmen, wäre es vielen Menschen möglicherweise hilfreich, vor allem den Juden. Und könnte mir selbst helfen, von der Hilfe des Staates (Hartz IV) wegzukommen.«

Alles ist in diesem Stil geschrieben – ich blättere und blättere. Originelles finde ich in dem Konvolut nicht, keinen einzigen Gedanken, keine Formulierung, die mich aufhorchen ließe, wohl aber große Kenntnisse meiner Biographie und meiner Bücher.

Der Mann hat mir leserlich Hunderttausende von Wörtern zugeschickt, mit denen er sich Luft machte von einem großen inneren Druck: dem Schicksal der Juden, wie er es sieht. Sein letzter Satz: »Ich habe im Juli 2007 einen Herzinfarkt erlitten und würde mich sehr freuen, noch wenigstens den Beginn der Aussöhnung beider Völker, Israelis und Palästinenser, erleben zu dürfen.«

Ich fühle mich tief berührt – und total hilflos.

Das mindeste, was ich dem Absender schuldig bin, ist, daß ich alles durchlese, die ganzen 141 Seiten, was Stunden dauern wird, ohne daß ich etwas dazugelernt hätte.

Nach Lektüre werde ich ihm antworten – und ihn unvermeidlicherweise enttäuschen müssen.

Es ist nicht die erste Post dieser Art, die ich bekomme, aber die bisher umfangreichste. Es wird damit nur wieder bestätigt, wie ratlos Menschen angesichts des Zustandes unserer Welt sind.

Nur trifft der Mann aus Gelsenkirchen in meiner Person auf einen anderen Ratlosen.

31. Mai 2009, Köln

Das glühte und strahlte, zitterte und stampfte, ein rauschendes Fest von Farben, Klängen und Rhythmen, ein musikalischer Hurrikan, der alles wegfegte, was nicht zu ihm gehörte – das weltberühmte Ensemble arménienne Navarsat aus Paris gastiert in der Domstadt.

Schauplatz: Haus Burg, Bachstraße 12–14, Köln-Hürth.

Von den sechzig Musikern und Tänzern ist heute nicht ganz die Hälfte aufgeboten, an die zwanzig Frauen und Männer, ein kongeniales Orchester – und neunhundert Zuschauer, die meisten davon Armenier.

So ging es über zwei Stunden, ohne die kleinste Ermüdungserscheinung, eine Figurengruppe nach der anderen, Hunderttausende wechselnder Schritte ... Es geht mir nicht in den Kopf, wie so etwas ohne einen verkehrten Schritt, einen falschen Hopser ablaufen kann.

Die Reaktionen des Publikums sind konvulsivisch, trällernd, mit einer spürbar orientalischen Note, wie mir scheinen will – die Integration konnte die Ursprünge nicht verschütten.

Ich sitze neben meinem alten armenischen Freund Mihran Dabag, Leiter des Instituts für Diaspora- und Genozidforschung an der Ruhr-Universität Bochum. Ein Kärrner der armenischen Sache, der mich am Morgen des 22. April 1986, nach Ausstrahlung meiner WDR / ARD-Fernsehsendung über den Völkermord an den Armeniern im türkisch-osmanischen Reich 1915 / 16 so begrüßt hatte: »Die Welt hat keine Ähnlichkeit mehr mit der von gestern.«

Während es auf der Bühne tost und rast, denke ich an das Schicksal dieses Volkes, das mit seiner Zerstreuung über achtzig Länder der Erde so manche Ähnlichkeit mit den Juden hat.

Das Bild auf der Bühne, die schönen jungen Frauen und Männer, so kraftvoll und graziös, laden eigentlich zu Lachen und Freude ein. Aber ich denke dabei an die Tragödie dieses Volkes, das seinen jahrtausendealten Stammsitz verlassen mußte und die Türkei nach dem Genozid vor fast hundert Jahren so gut wie »armenierfrei« wurde.

Daneben beschimpfe ich mich selber, wütend darüber, daß mir in letzter Zeit die Fähigkeit zur Freude mehr und mehr abhanden zu kommen droht. Ich kann mich dann selber nicht ausstehen und bin froh, wenn sie schließlich doch zurückkehrt. Wie jetzt, da sich ein Flor armenischer Kinder, Mädchen und Jungen, an der Treppe zur Bühne drängt und, beseelt von dem Wunsch, den vergötterten Akteuren so nahe wie möglich zu sein, verzückt und gebannt auf die prasselnde Szene schaut.

Noch ist Armenien nicht verloren …
Es wurde ein langer Abend.
Mihran Dabag und ich werden uns schon bald wiedersehen –
am 18. Juni. An dem Tag sollen wir beide vom Präsidenten der
Bundesrepublik Deutschland einen Orden bekommen.

3. Juni 2009, Köln
In zehn Tagen ist im Iran Präsidentenwahl.

Die Kameras des Staatsfernsehens haben nur Augen für Ahmadinedschad – der Oppositionsführer Mussawi existiert überhaupt nicht. Unübersehbare Massen, hupende Autos, Zurufe
»Bau die Bombe!« und »Tod Amerika!«. Briefe werden ihm zuge-
steckt, Briefe, Briefe – hat er doch versprochen, jeden zu beantworten. Frenetischer Applaus, ein ungeheurer Geräuschteppich,
der zum Himmel steigt, und im Mittelpunkt der kleine Mann mit
den stechenden Augen. Fehlt nur noch, daß er sich, wie bei den
Gorillas der Silberrücken, mit beiden Fäusten gegen die Brust
trommelt.

Doch dann folgt auf dem Bildschirm etwas, das den ganzen
Spuk jäh zerstäuben läßt.

Das deutsche Fernsehteam hat offenbar mit seiner Arbeit
Schwierigkeiten, die Stimmung ist aggressiv, tief aufgeladen, für
Fremde Vorsicht geboten. Die Kollegen ziehen sich zurück, und
dort, am Rande des Geschehens, gelingt ihnen ein Coup, etwas
Unplanbares.

Zwei ältere Frauen, die Gesichter kopftuchumrahmt, beide sit-
zend, in ein Gespräch vertieft – und ohne Ahnung, daß in ihrer
Nähe eine Kamera mitläuft. Die eine: »Warum spricht er nicht
von der Inflation, von den gestiegenen Preisen? Davon, daß
nichts funktioniert, weder die Wasserversorgung noch die Ver-
sorgung mit Elektrizität?« Pause. »Warum kommt er nicht zu uns
einfachen Leuten und läßt sich von ihren Nöten und Problemen
erzählen?«

Plötzlich beginnt die andere Frau zu weinen, sichtlich bemüht, die Tränen zu unterdrücken. Dann sagt sie, schluchzend, aber verständlich, also gut übersetzbar: »Seit Wochen versuche ich, für meine Enkelin Erdbeeren aufzutreiben, stell dir das vor – Erdbeeren! Die gab es doch früher in Hülle und Fülle, und wie süß sie schmeckten. Nur – wo sind sie?« Dann wieder die erste: »Was ist mit uns geschehen? Wohin geht das Land?«

Jetzt weinen beide.

Gegensätzlicher konnten Propaganda und Wirklichkeit nicht aufeinanderprallen – drei Minuten der Entzauberung aller offiziellen Aufführungen …

Von dem riesigen Aufmarschplatz dröhnen Musik und laute Stimmen herüber – die deutsche Kamera macht sich auf den Weg dahin zurück.

Da tue ich etwas, wovon ich weiß, daß es falsch, daß es grundfalsch ist – und tue es trotzdem: Ich drücke auf den Abschaltknopf. Aber nach dem erschütternden Geständnis noch einmal in die Teufelsvisage von Ahmadinedschad zu blicken – die Energie habe ich nicht mehr, das halte ich nicht aus.

Und Israel, Israel …

6. Juni 2009, Köln

Heute vor fünfundsechzig Jahren war *D-Day*, am 6. Juni 1944, die langerwartete Landung der Alliierten von England aus über den Kanal auf dem Kontinent, die Eröffnung der »Zweiten Front«. Sie zu feiern und die Opfer zu betrauern waren der britische Thronfolger Charles, der britische Premier Gordon Brown und der kanadische Regierungschef Stephen Harper gekommen.

Schauplatz ist der Friedhof von Colleville-sur-Mer, hinter dem Abschnitt Omaha Beach, wo besonders viele amerikanische Soldaten gefallen und begraben sind – 9386 von 10 000.

Angesichts des Wettlaufs zwischen der »Endlösung der Judenfrage« und dem Endsieg der Alliierten, zu dem unser Leben inzwischen verkommen war, hatte ich dem Tag entgegengefiebert.

Nun endlich da, stürzte er mich in die widerstreitendsten Gefühle.

Bis dahin hatte sich, ein Grundgefühl, eine Art Besessenheit, die Vorstellung in mich eingebohrt: Die Anstrengungen einer ganzen Welt, die militärischen Energien fast der gesamten Menschheit, all die Panzer und Kanonen, die Flugzeuge und die Kriegsschiffe, die da gegen Hitlerdeutschland aufgeboten waren, sie dienten nur einem Sinn, einem Zweck: meine Familie und mich zu befreien! Zu befreien von der Furcht vor dem jederzeit möglichen Gewalttod, von der Angst, erschossen, verbrannt, verstümmelt zu werden. All die Munition, die bei den Alliierten produziert wurde, all ihre Truppenbewegungen auf den Kontinenten, alle Schlachten auf den Weltmeeren, jede abgefeuerte Kugel aus den Mündungsläufen der Anti-Hitler-Koalition – sie hatten nur ein, ein einziges Ziel: *unsere, meine Erlösung von der Angst!*

Heute erschrecke ich über eine Realitätsgestörtheit, wie sie im Kokon eines alles übertäubenden Grauens nicht totaler sein kann.

An diesem Tag nun, dem 6. Juni 1944, hatte sich aber plötzlich ein anderer Gedanke aufgetan, unerwartet, nicht vorgedacht und gerade deshalb mit der stupenden Kraft eines Naturereignisses einschlagend: *Der Preis der Befreiung ist der Tod von Millionen!*

Und das wollte ich nicht, wollte nicht, daß sie sterben – um unseret-, um meinetwillen sterben. »Wenn das die Voraussetzung ist für unsere Befreiung, dann will ich sie nicht«, sagte, fluchte, betete ich in mich hinein.

An jenem Morgen, als die Nachricht von der alliierten Landung in der Normandie mich erreichte, leistete ich Zwangsarbeit bei Siemens & Halske, einer Rüstungsfabrik in den Ruinen von Hamburg-Rothenburgsort. Nun flüchtete ich in einen Abstellraum, wo es mich anfiel wie eine regelrechte Anklage: »Damit du befreit wirst, müssen andere ihr Leben, ihre Glieder, ihre Unversehrtheit lassen – und das will ich nicht.«

Mir in Erinnerung wie gestern auch die stoßatmig gestellte Frage: »Wo ist deine Gegengabe?« Damals hatte ich keine Antwort darauf. Heute, nachdem sie mich seit fünfundsechzig Jahren verfolgt, schreibe ich in dieses Tagebuch: »Wo? In der Hoffnung, etwas aus meinem Überleben gemacht zu haben.«

8. Juni 2009, Köln
Aus verschmähter Liebe, so ein entsetzenpraller Artikel im »Spiegel«, hat der Student Madschid Mowahedi vor fünf Jahren die Iranerin Amene Bahrami in Teheran mit Säure übergossen. Ein Teheraner Gericht sprach dem erblindeten und furchtbar entstellten Opfer, damals sechsundzwanzig, das Recht zu, den Täter, damals einundzwanzig, ebenfalls zu blenden. Amene Bahrami hat öffentlich erklärt, dazu bereit zu sein.

Es gibt ein großes Foto, das die Entstellte neben ihrer schönen Schwester zeigt – nur einmal anschauen und dann nie mehr ... Der Täter sitzt mit acht weiteren Gefangenen im Gefängnis, es kann dort nur die Hölle sein. Zur Stunde dieser Niederschrift ist offen, ob es zur Vollstreckung kommt. Aber wird die heute Einunddreißigjährige Rache üben, wird sie in dem Moment, wo sie den Täter so zurichten könnte, wie er sie zugerichtet hat, das auch tun, oder wird sie davor zurückschrecken?

Ich habe jahrelang unter dem Druck gestanden, Menschen zu töten, die meiner Familie und mir in der Nazizeit Schreckliches angetan hatten. Als es dann soweit war, als ich ihnen nach der Befreiung bewaffnet gegenüberstand, ging es nicht. Nicht, weil ich Bestrafung fürchtete, daran habe ich überhaupt nicht gedacht, da mir nach diesen zwölf Jahren jedes Rechtsbewußtsein abhanden gekommen war, sondern weil ein inneres Verbot stärker war als mein absolut verständliches Rachegefühl. So drückte ich nicht ab und habe mich im Laufe meines Lebens darüber immer erleichterter gefühlt. Dennoch weigere ich mich, Gefühle von Rache und Vergeltung zu diskreditieren und zu diskriminieren. Sie waren vollkommen verständlich unter dem Druck, der wie ein Damoklesschwert jahrelang Tag und Nacht über mir schwebte.

Ich wünschte, Amene Bahrami würde nicht Gleiches mit Gleichem vergelten. Ich wünschte es um so mehr, als ich keinen Augenblick vergesse, wo die wirkliche Ursache für die grauenhafte Szene liegt: in den Kernelementen des Islam, den widernatürlichen Versagungen, Regeln und Verboten der Geschlechtertrennung, den daraus entspringenden Frustrationen und kollektiven Gewaltphantasien von Männern gegen Frauen – kurz, aus der sexistischen Grundstruktur der islamischen Gesellschaft.

Vor allem aber sollte Amene Bahrami nicht nach der Scharia handeln, die die Verätzung des Delinquenten erlaubt. Ist dies doch ein »Rechtssystem«, das weit hinter die justitiellen Errungenschaften der Aufklärung und der modernen Rechtspraxis zurückfällt und bis in den Grund antiemanzipatorisch und menschenrechtsfeindlich ist.

Bekanntlich gibt es Forderungen, Teile der Scharia in unser Rechtssystem einzufügen. Ich werde mein Letztes geben, um das zu verhindern.

Ebenso stehe ich gegen alles, was unter dem Begriff »Versöhnungsschmus« subsumiert werden kann. Versöhnung kann kein Selbstzweck sein, keine Chiffre für die Entsorgung der Täter.

Da sei uns die konsequente, achtunggebietende Herta Müller vor!

Heute ist mir eine hohe Ehre widerfahren.

Claus Leggewie, Direktor des Kulturwissenschaftlichen Instituts in Essen und Protagonist der Political Correctness, hat sich in Zusammenhang mit den Migrations- und Integrationsproblemen abfällig über mich und meine Kritik am Islam geäußert.

Ich bin also auf dem richtigen Weg.

10. Juni 2009, Köln
Mein Handy macht mir mal wieder Troubles.

Plötzlich kann ich nicht mehr angesimst werden, und bei dem Versuch, den Schaden zu beheben, ist ein großer Teil der gespeicherten Daten verlorengegangen – Hilfe!

51

Die handylose Zeit, der Status quo ante – wie war das noch? Ich kann mich nicht mehr daran erinnern. Dabei will ich nichts weiter als telefonieren, basta. All die hunderttausend Dinge, die der Kobold inzwischen sonst noch kann, sind mir schnuppe – ich brauche sie nicht. Aber was vielen ein Greuel ist, das hat sich für mich als schöpferisch höchst effizient herausgestellt: nämlich jederzeit jeden erreichen zu können und selbst jederzeit erreichbar zu sein.

Wenn das Handy also diese Aufgabe nicht erfüllt, fühle ich mich wie lebendig begraben. Dabei bin ich technisch der Unbegabtesten einer, mehr noch – total unterentwickelt. Mir graut vor dem Wechsel zu einem neuen Handy. Ich bin seit mindestens zwölf Jahren dabei, aber das derzeitige Handy ist, man glaube es mir oder nicht, erst mein zweites. Der Wechsel war nötig geworden, weil mein erstes ins Klobecken geglitten war. Wie? Ich hatte es in der linken Hemdtasche geparkt, von wo es mir dann beim Bücken herausgerutscht war – und die ganzen Daten futsch.

Vorsicht – Handys sind nicht wasserdicht!

Längst aber ist mir die neue Elektronik zum Alptraum geworden – wieso bin ich unfähig, zu mailen, unfähiger noch, im Internet außer Google etwas zu bedienen, am unfähigsten jedoch, selbst etwas darin einzubringen. Eine Homepage? Keine Ahnung, wie das zu bewerkstelligen wäre. Also komme ich mir manchmal wie abgehängt vor. Obwohl es sich doch um nichts anderes handelt, als auf die richtigen Knöpfe zu drücken. Die aber müßte man kennen, darin liegt das Genie, und das eben ist des Teufels beschissene Zwickmühle.

Bin schon froh, mit dem Handy zurechtzukommen, wenn auch auf seiner primitivsten Stufe – telefonieren.

Es ist wie mit dem Computer, den ich seit zwanzig Jahren traktiere, und das in keiner anderen Funktion als eine Schreibmaschine, auf der ich gleich verbessern, verändern, korrigieren kann. Was er sonst noch kann, bleibt mir verschlossen. Aber ohne ihn hätte ich meine Bücher nicht in der Zeit schreiben können, in der sie geschrieben worden sind. Auch er ist erst der zweite PC, und der Gedanke, daß er ausgewechselt werden müßte, verdunkelt mir die Zukunft.

13. Juni 2009, Köln

Vier Uhr früh – Nachrichten.

Gestern Wahl des Präsidenten im Iran.

Es heißt, Ahmadinedschad habe gesiegt, nicht der Hoffnungsträger Mussawi. Sechzig Prozent der Wählerschaft sind jünger als dreißig. Die haben doch den Giftzwerg nicht gewählt! Wahlfälschung steht wie selbstverständlich an die Wand geschrieben.

Ich bin beunruhigt und kann nicht wieder einschlafen. Aus dem Radio zu allem noch Tschaikowskis »Pathétique« und ihr finales Lamentoso – wie das aushaucht, unaufhaltsam, immer leiser werdend, wie ein Körper, der sein Blut verliert und abstirbt, bis die Töne schließlich verdunstet sind.

14. Juni 2009, Köln

Schwere Unruhen im Iran nach den Präsidentenwahlen, aus denen Ahmadinedschad mit sechzig Prozent als Sieger hervorgegangen sein soll, wogegen Mussawi angeblich knapp über dreißig Prozent bekommen hat. Überall Zusammenstöße mit der Opposition. Die tiefen Gegensätze der iranischen Gesellschaft schießen nach oben und machen sich explosionsartig Luft. Tote und Verletzte. Das Land geht schweren Zeiten entgegen.

Aber die Friedhofsruhe ist dahin. Nach den inoffiziellen Bildern, die man von dort über Handys und Internet sieht, kündigt sich eine neue Epoche an.

Riesige Aufmärsche, Widerstand, Straßenproteste gegen Wahlfälschung.

Mir wird ganz warm ums Herz.

15. Juni 2009, Berlin
Hertie School of Governance, Quartier 110, Friedrichstraße 180–
184, 19 Uhr.

»Das Bundeskriminalamt stellt sich seiner Geschichte – Dokumentation einer Kolloquienreihe« – so der Titel eines Buches,
das heute hier in Berlin der Öffentlichkeit präsentiert worden ist.
Fazit: keine Tabus, keine Beschönigungen, keine Verdrängung,
sondern die Wahrheit über die personellen Kontinuitäten zwischen dem tief in die Vernichtungsmaschinerie involvierten deutschen Polizeiapparat unter Hitler und dem 1951 gegründeten
Bundeskriminalamt.

Eine deutsche Behörde, das BKA, macht auf 280 Seiten Tabula
rasa mit der eigenen Genesis!

Motor, treibende Kraft ist sein gegenwärtiger Präsident, Jörg
Ziercke, den ich in den letzten drei Jahren kennengelernt habe als
einen Mann von ebenso nüchterner wie emotionaler Gradlinig-
keit, die Personifizierung eines mit dem Generationswechsel ver-
bundenen Gesinnungsumbruchs in einem schwer vorbelasteten
Amt.

Und in der Tat, es steigen einem die Haare zu Berge, wer alles
aus dem Höllenschlund der NS-Polizeigeschichte in diesem BKA
zu Rang und Namen gekommen ist. Angehörige der Einsatz-
gruppen, deren mobile Mordkommandos im Baltikum Hunderttausende von Juden umgebracht hatten; darunter der Chef der
Gestapo in Wilna. Sie wurden Referats- und Abteilungsleiter, der
Cheffahnder des Reichskriminalamtes gar, man will es nicht glauben, Cheffahnder des BKA … Vorher verantwortlich für alle
Fahndungen im Großdeutschen Reich und den besetzten Ge-
bieten und in dieser Funktion verantwortlich für Tausende und
Abertausende von Opfern, glitt der SS-Sturmbannführer und
Massenmörder 1964 unbehelligt in den Ruhestand.

Ein öffentliches Bewußtsein für den Skandal der personellen
Kontinuität bis in die Spitze des Amtes hat es nicht gegeben.
Festgeprägte Strukturen, rassistische Theorien, der autokratische
Führungsstil, sie setzten sich fort und bestimmten die Kodizes

der bundesdeutschen Polizei, eingeschlossen das BKA, und das über Jahrzehnte. Und so geisterten denn auch dort noch lange kriminalpolitische Konzepte aus der NS-Zeit herum, wie etwa die »Vorbeugehaft«, die Sinti und Roma fortgesetzt als »Landfahrer« diskreditierte.

Erst in den siebziger Jahren, verbunden mit dem Namen seines Präsidenten Horst Herold, mauserte sich das BKA langsam, sehr langsam zu einer modernen Behörde. Aber es sollte noch einmal zwanzig Jahre und mehr dauern, bis ein Blick geworfen werden konnte in den Abgrund der »Personellen und organisatorischen Verknüpfungen des BKA zu Vorgängerinstitutionen«. So der Titel eines Vortrags von Professor Dieter Schenk, Jahrgang 1937, ehemals Angehöriger des BKA, das er aber aus Protest gegen die fehlende Aufarbeitungsbereitschaft verließ. Ihm kommt das Verdienst der Initialzündung für eine öffentliche Auseinandersetzung zu, deren Berechtigung und Notwendigkeit er faktenreich dokumentierte.

Zum Mentor der Aufarbeitung, ihrem Focus, ist Jörg Ziercke geworden, Organisator einer dreiteiligen Kolloquienreihe, die sich auch von meiner Vorarbeit inspirieren ließ.

»Wieweit trifft auf das Bundeskriminalamt die von dem jüdischen Publizisten Ralph Giordano sogenannte ›zweite Schuld‹ zu, derzufolge die Deutschen ihre ›erste Schuld‹, die unter Hitler begangenen Verbrechen, verdrängten und zahlreiche Naziverbrecher nahezu lückenlos in die Nachkriegsgesellschaft integrierten?«

So steht es aus der Feder des BKA-Präsidenten im Vorwort des heute vorgelegten Sammelbandes, als dessen historisches Ideenfundament mein darin abgedruckter Beitrag über den Komplex »zweite Schuld« gelten kann.

Um diesen Fragen nachzugehen, hatte das Bundeskriminalamt im Herbst 2007 Wissenschaftler, Publizisten, die Presse und Angehörige des BKA zu einem ersten Kolloquium nach Wiesbaden eingeladen.

Es war ein Erlebnis der seltenen Art, in einer Atmosphäre ohne Tabus und ohne die mir nur zu bekannten Merkmale von Verdrängung. »Endlich Tacheles«, dachte ich nach Zierckes grundlegender Einleitung, »endlich.« Was mich besonders bewegte, war der sichtbare Wille, die schmerzende Wahrheit aufzudecken bei gleichzeitigem unpenetrantem Stolz, das BKA inzwischen in eine international geachtete Polizeibehörde gewandelt zu haben.

Dabei war sowohl beim ersten wie auch beim zweiten Wiesbadener Kolloquium zu spüren, daß immer noch Vertreter der alten Schule am Werke sind, die mit der neuen Offenheit nicht einverstanden sind, ja, einige sogar erklärten, das BKA künftig nicht mehr zu betreten.

Rückzugsgefechte.

Ich weiß die Sache bei Jörg Ziercke und seinen Mitarbeitern in guten Händen. Wobei mir noch einmal klar wird, wie entscheidend der Impetus ist, der von *einer* Person ausgeht, von ihrer Hartnäckigkeit, ihrer Standhaftigkeit und ihren klaren Signalen – für den Erhalt der Demokratie, der einzigen Gesellschaftsform, in der ich mich sicher fühlen kann.

Hertie School of Governance, Quartier 110, Friedrichstraße 180–184, Berlin – drittes Kolloquium des Bundeskriminalamtes.

Da ist etwas hergestellt worden, von dem ich mir innigst gewünscht hätte, es wäre mir schon früher und öfter begegnet.

Nach Beendigung der Präsentation des Buches kamen eine Polizeischülerin und ein Polizeischüler zu mir, um noch über das Stich- und Kodewort »zweite Schuld« zu sprechen – was dann auch sehr ernsthaft und über eine Stunde hin geschah. Um mit der verblüffenden Erkenntnis zu schließen, daß der Geburtsfehler der Bundesrepublik, also die nahezu kollektive, vom nationalen Konsens getragene Entstrafung der NS-Täter als ein prägendes Segment deutscher Nachkriegsgeschichte, in dem Bewußtsein dieser beiden hochintelligenten jungen Menschen nie aufgetaucht ist. »Die ›zweite Schuld‹«, so beide, »müßte Schulfach werden.«

Nichts dagegen.

Dann die Polizeischülerin, beim Abschied: »Ich hoffe, wir können dazu beitragen, Ihre unverbergbar weiterwirkende, aber verständliche Distanz zur deutschen Polizei durch unser Beispiel ein wenig zu verringern.«

Ich habe Jörg Ziercke versprochen, »an Bord zu bleiben«.

16. Juni 2009, Köln

Gewaltige Unruhen in Teheran gegen die Wahlfälschung zugunsten von Ahmadinedschad. Eine Protestbewegung, wie sie es dort noch nie gegeben hat seit dem Einzug der Mullahs vor dreißig Jahren. Hunderttausende gehen auf die Straße. Obermullah Chamenei deutet eine Prüfung an. Da wird eine oppositionelle Kraft sichtbar, die sich nicht so einfach einschüchtern lassen wird. Satellitenfernsehen, Internet, Handys, SMS, die neue Elektronik, sie wird zu einer revolutionären Sprengkraft.

Aber es hat Tote gegeben. Alle Medien werden streng kontrolliert, Internetseiten gesperrt, Mobilfunksysteme abgeschaltet. Und trotzdem dringt vieles nach außen – eiserne Vorhänge, Absperrung und Abschottung haben es heute schwerer. Keimende Hochgefühle in mir, Genugtuung, die hochkommen will in mir, als ich diese wunderbaren jungen Gesichter sehe, die da aufbegehren.

Aber schon sind die Stimmen da, daß die Wahlfälscher siegen werden und der Iran auf eine Militärdiktatur zutreibt.

Ich sauge mich fest an den Bildern des Aufbegehrens, an den Mienen dieser tapferen Jugend, soweit sie aus den verwackelten Bildern ebenfalls gefährdeter Amateurfilmer erkennbar werden; denke, Energien wie diese können doch nicht so ohne weiteres verfliegen, und flehe, flehe um den Sieg der Opposition. Und das in der Hoffnung, daß mit ihm vielleicht ein Alptraum aufgehoben oder doch wenigstens eingeschränkt werden würde: die Bombe in den Händen der Ahmadinedschads!

»Israel, um Himmels willen, Israel«.

57

Bei Rewe gibt es Erdbeeren.

Natürlich ist es Blödsinn, natürlich hat die iranische Großmutter, die wochenlang vergeblich nach Erdbeeren für ihre Enkelin fahndete, nichts davon, wenn ich die roten Früchte, die ich schon als Kind so gern bezuckert mochte, links liegenlasse – aber ich lasse sie links liegen, seit *dem* Tag schon.

Ob das so bleiben wird, weiß ich nicht. Aber eines weiß ich: daß ich bis an mein Ende nie wieder Erdbeeren essen werde, ohne an die Klage dieser Großmutter zu denken.

19. Juni 2009, Düsseldorf
Staatskanzlei, Landesregierung Nordrhein-Westfalen, Stadttor, 11. Stock West: Dort wird mir heute das Große Verdienstkreuz des Verdienstordens der Bundesrepublik Deutschland verliehen.

Glücklicherweise brauchte ich die elf Stockwerke nicht hinaufzuklettern – der Fahrstuhl muß von einem Humanisten konstruiert worden sein: Ich konnte aus dem gläsernen Käfig weit über die Stadt sehen, was mir Klaustrophobem den Schrecken der Beengung nahm.

Vorgeschlagen beim Bundespräsidenten Horst Köhler hatte mich der nordrhein-westfälische Ministerpräsident Jürgen Rüttgers, der auch die Verleihung vornahm.

Zu meiner Freude befinden sich unter den insgesamt fünfzehn Ausgezeichneten auch mein armenischer Freund Mihran Dabag sowie zwei ältere Jüdinnen, die den Holocaust überlebt haben, zierliche Damen, quicklebendig, mit blitzenden Augen und klarem Verstand.

Die Verleihung ging ziemlich zügig vor sich. Erst wurde der Name aufgerufen, darauf die Laudatio verlesen, dann vom Ministerpräsidenten der Orden überreicht oder umgebunden, wie in meinem Fall.

In der Begründung wird mir als Journalist und Schriftsteller ein lebenslanger Kampf gegen Nationalsozialismus, Faschismus, Stalinismus, Vertreibung und Folter attestiert, garniert mit Prädikaten wie *Demokrat* und *Moralist*, ausgestattet mit dem Mut, Tabufragen zu stellen, um dann so zu enden: »Nicht zuletzt seinem Engagement ist es zu verdanken, daß der Moschee-Neubau in Köln eine wichtige Kontroverse ausgelöst hat.«

Warum sehen das nicht alle so?

Dann Blitzlichtgewitter, Übergabe, musikalische Umrahmung – Oboe, Klarinette, Fagott.

Obwohl ich mich darauf eingeschworen hatte, innere Bewegung nicht nach außen dringen zu lassen – als mir das Kreuz um den Hals gelegt wurde, mußte ich doch schlucken.

Eine problemlose Entgegennahme war das dennoch nicht.

Ich habe die Auszeichnung angenommen eingedenk der Schläge, die dieses Nachkriegsdeutschland mir und die ich ihm verabreichte. Aber so wahr es niemanden gibt, der mit ihm schärfer ins Gericht gegangen ist, so wahr ist es, daß niemand das andere, das freiheitliche Gesicht der Bundesrepublik mehr gepriesen hat, als der Autor des Buches »Die zweite Schuld oder Von der Last Deutscher zu sein«.

Ich konnte hier alles sagen, schreiben und filmen, was ich sagen, schreiben und filmen wollte, ohne Ausnahme. Ich bin nie zensiert worden, sondern konnte frei arbeiten, ohne Schere im Kopf, ohne Druck, ohne jemanden um Erlaubnis oder Genehmigung fragen zu müssen. Das ist das Geschenk der demokratischen Republik an mich wie meine Arbeit das meine an sie.

Von ihr habe ich mich heute ausgezeichnet gefühlt, für einen »zentralen Beitrag zur Entwicklung der politischen Kultur in Deutschland. Dafür zollen wir ihm allerhöchste Anerkennung und sagen ihm unseren Dank«, wie es in der Begründung heißt.

Meine Freunde dürfen mich trotzdem weiterhin duzen.

Der Ministerpräsident zeigte sich übrigens in bewunderungswürdiger Form – er hat die ganze Prozedur, fünfzehn Übergaben plus Laudationes und Musik, ohne die kleinste Ermüdungserscheinung stehend durchgehalten.

Draußen scheint eine helle Junisonne, drinnen ist die Atmosphäre erfreulich gelöst, der Blick von oben auf Stadt und Rhein betörend und ich durch die Gunst der Stunde so beschwingt, daß ich die elf Treppen unter schamloser Ausnutzung der Schwerkraft nur so hinabstiebe.

Warten auf ein Taxi, das rascher als befürchtet eintrifft. Der Fahrer steigt aus, grinst breit, kommt herumgelaufen, öffnet den Wagenschlag und lacht, peinlich laut: »Mensch, Mann – müssen Sie einen hohen Orden bekommen haben!«

20. Juni 2009, Berlin
Auf dem Wege nach Masuren.

Erste Etappe. Hotel Savoy, Fasanenstraße.

Zum Frühstück, wie immer hier: Mozzarella mit Tomaten. Dann Lektüre des »Tagesspiegels«. Und die macht mich wütend, sehr wütend.

Unter dem Titel »Angriff auf eine Stadt« erfahre ich von der Barbarei Autonomer, die einen verstört fragen läßt, wo man denn eigentlich sei. Hunderte ausgebrannter Autos, Brandanschläge, Gewalttaten, die nur als Kriegserklärung an die Stadt ausgelegt werden können, aber längst zum bizarren Alltag geworden sind.

Unter dem Vorwand, gegen Mietpreiserhöhung zu protestieren und Einkommensschwache zu verteidigen, übt sich hier eine radikale Linke in pseudorevolutionärer Gewalt. Ich horche in mich hinein und entdecke keinerlei Sympathien für diese »Linke«, sondern Wut, nichts als Wut. Und die steigt höher und immer höher, weil wieder mal politische Begriffe, die mir teuer sind im Kampf gegen Ausländerfeindlichkeit, Neonazis und Antisemiten, mißbraucht und instrumentalisiert werden. Wut aber auch, grelle Wut bei der Frage: Wo bleibt der unmißverständliche Gegenschlag? Wo die Reaktion der Gesellschaft, die doch in Wirklichkeit angegriffen wird? Warum zeigt sie nicht ihre Zähne, warum schlägt sie nicht kräftig zurück? Muß der Begriff *Demokratie* immer verbunden sein mit Schwäche, mit Defensive und notorischem Zögern? Kann man sich ausmalen, welche Zustände herrschen würden, wenn diese Chaoten die Macht hätten?

Und was sind das für Politiker, die den Besitzern teurer Autos den Ratschlag geben, ihre Wagen nicht in Kreuzberg zu parken, und die die Parole »Nicht reizen!« ausstreuen?

Noch ehe ich den Artikel im »Tagesspiegel« zu Ende gelesen habe, ist klar: Dies ist ein Kniefall vor den Feinden der Demokratie, die das kleinste aller Staatsübel in der Geschichte ist und damit etwas Kostbares, das es zu verteidigen gilt. Warum schlägt sie nicht zu gegen eine gewalttätige Linke wie auch gegen die Pest der Rechtsradikalen? Kann in Deutschland nicht endlich ein Klima hergestellt werden, das die Feinde der Demokratie davor warnt, sich in der Öffentlichkeit mausig zu machen? Ein Klima, das *sie* zu Opfern machen würde, wenn sie den Täter spielen wollen?

Die Demokratie, die demokratische Republik, ist die einzige Lebensform, in der ich mich sicher fühle. Soll mir das abhanden kommen? Warum muß ich mich auf meine alten Tage immer noch mit dieser Furcht herumschlagen?

29. Juni 2009, Köln
Zurück aus Masuren.

Hinreise vor acht Tagen mit der Bahn: Köln–Berlin–Poznań. Dort traf ich Barbara Barłóg, Koautorin meines 1994 erschienenen Buches »Ostpreußen ade. Reise durch ein melancholisches Land«, Schwester Renata und ihren deutschen Mann Jürgen, Zahnarzt in Köln, meine engen Freunde.

In Poznań mit dem Leihwagen noch fünfhundert Kilometer nach Norden. Es ist die vierte Reise dieser Art – keine Recherche, keine Aufgabe, keine Pflichten, nur da sein.

Als wir, vorbei an lichtüberfluteten Wiesen, Wäldern und Seen, über Nidzica (Neidenburg), Szczytno (Ortelsburg) und Mrągowo (Sensburg) endlich das verwunschene Czerwonki erreichen, wird die anstrengende Fahrt gekrönt von dem unvergleichlichen Zauber eines masurischen Sonnenuntergangs – geradezu ungeheuerlich kitschig, wenn es nicht Natur wäre.

Ich weiß nicht, wie oft ich gefragt worden bin, was einen geborenen Hamburger so fest, so innig mit Ostpreußen verbinden kann, und zwar von früh auf. Ich habe das auf den ersten Seiten meines Buches enträtselt: Urzündung war ein großformatiges Foto in einem populärwissenschaftlichen Buch, Luftaufnahme, Schwarzweiß, über eine Doppelseite gebreitet, die Landschaft leicht verschleiert, ein magisches Areal von unvergleichlicher Eindruckskraft für den gerade Eingeschulten – Masuren. Der Zauber wich auch dann nicht, als ich Hitler in Ostpreußen sah, das Meer der Hakenkreuze und die hingerissenen Massen, das geliebte Bild schwer angegriffen durch die Wirklichkeit, aber dennoch unzerstörbar.

Seit dem Foto von damals hat es keine Phase meines Lebens gegeben, in der das Interesse an Ostpreußen nicht immer wieder angefacht worden wäre, bis zu dem Entschluß, darüber ein Buch zu schreiben. Ein Buch, in dem ich nicht vom »ehemaligen«, sondern von Ostpreußen schreiben würde. Aber das nicht aus revisionistischen Gründen, sondern als Zeichen des Zorns gegen die, die primärverantwortlich waren für den Verlust der Gebiete jenseits der Oder-Neiße-Linie, also auch für das Juwel Ostpreußen: Hitler und das nationale Kollektiv seiner Anhänger.

Das hat mich 1992/93 auf vier große Reisen gebracht, über mehr als achtzehn Monate und während aller Jahreszeiten, an der Seite einer polnischen Germanistin, die gedolmetscht, organisiert, mitgedacht und mitgehandelt hat. Ohne sie wären die Vorarbeiten für das Buch nicht zustande gekommen. Deshalb habe ich Barbara Barłóg »Koautorin« genannt.

Mit dem Buch aber konnte ich es nicht bewenden lassen. Ich mußte wieder hin, nachdem ich mir mehrere andere Bücher von der Seele geschrieben hatte. Zu dem Zweck hatte ich mir einen Landrover zugelegt und war mit ihm die ganze Strecke von Köln und zurück gefahren. Das wage ich nicht mehr, deshalb also mit der Bahn Köln–Posen und dann mit dem Leihwagen hoch, nun zum vierten Mal. Inzwischen ist aus der Germanistikstudentin von damals die Leiterin einer renommierten Sprachschule in Poznań namens »Be better Club« geworden.

Es war Marion Gräfin Dönhoff, die in der »Zeit« schrieb: »Es gibt viele Bücher über Ostpreußen – keines aber gleicht dem einzigartigen Buch, das Ralph Giordano geschrieben hat.« Das war der Ritterschlag.

Ich habe ihn an Barbara Barłóg weitergegeben.

Czerwonki. Empfang von Beata und Waldek, unseren Wirten, Polen, die wunderbarsten Gastgeber auf der Welt.

Kulinarisches im Überfluß, Salate, Fleisch, gebratene Kartoffeln, Früchte. Zwei große Hunde, bellwütig und grundzahm. Abends am prasselnden Kamin. Meine Fähigkeit, in die wabernden Flammen und feurigen Zungen zu schauen, ist unerschöpflich. Und während ich Scheit auf Scheit nachlege, frage ich mich: »Bist du das letzte Mal hier?«

Das Haus steht im Zeichen der internationalen Musikszene. Waldek, der Wirt, kennt sich darin aus – Blues, Swing, Bebop, Heardbop. An der Wand, hinter Glas, unzählige Köpfe, Highlights der Jazz-Szene: Dizzy Gillespie (der beim Trompetenspiel immer die Backen so prall aufbläst), Louis Armstrong-»Sachmo«, Duke Ellington. Daneben die Pendants der europäischen Jazz-Community aus Portugal, Norwegen, den Niederlanden, Germany – Edelhagen!

Czerwonki ist abgelegen, eine kleine Ansammlung von Häusern. Viel Gebell gehört dazu. Ringsum Roter Mohn und Felder von blauen Kornblumen. Auf einem Leitungsmast ein gewaltiges Storchennest, aus dem zarte Köpfchen hervorgucken. Hier ist mir alles und jedes grundvertraut.

Am Mrągowo-See.

Die Luft wie Samt. Vorn am Ufer ein Baumungetüm. Wind streichelt die Haut der weiten Wasserfläche, rauscht in den Ohren. Drüben die Waldfront, tief ein- und ausatmend, als wenn sie sich duckt. Dazu die angenehmste aller Temperaturen. Schwal-

ben hoch in der Luft, Flugartisten. Ganz unten, ganz nahe, pfeil-
schnell, flitzt ein Entenpärchen zentimeternah dahin über die
gemaserte Wasserfläche. Das Licht immer fahler und fahler, der
Himmel wolkenlos.

Stunde in Moll, allein in Masuren.

Aber im Zeitalter des Internets bleibt die Welt nahe.

Der Prozeß gegen John Demjanjuk wirft seine unguten Schatten voraus.

Wie gesagt: Um verurteilt zu werden, müßte dem wegen
Beteiligung am Mord von mindestens 29 000 Menschen im Vernichtungslager Sobibór angeklagten Ukrainer nach der bisherigen Rechtsprechung eine persönliche Exzeßtat nachgewiesen
werden. Denn noch einmal: Wem vom Holocaust-Personal ein
solches Verbrechen nicht nachgewiesen werden konnte, wer »nur
am normalen Ablauf« des Vernichtungsprozesses beteiligt war,
der kam straflos davon.

Natürlich wird sich Demjanjuks Verteidiger darauf berufen.

Die Münchner Staatsanwaltschaft hat aber angekündigt, sie
werde diesen Fehler nicht wiederholen. Wer nur ein bißchen Ahnung hat, der weiß, daß jeder, der nach Sobibór abkommandiert
wurde, ein Mordhelfer war.

Dem Typus Demjanjuk in die Hände zu fallen, das war über
Jahre hin für mich *die* Horrorvorstellung gewesen. Ließe sich nur
eine Stunde seines Lebens in Sobibór, eine einzige, optisch sichtbar machen – es könnte am Urteil keine Zweifel geben.

Ich entdecke, daß mein Vertrauen in die Lernfähigkeit und
-bereitschaft der bundesdeutschen Justiz gleich null ist. Und ich
deshalb diesem wahrscheinlich letzten KZ-Prozeß vor bundesdeutschen Schwurgerichten nach fünfzig Jahren Beobachtung
mit den unsichersten Gefühlen entgegensehe.

Auf Nebenwegen in die Johannesburger Heide.

Das Baumwunder der Alleen, stille Gehöfte, schimmernde
Seen; auf den Weiden Vieh. Ganz nahe der Straße ein landen-

der Storch; und Fichten, Fichten, Fichten, eine Million ringsum, jede grade wie ein Schiffsmast. Der Himmel hoch, die Sonne vor dem Durchbruch. Hier unten zwei gravitätische Kraniche; in der Höhe ein Sperling, wie ein Hubschrauber verharrend, ehe er nach unten stürzt und meinen Blicken entschwindet.

Überall die rote Glut des Mohns; rechts ein See, über dessen Fläche der Schatten eines vorüberfliegenden Reihers huscht, sekundenlang ein Schwanenpärchen mit sechs Jungen verdunkelnd. Weit hinten, äsend und hochwach, ein Reh. In der Luft, stahlblau, Libellen; Farnteppiche, Eichen hoch wie ein Haus; bemooste Stämme, besonnte Lichtungen, milde Hügel – Masurens unverwechselbare Topographie.

Auf dem Wege zu *Czerwonki*.

Das ist nicht nur der Name unseres Domizils, sondern auch der eines Hundes, in den ich mich vor einem Jahr verliebt hatte.

Es ist – wie denn anders? – eine unglückliche Geschichte.

Schauplatz des Dramas ist das Kloster der Altgläubigen in Wojnowo, die auch »Filipponen« genannt werden. Hierher hatten sich im 17. Jahrhundert aus dem Zarenreich Menschen geflüchtet, die die Reformen der russisch-orthodoxen Kirche nicht anerkannten und die deshalb verfolgt und zur Emigration gezwungen wurden. In Wojnowo (Eckertsdorf) wurden die alten Kirchenbräuche von Nonnen gepflegt, die neben ihren religiösen Praktiken auch hart auf dem Acker arbeiteten.

Die Kirche von Wojnowo macht mit dem riesigen Leuchter von der Decke herab und dem gewaltigen Kachelofen einen erhabenen Eindruck. Heute ein Museum (die letzte Nonne starb 2006), ist sein Ambiente mit Ruderbooten, Kanu- und Kutschenfahrten, Voll- und Halbtagspension längst zu einem von vielen Touristenplätzen südlich von Ukta und Krutyn geworden. Mit einer Besonderheit: Die Betreiber sind offenbar Tierliebhaber, denn es wimmelt hier nur so von Katzen, Kaninchen und Hunden.

Und dort dann hatte ich *ihn* zum erstenmal gesehen – leuchtend, mit mächtiger Pleureuse, von unbändiger Bewegungslust, eine Schönheit zwischen hellem Labrador und Golden Retriever: Liebe auf den ersten Blick, wie ein Blitzschlag! Also die vielen Warnungen von Freunden in den Wind geschlagen, alle Bedenken über den Haufen geworfen, auch die eigenen fast schon lebenslangen, angesichts einer unverminderten Mobilität, die mich nach wie vor häufig von zu Hause fernhält. Doch nun zum Teufel damit! Dann werden die Gewohnheiten eben geändert, Sitten und Gebräuche gewandelt, eine andere Gangart eingeschlagen, das geliebte Tier zum Mittelpunkt gemacht. Wie sollte es denn von nun an gehen ohne *Czerwonki* (so hatte ich ihn spontan getauft)? Daß mit ihm ständig ein Junge von sieben, acht Jahren herumtobte, nahm ich zwar wahr, maß dem aber keine Bedeutung bei.

Also hatte ich mich, fast auf den Tag vor einem Jahr, aufgemacht, den Besitzer zu suchen, bereit, jede Summe zu zahlen, die gefordert wurde, und entschlossen, den Schritt in die neue Phase des Lebens zu wagen.

Ich fand den Mann dann auch bald, freundlich, aber entschlossen – in weniger als zwei Minuten war der schöne Traum zerschlagen.

Czerwonki gehörte seinem Sohn, eben dem Jungen, der da mit dem Hund herumtollte, und dessen ein und alles er war, wie der Vater leise erklärte. Leise, weil »der Schock, wenn er von Ihrer Anfrage erfahren würde, sehr, sehr groß wäre«. Das wollte ich natürlich nicht auf dem Gewissen haben. Also aus, vorbei – so schnell, wie's gekommen, auch wieder gegangen. Dann, rasch bereut, ein letzter, unsittlicher Versuch, den Vater über den Preis zu korrumpieren, weil's doch so weh tat. Aber noch vor der Antwort rascher und beschämter Rückzug.

Immerhin konnte ich Czerwonki streicheln, wenn auch nicht so lange, wie ich es gern gehabt hätte, denn es zog ihn, in mir eine Wunde hinterlassend, bald wieder zu seinem Freund.

Das war im Juni 2008.

Und nun, fast auf den Tag ein Jahr später, haben wir uns wieder aufgemacht zum Kloster der Altgläubigen und rücken über Ukta und Krutyn immer näher an Wojnowo heran, wobei mein Herz, wie es sich für Liebende geziemt, immer höher und höher schlägt. Ist Czerwonki inzwischen etwas zugestoßen, lebt er vielleicht gar nicht mehr? Was kann nicht alles passiert sein in einem Jahr …

Das erste, was ich bei der Ankunft sehe, ist Czerwonki – er liegt auf dem Rücken, wälzt sich mit seinem Gespielen auf der gemähten Wiese, sieht mich dann, läuft zu mir, läßt sich streicheln, hält das aber nicht lange aus und entfernt sich, mit ziemlich gelangweilter Miene, wie ich heimlich bedauernd finde.

Wie schon letztes Jahr bin ich auch diesmal wieder von seinem Anblick hingerissen. Diese Farbe, diese Anmut! Ein bißchen schwerer ist er geworden, reifer, wie mir scheint. Aber er und der Junge sind eine Einheit, wie sie da über das Gelände fegen und nur Augen füreinander haben.

Was bleibt, sind Fotos, wenigstens das.

Denn immerhin habe ich nun Czerwonkis Konterfei allgegenwärtig sichtbar in meiner Wohnung, ein Bild Kopf an Kopf, was von seiner Seite aus ein innigeres Verhältnis als das tatsächliche vortäuscht, mir aber die Genugtuung einer kleinen Hochstapelei läßt.

Im übrigen habe ich ja noch Knuffi-Kirschauge, den labradorähnlichen Stoffwelpen, den ich jeden Morgen aufs neue begrüße und dessen dunkle Lacknase schon etwas abgewetzt ist. Seine schwarzen Augen aber sind von nahe fast so natürlich wie die eines lebenden Hundes.

Dann, vor acht Tagen, der Abschied – von Czerwonki und Czerwonki, von dessen guten Geistern Beata und Waldek, Abschied von Masuren und von Ostpreußen, hinter uns großartige Tage. Es ist wunderbar, zusammenzusein mit Menschen, mit denen gesprochen und geschwiegen, gelacht und getrauert werden kann, ohne daß es einer Vorverständigung bedürfte.

So eine Runde ist das.

Nun mit dem Leihwagen die lange Strecke nach Poznań, Barbaras Heimatstadt, Schwester Renata und Mann von dort mit dem Flieger nach Köln und ich über Berlin mit der Bahn dahin.

Über allem aber, wie voriges Jahr, die Frage: »Wirst du noch einmal hierher zurückkommen?«

30. Juni 2009, Köln
Michael Jackson ist gestorben.

Wieviel Talent, wieviel Ruhm – und wieviel trauriges Gold.

II. »Ja, das Leben kann schön sein«

Juli–September 2009

2. Juli 2009, Köln

Eben wird mir vom Frankfurter S. Fischer Verlag durchgegeben, daß das »Hamburger Abendblatt« meine Familien-und-Verfolgten-Saga »Die Bertinis« herausbringen wird – im Dezember und in einer Reihe von Büchern, die Hamburg als Mittelpunkt haben. Große Freude.

Das Buch ist 1982 herausgekommen, also vor siebenundzwanzig Jahren, und immer noch da. Ganz abgesehen vom Bertini-Preis, der seit elf Jahren am 27. Januar, dem Tag der Befreiung von Auschwitz, an Hamburger Schülerinnen und Schüler verliehen wird, die eine humane Tat begangen haben – 2010 zum zwölften Mal.

Es ist so etwas wie die Krönung meiner Biographie.

Mina Ahadi hat mich angerufen – auf dem Domvorplatz soll es übermorgen eine Protestkundgebung des Solidaritätskomitees für die Menschen im Iran geben. Ob ich kommen und sprechen würde?

Ich kenne die Sechsundfünfzigjährige seit acht Jahren, und solange bewundere ich sie: linke Oppositionelle; nach der Machtergreifung durch die Mullahs 1979 das Medizinstudium im Iran abgebrochen; ihr Mann hingerichtet; zehn Jahre Partisanin im Grenzgebiet zwischen Iran und Irak; seit 1996 in Deutschland, wo sie für Frauen- und Menschenrechte kämpft. Gründerin und Vorsitzende des Komitees gegen Steinigung und des Zentralrats der Ex-Muslime. Die martialische Vita einer der warmherzigsten Frauen, die mir je begegnet sind.

Mit kalter Wut registriere ich, wie eine Riege bärtiger Klerikalgreise aus Teheran und Ghom dabei sind, Generationen von Iranerinnen und Iranern das Leben zu stehlen, ihnen Glück und

Freude zu verwehren, die Atemluft zu rauben und ihre ungeheuren Energien zu blockieren.

Jetzt sind die Mullahs dabei, alles niederzuknüppeln, was das verlogene Ergebnis der Präsidentenwahl anzweifelt. Großaufgebote von Polizei, Tränengas, die berüchtigten Basidschis am Werk, motorisierte Schlägertrupps, man spricht von fünfundzwanzig Toten. Unvergessen das Bild der erschossenen Neda Agha-Soltan, sechsundzwanzig, in ihrem Blut auf Teherans Straßen.

»Marg bar dictator!« – »Tod dem Diktator!« –, so gellt es aus der Masse der Demonstranten.

Es tauchen immer neue Videos auf, heimlich und unter Lebensgefahr gefilmt. Ein Hoch auf die moderne Elektronik – es wird getwittert, geflickert und gebloggt – das ist das Neue an dieser Revolution! Und sollte sie auch niedergeschlagen werden, was zu befürchten ist – der alte Zustand ist nicht wiederherzustellen.

4. Juli 2009, Köln

Und so habe ich denn heute am Römerbogen meine aufgestaute Wut hingebrüllt über das Häuflein von Iranerinnen und Iranern, das trotz widrigster Wetterbedingungen dem Aufruf Mina Ahadis gefolgt ist. Habe angeschrien gegen Wind, Gewitter, den normalen Lärmpegel der City und sogar gegen die gewaltigen Glockenschläge des Doms. Habe versucht, Mut zu machen durch historische Beispiele, die die Schwächeren von heute als die Starken von morgen auswiesen – vor mir Gesichter wie verhangen von Trauer, Zorn und Entschlossenheit. Als ich die Schönheit von Irans Frauen als einen Ausdruck seiner uralten Hochkultur feiere, zuckt ein Lächeln über sie.

Dann spricht Mina Ahadi. Ihr Deutsch ist im gewöhnlichen Gespräch immer noch nachholbedürftig, aber wenn sie loslegt, wenn sie Feuer fängt, wie jetzt, dann gibt es kein Stocken mehr, dann verwandelt sie sich in eine perfekte Rhetorikerin.

Danach sprachen noch andere, mit Pausen, wenn die Domglocken dröhnten – ihre Stimmen kamen nicht dagegen an.

Währenddessen kämpfte ich mit meinem Defätismus – werden die Mullahs wirklich besiegt werden? Und wenn ja – kommen die Ahmadinedschads auch diesmal wieder davon?

Nach zwei Stunden endete die Veranstaltung – und ein zu Herzen gehendes Bild: Während der ganzen Zeit hielt ein Mann in mittleren Jahren in den erhobenen Händen ein Foto, das zwei Gehängte zeigte. Er hielt es ausgestreckt, hochgereckt, ohne die Arme auch nur ein einziges Mal herunterzulassen. Es war wie ein religiöses Ritual, mit einer ungeheuren Dynamik dahinter, etwas, das jeden Zuschauer packen mußte, hier aber offenbar niemanden erstaunte.

Erst als die Versammlung sich auflöste, ließ er die Arme sinken. Da überwand ich mich, ging auf ihn zu und fragte, wer die beiden Gehängten seien. Seine Antwort: »Einer der beiden, der rechte, war mein Bruder.«

6. Juli 2009, Köln
Heute ist »Weltkußtag«.

Eine Sprecherin im Radio, sozusagen kußhistorisch: »So landet der Kuß in der Mitte, auf dem Mund. Je nach Region und Herzlichkeit deuten deutsche Männer zur Begrüßung auch einen Wangenkuß an. Französische Kinder wachsen mit dem Kußgeben auf. Wer es nicht macht, wird schief angeschaut.«

Damit konfrontiert, entdecke ich eine sonderbare Reaktion in mir.

Wenn ich sehe, wie zwei Menschen sich küssen, ist es mir peinlich, sogar im Fernsehen. Ich halte dann die Hand davor, luge an den Seiten vorbei, ob der Kuß nun bald zu Ende ist oder ob er in einen Dauerzustand übergeht. Jedenfalls habe ich Gedanken, die ich früher nicht gehabt habe. Zum Beispiel: Haben die beiden sich davor eigentlich die Zähne geputzt? Oder stoßen sie sich mit ihren Zungenküssen nun gegenseitig ihre Bratkartoffelmoleküle oder Schnitzelrückstände in die Rachen?

Genau dann tritt der Zeitpunkt ein, wo ich mich einen »alten

Zyniker« schimpfe, ohne jedoch meine ästhetischen Bedenken zu verdammen. Und in der Tat, solcher Kuß ist schon lange her, nicht, weil es keine Gelegenheiten dafür gab, sondern weil ich sie bewußt vermieden habe. Kein Kuß ohne vorherige Mundhygiene bei beiden Beteiligten, also immer die Zahnbürste dabei – wie abstoßend unromantisch!

Ich weiß.

Aber so leid es mir tut, ich kann meine hygienische Antenne nicht einziehen. Will aber gern recht neugierig nachforschen, was mich zu solch absonderlichen Vorbehalten geführt hat.

Gott sei Dank, daß die Menschheit sich nicht an sie hält.

Sehr spät in »arte«: ein Porträt des andalusischen Flamenco-Stars Israel Galván.

Wie kann ein Mensch solche Bewegungen ersinnen, seine Arme, Beine, Füße, Hände, seine Schultern, seinen Kopf so bewegen, wie dieser es tut? Keine Bewegung wie die andere – ich könnte zuschauen und zuhören stundenlang.

Was sind das für Ignoranten, die da behaupten, das Fernsehen sei überflüssig und strahle nur Mist aus?! Ich habe fast die ganze Welt gesehen, aber es gibt vieles, was ich nie gesehen hätte, wenn nicht im Bildschirm da vor mir.

»Israel Galván, andalusischer Tänzer – heute nacht bin ich dein Publikum.«

Das Leben kann schön sein.

8. Juli 2009, Köln
Gestern hat Christian Böhme, Chefredakteur der »Jüdischen Allgemeinen«, mich aufgefordert, das neue »Ehrenkreuz der Bundeswehr für Tapferkeit« vor dem Hintergrund des »Eisernen Kreuzes« zu kommentieren.

Nach kurzer Überlegung sagte ich zu und schrieb:

74

»Eisernes Kreuz« — »Ehrenkreuz der Bundeswehr« — ein historisch be-
lastetes Thema? O ja! Aber …

Es ist wahr, »die Legende vom sauberen Waffenrock der Wehrmacht« im
Zeichen des Eisernen Kreuzes war die hartnäckigste von allen Lebenslügen,
die letzte heilige Kuh deutscher Verdrängungskünste, der nahezu kollektive
Versuch, das gefährlichste Instrument in den Händen der verbrecherischen
Reichsführung zu entnazifizieren und zu enthistorisieren. Gerade als hät-
ten Heer, Marine und Luftwaffe 1939–1945 in einem geschichtsfreien Va-
kuum gekämpft, herausgelöst aus dem Staats- und Gesellschaftsverbund des
Dritten Reiches.

Daß die Korrektur des gefälschten Wehrmachtsbildes aber so spät kam,
war nicht zuletzt jenen konservativen Erkenntnisverweigerern in der militä-
rischen und zivilen Führung der Bundeswehr zu verdanken, die ihr Tradi-
tionsverständnis bis tief in die achtziger Jahre hinein geprägt haben. Ich habe
das die »Traditionslüge« genannt, und sie hat lange mein Bild von der Bun-
deswehr bestimmt.

Ich zeige mich jedoch gänzlich unfähig, die Soldaten der Bundeswehr von
heute in eine Linie mit der NS-Vergangenheit und den Versäumnissen der
Nachkriegszeit zu bringen. Ihr Auftrag unterscheidet sich von der Wehr-
macht Hitlerdeutschlands so elementar wie der Staat, dessen Teil die Bun-
deswehr ist. Egal, ob man immer einverstanden ist mit einer Außenpolitik,
die sie in internationale Aktionen einbezieht: Ich habe ein großes Bedürfnis,
diese Soldaten ebenso meiner tiefen Solidarität zu versichern wie meiner Zu-
stimmung, wenn sie ausgezeichnet werden.

Daneben aber hockt irgendwo in mir die irreale, doch unausrottbare
Hoffnung auf eine Welt, in der endlich die Voraussetzungen für die Verlei-
hung von Tapferkeitsmedaillen verschwunden sind.

Das ändert nichts an meinem Vorbehalt dagegen, die Bundeswehr nach Afghanistan zu schicken. Dort demokratische Verhält-
nisse herstellen zu wollen erscheint mir aberwitzig, ein Faß ohne
Boden angesichts tausendjähriger Stammesrivalitäten. Gleichzeitig will ich nicht, daß die Taliban ihre Herrschaft wiederherstel-
len, was beim Abzug der westlichen Militärkontingente der Fall
sein würde. Keine Schule mehr, keine Aussicht auf Bildung, keine

neuen Brunnen, keine Freiheiten für Frauen. Das Dilemma: Die Guerilla kann durch reguläre Armeen nicht besiegt werden, sondern nur durch Lösungen auf dem sozialen Sektor. Ein langwieriger, wenn überhaupt durchführbarer Weg.

Zu allem hinzu kommt die Drohung Pakistan, Atommacht und talinbangefährdet. Nicht auszudenken, was geschähe, wenn die Extremisten dort die Macht ergriffen … Insofern stimmt es, daß es am Hindukusch auch um unsere eigene Sicherheit geht.

Hier liegt eine der großen, langandauernden Drohungen, die aus der islamischen Welt kommen.

9. Juli 2009, Köln
Hurra! – die unsterbliche britische TV-Serie »Der Doktor und das liebe Vieh« ist wieder im Programm, WDR 3!

Da sind sie schon, die altvertrauten Figuren und Geschichten des schreibenden Tierarztes aus Yorkshire – James Herriot, seine schöne Frau Helen, Siegfried Farnon, Tristan Farnon und, very british, Mrs. Hall, der gute, sehr prinzipienfeste Hausgeist von Skeldale House in Askrigg.

Da sind sie wieder, die dickköpfigen Farmer aus den Dales, ihr Geiz und ihre Herzlichkeit, ihre kalbenden Kühe in dreihundert Jahre alten Ställen, Schweinemist, Schafsköttel und ferkelnde Sauen. Nicht zu vergessen Mrs. Pumphrey samt ihrem Hund Tricki-Woo, einem überzüchteten, mit belgischen Pralinen gestopften Pekinesen – nichts bleibt den begeisterten Zuschauern erspart. Dahinter elf Jahre Dreharbeit, 120 Folgen, von 1980 bis 1990. Ein internationaler, auch in Deutschland immer wieder ausgestrahlter Erfolg. Wie die Bücher von James Herriot alias Alfred Wight, weltberühmter Bestsellerautor, vielfach geehrt und mit dem Orden des Empire geadelt.

Ich bin süchtig nach dieser Serie, die auch die Lieblingssendung meiner 1984 verstorbenen Frau Helga war (Originaltitel »All the Creatures, Great and Small«).

Sie spielt vor, in und nach dem Zweiten Weltkrieg.

Eine Szene hat mich besonders berührt. Der Krieg ist ausgebrochen, und Siegfried Farnon und James Herriot fahren durch die rauhen Hügel der Dales, ihre geliebte Heimat und ihren unendlichen Frieden. Dann halten sie, schauen über das Land und versichern sich: Sie wüßten, wofür sie kämpften.

Es war in dieser ansonsten völlig unpolitischen Serie der einzige Bezug auf die Historie – und es ging mir durch Mark und Bein.

England, dachte ich, tapferes, tapferes England ...

Jetzt, gegen Ende der Sendung, kabbelt sich auf dem Bildschirm gerade Tristan mit einem alten Rentner, aber das, wie alles, ohne jede Bösartigkeit. Nun der Abspann, die vertraute Melodie – und warten auf den nächsten Sonntag.

Wie lange mich »Der Doktor und das liebe Vieh« schon begleitet, wie lange ...

10. Juli 2009, Köln

Nach einiger Korrespondenz heute zu Besuch bei mir Martin R. aus Treuchtlingen, Jahrgang 1951 – einer aus der Generation der Söhne, deren Leben von familiärer Verstrickung in die NS-Zeit bestimmt wird: Die Mutter, Jahrgang 1923, war Sekretärin bei der Gestapo. »Sie ist 1972 gestorben, zu früh, um mich mit ihr auseinanderzusetzen.«

Leben im Schatten dieser Mutter, die immer wieder von »laut wie in der Judenschule« sprach, »sonst aber nichts von jüdischem Schicksal unter ihrem obersten Dienstherrn wissen wollte«.

Wie sich herausstellt, ist Martin R. von großer Kenntnis meiner Schriften und Bücher. Er hat ein ganzes Konvolut davon mitgebracht und manches aus dem Internet heruntergeladen, wie die Rede vom 24. April 2005 zum neunzigsten Gedenktag des Völkermords an den Armeniern in der Frankfurter Paulskirche. Und meine Memoiren, die »Erinnerungen eines Davongekommenen«, sind mit Spickzetteln übersät, die er mich nun Punkt um Punkt abfragt.

Was hier sichtbar wird, ist eine kolossale Ausdauer, jene Trauerarbeit zu leisten, die die Generation der Eltern verweigerte. Dabei ist seine Haltung geprägt von bleibender Befangenheit gegenüber denen, die er als Opfer seiner Mutter definiert. Der Versuch, sie ihm in meinem Fall zu nehmen, gelingt nur unvollkommen. Zu tief sitzt in Martin R. das Gefühl stellvertretender Verantwortung. Ich will, ich kann meine Bewegung gar nicht verbergen.

So vergingen drei Stunden. Beiderseitiger Gewinn. Eine persönliche Beziehung, die fortgesetzt wird.

12. Juli 2009, Köln
Ralph R. trifft pünktlich ein, mit Arbeitskoffer und Gute-Laune-Miene – ein hochgewachsener Schlaks aus Nörvenich, dreißig Kilometer nördlich von Köln, Fachmann für Modelldampflokomotiven und wahres Genie, das die kleinen Wunderwerke wieder zum Laufen bringt, wenn ihnen die Puste ausgegangen ist.

Das ist bei fünfen von meinen sieben Lokomotiven der Fall und deshalb längst an der Zeit, sie ihrer Bestimmung zuzuführen – also auf der Terrasse schwerbepackte Güterwagen fauchend über die Gleise ziehen.

Also holt er sich aus dem Kabuff ein Maschinchen nach dem andern und erweckt sie mit Öl, Wasser und Gas zum Leben. Ich schaue ihm, wahrscheinlich mit der dümmsten Miene der Welt, in Demutspose zu und verfalle, als die erste Maschine anruckelt, in so lauten Jubel, daß sogar der grelle Pfeifton davon übertönt wird.

Schon hat der Meister die zweite Lokomotive aus ihrer maschinellen Erstarrung geholt und drückt mir nun die Fernbedienung – vorwärts, rückwärts, langsamer, schneller – in die aufgeregte Hand. Und siehe da, die Lok zieht von hinnen, ganz nach meinem Belieben und schwer ächzend, weil ich die Wagen dahinter wieder überlastet habe. Ist mein Vergnügen doch um so größer, je stärker die Zugkraft der Maschine strapaziert wird. Dann

stöhnt sie förmlich auf, als würden die Zylinder von der Dampf-
kraft gesprengt werden, und stampft, vor Anstrengung nur so
schlingernd, über die zitternden Schienen dahin.

Dann und wann schrillt die Pfeife mit nachbarnervenden Tö-
nen in die klare Luft.

Hier bläht sich eine Vorliebe, ja, Leidenschaft von mir, die bis
zurück in Kindheitstage reicht, gepaart mit einer technischen
Mißbegabung, die zum Himmel schreit und vor der einfachsten
Reparatur zurückschreckt.

Darum ist es beruhigend, zu wissen, daß mein Vornamensvet-
ter – mit ph, nicht mit f! – jederzeit zur Stelle sein kann.

Ralph R. ist ein Mensch, dem nicht so leicht näherzukommen
ist, aber im Laufe der Jahre hat sich ein freundliches, achtungs-
volles Verhältnis zwischen uns hergestellt durch die gemeinsame
Verlorenheit an den Dampf.

Heute will er mir eine weitere Maschine andrehen, hat sie sogar mitgebracht (es wäre die achte), aber ich kann mich nicht
entscheiden. Also kriegt er einen Scheck über 500 Euro als An-
zahlung.

Die Neue werde ich später in seiner Nörvenicher Werkstatt
finden, Schauplatz einer alljährlichen überregionalen Zusammenkunft von Dampflokomotivenfans, mit großen aufgebock-
ten Gleisanlagen, auf denen Besucher ihre eigenen Maschinen
fahren lassen können. Und das mit so großer Geschicklichkeit,
daß in der Geschichte dieser Veranstaltung noch keine von ihnen
aus der Kurve getragen worden ist und sich zertrümmert auf der
Erde wiedergefunden hat.

Es ist schon ein seltsamer Anblick, wie da erwachsene Männer
in fortgeschrittenem Alter ihre kleinen, aber kraftvollen Maschinen mit großer Fertigkeit über schwankende Gestelle lenken und
sie vor Zusammenstößen mit anderen Zügen bewahren. Da
würde ich mich mit eigener Lok nicht heranwagen. Also besser
auf der heimischen Terrasse bleiben, und das in der Gewißheit:
Wenn ich es mal wieder nicht schaffen sollte, ein Anruf in Nörvenich genügt: »Live steam Lokomotiven – Sandstrahl- und Lak-

kierarbeiten – Um- und Neubauten – Anfertigung von Gas- und Kohlekessel in Spur 1 – Personenbeförderung mit firmeneigener Dampflok«.

So steht es da.

Das Logo der Firma: eine schwarzen Rauch ausstoßende Lok im Dreieck von Schrankenübergängen, und das hinübergerettet ins 21. Jahrhundert, obwohl Dampflokomotiven bis auf nostalgische Ausnahmen seit über vierzig Jahren aus den Fahrplänen verschwunden sind.

Als ich wieder allein war, habe ich mich an meine Lieblingslok gemacht und sie mit überlasteten Güterwagen in Betrieb gesetzt – hingerissen von der unglaublichen Kraft, die im komprimierten Dampf steckt, wieder stumm entzückt von dem ratternden Anblick, der sich mir da bietet, und das diesmal alles ohne fremde Hilfe!

Es wird wissenschaftlich nicht zu belegen sein, aber ich glaube, es ist auch die Liebe zum Dampf, die mich innerlich bis ins sechsundachtzigste Jahr jung gehalten hat.

14. Juli 2009, Köln
Ich könnte mich selbst verprügeln, aber seit einiger Zeit schalte ich ab, wenn ich von Selbstmordattentätern im Iran und in Afghanistan höre – die schauerlichsten Bilder sind längst mediale Alltagsroutine geworden und vollkommen integriert in die übrige Nachrichtenflut. Ich kann es einfach nicht mehr ertragen, weiß, daß es falsch ist, wegzutauchen, und tue es trotzdem.

Durchhalten läßt sich diese Knopfbedienung jedoch nicht, wie heute. Da geht es nicht, sosehr es mich auch gelüstet, da muß ich dranbleiben.

In Paris ist gestern der Anführer der sogenannten Barbarengang, Youssouf Fofana, von einem Schwurgericht wegen Mordes an dem jüdischen Handyverkäufer Ilan Halimi zu lebenslanger Freiheitsstrafe und 22 Jahren Sicherheitsverwahrung verurteilt worden. 26 andere Angeklagte und Mitwisser erhielten Strafen von wenigen Monaten bis zu 18 Jahren, darunter 9 Jahre für das Mädchen, das als attraktiver Lockvogel gedient hatte. Zwei wurden freigesprochen.

In den frühen Morgenstunden des 13. Februar 2006, drei Wochen nach seiner Entführung, war Halimi in der Nähe des Bahnhofs Sainte-Geneviève-des-Bois im Süden von Paris sterbend aufgefunden worden – mit Messerstichen am Hals und Brandwunden am ganzen Körper. Auf dem Weg ins Krankenhaus starb der Zweiundzwanzigjährige.

Bei den Tätern handelte es sich um eine Bande professioneller Entführer, die von den Angehörigen Geld erpreßten. Ein Viertel der Opfer war Juden. Fofana, ein Muslim von der Elfenbeinküste, nannte sich »das Gehirn der Barbaren«.

Im Falle Halimi hatten die Erpresser 450 000 Euro gefordert. Schläge, brennende Zigaretten, ausgeklügelte Torturen – unaussprechliche Qualen, die das Opfer Tag um Tag dem Tod ein Stück näher brachten. Die Einzelheiten des Verfahrens schockten ganz Frankreich, 80 000 Pariser waren zum Zeichen des Protestes auf die Straße gegangen.

Während der Verhandlung hatte Fofana immer wieder antisemitische Sprüche von sich gegeben und nach Urteilsverkündung laut in die Hände geklatscht.

Trotzdem gab es erwartungsgemäß sogleich Stimmen: Die Kidnapperbande habe »nicht aus antisemitischen Gründen gehandelt«. Einen Strick her für Frankreichs Bedenkenträger, einen Strick! Hätte Ilan Halimi etwa zwischen antisemitischen und nichtantisemitischen Motiven unterscheiden sollen, als sie ihm mit dem Rasiermesser die Haut zerschnitten und seinen Körper über und über mit Brandwunden versengten? Oder hätten sich nichtantisemitische Gründe gar schmerzlindernd ausgewirkt?

Für solche Sprüche hätte ich den Verteidiger Fofanas, Teddy Cohen, umbringen können. Ebenso wie für das soziologische Schlupfloch, das bestialische Verhalten sei »das Ergebnis eines gesellschaftlichen Verfalls, von dem die ärmsten Schichten der französischen Gesellschaft erfaßt« seien … Für diese Scheußlichkeiten gibt es überhaupt keine Erklärungen, sondern nichts als Abscheu und die härtesten Strafen.

Hier stehen die niedrigsten Antriebe am Pranger: Haß und Geldgier.

Die Angehörigen des Ermordeten kritisieren die Nachsicht des Gerichts mit Fofanas Helfershelfern, sprechen von einem kollektiven Mord, für den alle Beteiligten gleichermaßen bestraft werden müßten, und wollen Berufung einlegen.

Wie die Mutter des Mörders auch …

15. Juli 2009, Köln

Zwei Minuten nach Mitternacht werde ich aus Südfrankreich angerufen von einem Mann, Jahrgang 1943 und Deutscher, wie er sich ohne Namensnennung ausgibt. Gerade wieder habe er, wie schon so oft, die letzte Seite meines Buches »Die Bertinis« umgeschlagen und spüre nun das dringende Bedürfnis, mir etwas Gutes zu sagen, trotz der ungewöhnlichen Stunde. Er redet und redet, kommt immer wieder auf das »Hamburger Buch« zurück, bis er mir schließlich ein paar jiddische Witze anbietet, die ich dann auch noch über mich ergehen lasse, ehe wir uns mit einem beiderseitigen »Gute Nacht« freundlich voneinander trennen.

Danach habe ich Mühe, wieder einzuschlafen, hatte ich doch etwas ganz anderes erwartet – nach dem nächtlichen Anruf vor drei Tagen von Anhängern Allahs.

Und die mochten mich nicht.

17. Juli 2009, Köln

Meine Lektüre: Inge Jens' »Unvollständige Erinnerungen«.

Über das Schicksal ihres dementen Mannes Walter Jens, meines alten Schulfreunds auf dem Johanneum von 1933 bis 1940. In einer Zeit schmerzhaften Liebesverlustes als Alltagserfahrung war »Waller« immer mein Freund geblieben, ohne eine Sekunde der Trübung oder des Zweifels. Es war wie ein Geschenk, einen

Menschen zu kennen, der mir nicht weh tun würde und mir die Gewißheit gab, nicht alle Deutschen seien böse und gefährlich. So war das damals in der Maria-Louisen-Straße, Hamburg-Winterhude. Als ein antisemitischer Lehrer mich, fünfzehnjährig, in einen Selbsttötungsversuch trieb, dem ich knapp entging, merkte nach meiner Rückkehr in die Schule niemand etwas von dem fürchterlichen Erlebnis – nur Walter Jens. Er sah mich prüfend an, fragte nichts, sondern legte stumm seinen Arm um meine Schulter. Gesten, die man nie vergißt, und sollte man noch so alt werden.

Walter war ein viel besserer Schüler als ich, immer ganz vorn, Primus gar, während ich eher die Mitte bevölkerte, mit Abstechern nach unten. Wobei nicht unerheblich war, daß er mich in Mathematik selbstlos abschreiben ließ.

Ich konnte mich später revanchieren durch meine Laudatio zu seinem sechzigsten Geburtstag am 8. März 1983, indem ich dem um vierzehn Tage Älteren für seine Rolle in meinem Leben öffentlich dankte.

Als ich von seiner Mitgliedschaft in der NSDAP hörte, horchte ich in mich hinein, konnte dort aber nichts entdecken, was mein inneres und äußeres Verhältnis zu ihm hätte antasten können. Was ich ihn wissen ließ. Längst hatte ich aufgegeben, Schuld und Verantwortung im Dritten Reich einzuteilen nach Zugehörigkeit oder Nichtzugehörigkeit zur NSDAP. War doch der Mann, der meinen Bruder Egon und mich im Oktober 1943 mit einem Stein erschlagen wollte, kein PG (Parteimitglied), wohl aber unter den Leuten, die sich bereit erklärten, uns im Versteck zu versorgen, und damit ihr eigenes Leben gefährdeten.

Und jetzt dies – Walter Jens, einer der Denker der Nachkriegszeit, hat Demenz. Und das nicht weit entfernt von dem Turm in Tübingen, wo Friedrich Hölderlin, Deutschlands deutschester Dichter, jahrelang geistig umnachtet dahingedämmert ist.

Ich bewundere die Fähigkeit und die Kraft von Inge Jens, den Ablauf der Krankheit ihres Mannes akribisch zu schildern, mit dem sie seit fünfzig Jahren zusammen ist und der nun zu einem ganz anderen geworden ist, ohne daß dabei ein falscher Ton aufkommt. Eine Verschmelzung von Innigkeit und Distanz, die die »Unvollständigen Erinnerungen« zu einem Erlebnis macht.

Das letzte, das 13. Kapitel versetzte mich dann in einen ganz ungewohnten Alarmzustand: Gibt es eigentlich bei dir selbst Anzeichen von Verwüstungen durch das Alter? Was hat es mit den plötzlichen Schwindelanfällen auf sich, so daß du dich niedersetzen mußt, um das Gleichgewicht zu halten? Was ist mit dem kleinen Finger deiner linken Hand, der abgespreizt so seltsam und ganz ungewollt hin und her zuckt – der Anfang von Parkinson? Oder ist das, was dich von hier auf jetzt vergessen läßt, woran du eben gerade noch gedacht hast, nun deinerseits Demenz?

Nicht, daß solche Gedanken dominieren, das nicht. Aber das Alter hat seine eigene Perspektive, und die stößt nun früher an die Endlichkeit: »Warte nur – balde ruhest du auch.«

Ich habe Inge Jens geschrieben, ein paar Zeilen nur. Aber dahinter steckt ein ganzes Leben.

18. Juli 2009, Manderscheid / Eifel
Heute bei Wolfgang Leonhard gewesen, meinem ältesten Freund in des Wortes buchstäblicher und übertragener Bedeutung – er ist achtundachtzig, also zwei Jahre älter als ich, und wir kennen uns mit Namen seit 1948, als Autoren der Ostberliner »Weltbühne«. Im Februar 1959 dann die erste persönliche Begegnung, schicksalsschwer, weil er mir die Idee für das 1961 erschienene Buch »Die Partei hat immer recht« suggerierte, die Abrechnung mit mir selbst über meinen stalinistischen Irrtum als Mitglied der KPD, Landesorganisation Hamburg, von 1946 bis 1957. Der Bruch des Autors von »Die Revolution entläßt ihre Kinder«, einem Klassiker der deutschen Nachkriegsliteratur, mit dem Kommunismus lag da schon neun Jahre zurück.

In Manderscheid, einem Eifelort mit geradezu Wagnerschem Burgenpanorama, lebt Wolfgang seit 1964. Ich weiß nicht mehr, wie oft ich in den letzten 45 Jahren die Strecke von Köln hierhergefahren bin. Erst durchs Aartal, die schönere, aber längere Tour, dann über die Autobahn Köln–Koblenz–Trier – durch Wind und Wetter, Schnee, Nebel und Eis.

Darüber sind wir beide alt und älter geworden. Eine Freundschaft, in der es nie ein böses Wort gegeben hat, nicht den Hauch einer Mißstimmung. Zu unserer Belustigung werden wir seit Jahrzehnten miteinander verwechselt, obwohl wir beide finden, daß wir keine wirkliche Ähnlichkeit miteinander haben. Dennoch muß es für Menschen, denen der scharfe Blick fürs Physiognomische fehlt, etwas geben, sei es in unserer Mimik oder Gestik, das diesen Eindruck erweckt.

Heute also wieder kurz vor Koblenz ab in Richtung Saarbrükken/Luxemburg. Es regnete. Vertraute Namensschilder – Ulmen, Mayen, Gerolstein, Daun, dann Manderscheid – Luftkurort, 600 Meter über Normalnull.

Von seiner Frau, Elke Leonhard, vorgewarnt: Es gehe ihm »nicht so gut«, erschrak ich doch über Wolfgangs zerbrechliches Aussehen. Er stützte sich auf einen Stock und setzte, ungewohnter Anblick, Fuß vor Fuß – was automatisch meine Gelenkigkeit dämpfte, kam sie mir doch hier wie ein unverschämtes Privileg vor.

Wo wäre ich ohne diesen Freund? Er hat eine entscheidende Lebensweiche gestellt. Es war das von ihm inspirierte Buch »Die Partei hat immer recht«, das mich zum Fernsehen führte, erst drei Jahre NDR, 1961–63, dann fünfundzwanzig beim WDR, bis 1988, in denen ich fast die ganze Welt bereiste. Danach eine neue Laufbahn als Schriftsteller. Wenn einer an meiner Biographie mitgebastelt hat, dann Wolfgang Leonhard.

Im Kopf ist er so klar wie eh und je, abgesehen vielleicht von einem kleinen Stocken dann und wann, aber sonst blitzgescheit.

Elke Leonhard, SPD-Urgestein, Beschützerin und großartige Gastgeberin, hat eine wunderbare Fleischsuppe gemacht.

Das Haus ist mit Tausenden Büchern vollgestopft, sehr geordnet die Jahrzehnte der sowjetischen »Prawda« und »Iswestija«, das Ganze ein Spiegelbild rastloser Tätigkeit bis gegen Ende des neunten Lebensjahrzehnts, Bücher schreibend, Lesungen veranstaltend und Vorträge haltend – dies stets ohne Manuskript, ohne ein aufgezeichnetes Wort, ein phänomenaler Gedächtnisspeicher.

Nach den Eintragungen ins Tagebuch nun zurück nach Köln. Mögen wir einander noch oft begegnen.

20. Juli 2009, Köln
Dieser Tag 1944 – die Nachricht vom Attentat auf Hitler. Zuerst: Es sei gelungen, dann: Es sei mißglückt …

Der Sturz von einer ungeheuerlichen Hoffnung in die kalte Erkenntnis, daß es nicht nur weitergeht wie bisher, sondern immer bedrohlicher und bedrohlicher wird. Mir stehen die Bilder vor Augen, als wäre es gestern gewesen: das unirdisch bleiche Gesicht meiner Mutter, Vater und Brüder den Blick nach unten gerichtet, als könnte man so der Wirklichkeit entkommen, und ich mit der hämmernden Frage: Wirst du ein Versteck finden, bevor der Verschickungsbefehl kommt?

Und jetzt, heute, nach fünfundsechzig Jahren, immer noch fassungslos vor dem Wunder, überlebt zu haben.

Dann in der Zeitung eine Nachricht, die mich tief erschreckt: Die in Deutschland lebende jüdische Rechtsanwältin Felicia Langer bekommt das Bundesverdienstkreuz – es kann nicht wahr sein.

Mit der Verleihung wird eine Person ausgezeichnet, die seit Jahrzehnten mit an Blindheit grenzender Einseitigkeit ihre Menschenrechtsantennen in nur *eine* Richtung ausgefahren hat, und das in einem Land, in dem es immer noch allzu viele gibt, die sich vom eigenen Schulddruck durch Kritik an Israel entlastet fühlen.

Von niemandem sind Totalität und Kausalität des Nahostkonfliktes kontinuierlicher mißachtet worden als von der selbsternannten »Universalistin« Felicia Langer; niemand hat Israel ausdauernder zum bösen Prinzip der Weltgeschichte erklärt, niemand das Schwarzweißmuster »Hier die guten Palästinenser/Araber, da die verbrecherischen Israelis« so stereotyp bedient wie diese »Pathologin der Umarmung«.

Selbst die oberflächlichste Beschäftigung mit der Biographie von Felicia Langer könnte zu keinem anderen Schluß kommen, als daß hier das ungewöhnlich eindeutige Lehrbeispiel einer »geteilten Humanitas« vorliegt.

Die Fehde zwischen ihr und mir ist alt, uralt. Schon 1991 habe ich sie in der Frankfurter »Tribüne« unter dem Titel »Ihr Feind heißt – Israel« die »schrillste Anti-Israel-Fanfare« genannt – und inzwischen nichts erfahren, das dieses Prädikat korrigieren könnte. Im Gegenteil – ihre totale innere Beziehungslosigkeit zu den israelischen Opfern ist notorisch und hat sich in den fast zwanzig Jahren seither wieder und wieder bestätigt.

Selbstverständlich steht Israel nicht unter Naturschutz, selbstverständlich kann es, muß es kritisiert werden. Das hat niemand schärfer getan als ich. In meinem Buch »Israel, um Himmels willen, Israel« berichtet mein palästinensischer Freund Hakam F. von seiner Tortur in israelischem Militärgewahrsam, womit eines der dauerhaftesten Tabus gebrochen war. Aber die Humanitas ist unteilbar.

Diese Maxime ist ein weißer Fleck im Leben einer Felicitas Langer, die sich öffentlich zum Iran des Ahmadinedschad und zur Solidarität mit der Hamas bekannt hat.

Die Verleihung des Bundesverdienstkreuzes an dieses Zerrbild einer Menschenrechtsaktivistin ist ein Affront gegen die deutsch-jüdischen und die deutsch-israelischen Beziehungen. Ich werfe dem Bundespräsidialamt und allen an der Verleihung Beteiligten vor, entweder nachlässig gearbeitet zu haben oder, schlimmer noch, die Kriterien von Felicia Langer zu teilen. Gleichzeitig rufe ich auf, das Regelwerk von staatlichen Auszeichnungen kritisch zu überdenken und es notfalls zu korrigieren.

Mich stürzt die Verleihung in einen schweren inneren Konflikt – in einer Ordensreihe mit Felicia Langer? Das geht nicht. Wenn die Verleihung an sie nicht zurückgenommen wird, muß ich meine Auszeichnungen zurückgeben.

21. Juli 2009, Köln
Ich teile dem Bundespräsidenten diese Absicht mit unter Angabe meiner Gründe und mit einem Kloß im Hals, von dem im Text nichts steht. Ich bin zerrissen und unglücklich und meine, dennoch nicht anders handeln zu können. Es ist auch ein Konflikt zwischen meiner Loyalität und Wertschätzung gegenüber Horst Köhler und meinem Gewissen. Wie nachlässig zuvor auch immer gearbeitet worden war – die letzte Verantwortung für die Verleihung liegt beim Bundespräsidenten. Aber ein öffentlicher Gegensatz zu ihm tut mir weh.

Wie hätte mein alter, mein viel zu früh verstorbener Freund Paul Spiegel reagiert, wie wäre er mit seinen Orden verfahren? Nicht nur in dieser Frage fehlt er mir.

Meine Auszeichnungen und Preise befinden sich bei meinem Nachlaß im Deutschen Literaturarchiv in Marbach am Neckar. Nur das mir im Vormonat verliehene Große Verdienstkreuz des Bundesverdienstkreuzes habe ich hier bei mir, in meinem Arbeitszimmer. Mir liegt daran, es ist ein Rot, wie ich es mag, die Form ästhetisch, und dahinter eine lange, lange Vorgeschichte. Es würde ein riesiges Loch klaffen, wenn es da nicht mehr läge.

Eigentlich will ich es nicht zurückgeben – und schlafe schlecht.

Ich rufe Henryk M. Broder an, frage ihn. Er sagt kategorisch: »Zurückgeben!«

Das wollen andere Ausgezeichnete auch, so Arno Hamburger, ebenfalls Überlebender des Holocausts und Vorstand der Jüdischen Gemeinde von Nürnberg. Seine Begründung kommt in die Medien wie die meine auch. Die Protestwellen schlagen hoch, und das bis Israel, mit gleichem Tenor: zurückgeben.

Das Internet mischt sich ein – mit Zustimmung, aber auch Aggressionen. Da finde ich mich wieder als »der jüdische Populist«, »der alte Jammerjude«, »der alte Zausel«. Ich lese das und denke, leicht süffisant: »Ob die Schmäher mit sechsundachtzig wohl alle so fit sein werden, wie ich es bin?«

Aber ich werde auch Ziel persönlichen Hasses von jüdischer Seite. Der unsägliche Abraham Melzer, Herausgeber des unsäglichen Periodikums »Semit«, schießt die Breitseiten eines unbelehrbaren Stalinisten gegen den Renegaten von einst ab. Dabei übt er eine besonders sublime Form von Terror aus, die mich viel Papier kostet: Er faxt mir alles zu, was in dieser Angelegenheit in die Medien kommt, und das Tag und Nacht.

23. Juli 2009, Köln

Im Fernsehen: Im Iran ist eine Sechzehnjährige an den Galgen gekommen – wegen »unkeuschen Verhaltens«.

Das Mädchen war ins Gefängnis geworfen worden, weil sie mit einem Jungen allein im Auto war. Von den Wächtern auf der Straße »gestellt«, wurde sie mit Chloroform betäubt und dann von den Sittenwächtern vergewaltigt.

Daß die Verurteilte sechzehn war, durfte nicht bekannt werden, weil im Iran keiner unter fünfundzwanzig Jahren hingerichtet werden darf.

Das Urteil an der Sechzehnjährigen wurde öffentlich vollstreckt – mit einer Schlinge an einem riesigen Kran. Die hing noch dran, als die heimliche Kamera am nächsten Tag unter Lebensgefahr bis dahin vordringen konnte. Man muß sich die Mullahs mal anschauen, diese Machos, die, sexuell frustriert, über das Schicksal von Frauen bestimmen und sich ihrer bemächtigen, wo und wann immer sie können. Diese Bilder: ein Mädchen, das ausgepeitscht wird, bei den Füßen angefangen; Steinigungen, gefilmt, wie die Steine fliegen – um Gottes willen, man kann nicht hinschauen; Männer, hingerichtet wegen Homosexualität – und all das von der Scharia gedeckt.

Und dieses lebensgefährliche Verbrecherregime will über Israel richten? In mir steigt eine ungeheure Wut hoch, höher aber noch bei der Frage: Hat man je gehört, daß Felicia Langer über diese Greuel auch nur ein einziges Wort verloren hätte?

In Amerika Stimmen, die Barack Obama den Tod wünschen. Unheimliche Bilder vom öffentlichen Zulauf zum Ku-Klux-Klan, dazu aus der Menge eine hysterische Stimme: »Hoffentlich stürzt sein Flugzeug ab.«

Mir wird ganz schlecht, weil in mir eine untergründige Angst lebt, daß Obama das Schicksal von Martin Luther King und der beiden Kennedys, John F. und Robert, ereilen könnte. Es muß Hunderte, Tausende von Leuten geben, in deren Köpfen Anschläge auf das Leben des Präsidenten gären. Was Wunder, daß einen da schwarze Gedanken anfliegen.

25. Juli 2009, Köln
Es gibt auch weiße Wombats!

Hiltraut Sch. aus Brühl schickt mir einen Ausschnitt aus der australischen »Herald Sun«, die mich bekannt macht mit Little Two, einem weißen Jung-Wombat (normalerweise ist die Gattung braun). Er ist in sehr schlechtem Zustand als Waise aufgenommen und zärtlich gepflegt worden. Nun glaubt Little Two, er sei ein Mensch, und hält Mr. Mattingley für seine *mum*. Also folgt er ihm auf dem Fuße und klettert vertrauensvoll auf die Couch, um gemeinsam *in front of the fire* dem akutem Spiel der *Rugby League* zuzuschauen, bevor er schlafen geht. Man sieht auch, wie er frißt und auf dem Arm gehalten wird – allseits anerkannter Mittelpunkt der Familie.

Was illustriert wird auf Fotos, über die ich in Verzückung gerate.

Der *curiously colored* Wombat war zur Stunde der Aufnahmen sechs Monate alt und bleibt, bis er zwei Jahre alt sein wird und fünfundzwanzig Kilo wiegt. Dann wird er ausgewildert.

Hiltraut Sch., die freundliche Absenderin aus Brühl, hat mein Buch »Der Wombat und andere tierische Geschichten« gelesen und es ihrer Schwester nach Melbourne geschickt. Und die nun schickte die Geschichte von Little Two, »um Ihnen eine Freude zu machen«.

Das ist gelungen.

27. Juli 2009, Köln

»Neues Deutschland«, das SED-Nachfolgeorgan, macht sich unter dem Titel »Der Ankläger« in Sachen Felicia Langer über mich her. Wenn auch nur, habe ich den Eindruck, mit halber Kraft. Da heißt es: »Giordano, fast immer im Kampf, diesmal gegen Felicia Langer ... Selbst wer nicht seiner Meinung ist, wird an das Trauma von Giordanos Jugend denken.« Dann wird aufgeführt, daß ich mal Kommunist war; 1961 mit dem Buch »Die Partei hat immer recht« Selbstabrechnung hielt; zwischen 1964 und 1988 beim WDR hundert Fernsehfilme gemacht habe; Autor der »Bertinis« und der »Zweiten Schuld« bin und die Zielscheibe von Morddrohungen.

Diesen Cocktail zwischen Anerkennung und Ablehnung muß sich der verantwortliche Redakteur schwer abgerungen haben, um dann zu dem Schluß zu kommen: »Mit 86 ein Mann wie ein Baum, unduldsam, immer auf dem Sprung, in einen Kampf zu ziehen, und das so öffentlichkeitswirksam wie möglich.«

Also ein Kontra mit nur halber Kraft – den Antifaschisten in mir hätten sie gern auf ihrer Seite. Aber nee – mit dieser »Linken« nicht.

Es ist jetzt schon ein paar Jahre her, doch erinnere ich mich, daß das »Neue Deutschland« mich mal aufforderte, einen Leitartikel zu schreiben (zu welchem Thema, weiß ich nicht mehr). Daraufhin schrieb ich zurück: »Gern, aber erst, nachdem sich das ›Neue Deutschland‹ an die Spitze der Aufarbeitung der SED- und DDR-Geschichte gesetzt hat.«

Keine Antwort.

29. Juli 2009, Köln

Der Protest gegen die Verleihung des Bundesverdienstkreuzes an Felicia Langer zieht weite Kreise, bis in die USA und Israel, wo sich die »Jerusalem Post« eindeutig gemeldet hat. In Deutschland gibt es so gut wie kein Organ, das sich nicht damit beschäftigt. Die Staatsspitze ist in Schwierigkeiten.

Auf die Frage, was denn sein würde, wenn Motke Shomrat, vierundsiebzig, ein prominenter Israeli, seine Auszeichnung wie angekündigt zurückgeben würde, sagte Stefan Schulze, Sprecher des Bundespräsidenten: »If the return of the Federal Medal of Honor that you mention happens, the decision would be extraordinarily regrettable.« Also: Sollte es zur Rückgabe der erwähnten Auszeichnung kommen, so wäre das außerordentlich zu bedauern.

Ich bin hin und her gerissen, inzwischen überzeugt davon, daß die Verleihung im Bundespräsidialamt längst intern bedauert wird. Das bestätigt mir ein Anruf von dort, Reaktion auf mein Schreiben an den Präsidenten – ohne daß die Verleihung rückgängig gemacht würde.

Ich könnte den Orden also jetzt schon zurückgeben. Die Wahrheit: Mir bräche das Herz dabei. Ich stelle mich davor, nehme das rotschimmernde Kreuz in die Hände und schimpfe mich einen sentimentalen Idioten. Aber es bedeutet mir doch was, nach allem, was ich in diesem Land erlebt habe.

Und Abraham Melzer müllt mich weiter zu mit Faxen, Tag und Nacht, eine Seite nach der anderen, in der Hoffnung, mich zu verletzen. Dabei sind die Zustimmungen zur Rückgabe in der Überzahl.

Was ist richtig, was ist falsch?

1. August 2009, Köln

Ich werde oft gefragt, wie ich mich als später Junggeselle auf die Neunzig zu verpflege und was ich mag.

Dazu kann ich nur sagen: Mein Faible für das, was ich »deutsche Küche« nenne, ist ungebrochen – Deftiges, Gemüse, Kartoffeln, Schweinefleisch, dicke Soßen.

Das einzige, was ich mir selber machen kann – Spaghetti und ein Kohltopf (den aber mit allen Schikanen: Kasseler, Kochwurst, Lammkotelett).

Sonst von ausschweifender Phantasie, versage ich auf diesem Gebiet jedoch kläglich. Das bedeutet keineswegs Interesselosigkeit gegenüber Kulinarischem. Im Gegenteil, ich esse gern und kompensiere meine häusliche Indifferenz damit, daß ich außerhalb große Portionen ordere.

Ansonsten überkommt mich beim Betreten des Supermarktes in meiner Nähe seit langem das Gefühl: von den Tausenden Lebensmittelartikeln, die hier angeboten werden, kennst du inzwischen jeden einzelnen. Sie schmecken alle gleich, Überraschungen kann es also nicht mehr geben. Da tut sich eine kulinarische Einöde auf, die mich lähmt. Aber der Mensch muß essen, also Standardeinkäufe: Frühlingstopf aus der Dose, Gerolsteiner Sprudel, Brötchen, ein halbes Bauernbaguette, immer Obst. Dazu Verbotenes, Süßigkeiten bis hinein in die Überdosis von Marshmallows und Mars-Riegeln.

Natürlich hat der Autor von Filmen, die sich mit dem Hunger auf der Welt befaßten, angesichts seines Überdrusses vor vollen Regalen ein schlechtes Gewissen, wird aber gleichzeitig überschwemmt von der Gewißheit, daß selbst die strengste Askese nicht das mindeste an der globalen Notsituation ändern würde.

Also, wie bisher, morgens eine Tasse Hühnerbrühe mit Trokkenbrot, damit der Magen was zu arbeiten hat, die Zeiten für die Hauptmahlzeit ungewiß, weil abhängig von der Arbeit.

Ich lasse Töpfe anbrennen, immer wieder, und Wasser verdampfen, stehe jeder Reparatur hilflos gegenüber und überlasse alle Regelungen Geli, meinem guten, allwöchentlich erscheinenden und über und über tätowierten Hausgeist, der pathologischen Tierliebhaberin Geli.

Manchmal tut der Magen weh, dann schlucke ich das Wundermittel Talcid und bin nach fünf Minuten schmerzfrei.

93

Ansonsten: Punkt vier Uhr Arbeitsende, dann Tee mit Zitrone und Rosinenbrötchen.

Heute habe ich danach eine meiner Lokomotiven unter Dampf gesetzt.

3. August 2009, Köln

Ich werde meine Orden behalten.

Dazu gebe ich die Erklärung ab, daß der Impuls, sie auf Grund der Verleihung des Bundesverdienstkreuzes an Felicia Langer zurückzugeben,

falsch war und deshalb hier so öffentlich, wie er bekundet worden war, nun auch widerrufen wird. Die über ein ganzes Leben hin mühsam gewachsene Zugehörigkeit zur Bundesrepublik Deutschland wiegt mehr als der Fehlgriff eines ihrer Organe, und sei es auch des höchsten – eine Selbstprüfung.

Wobei der Unterzeichnete nicht verschweigen will, daß ihm eine gegenteilige Entscheidung auf seine alten Tage sehr nahegegangen wäre.

Die Kritik an der Verleihung bleibt jedoch, wie die Aufforderung an das baden-württembergische Staatsministerium und das Bundespräsidialamt, den Fehlgriff zurückzunehmen. Und dies verknüpft mit der Hoffnung, aus akutem Anlaß Regularien zu schaffen, die eine Wiederholung des Skandals ausschließen. Jeder Aufforderung, mich daran zu beteiligen, käme ich gern nach.

Mir fällt ein Stein vom Herzen. Obwohl jetzt erst recht über mich hergefallen wird.

Das entnehme ich nicht nur den Medien, sondern vor allem der Faxflut, die ich Abraham Melzers großzügiger Informationswut verdanke.

Trubel um den FC Schalke 04!

»Mohammed war ein Prophet, der vom Fußballspielen nichts versteht. Doch aus all der schönen Farbenpracht hat er sich das Blau und Weiße ausgedacht.«

So heißt es in der Vereinshymne des FC Schalke 04 »Blau und Weiß, wie lieb ich dich«, und das seit 1924, also seit mehr als achtzig Jahren. Woran bisher niemand Anstoß genommen hatte. Das jedoch hat sich inzwischen geändert, denn es melden sich Muslime, die fordern, daß diese Zeilen entfernt werden, besser aber noch das ganze Lied. Was sich dann so anhört: »Ihr Hurensöhne, wir werden euer beschissenes Lied sofort ändern. Was hat unser Prophet mit eurem ungläubigen Lied zu tun? Löscht diesen Teil, oder ihr müßt die Konsequenzen tragen.«

Proteste wie diese werden seit einigen Tagen von empörten Muslimen an die Führung des FC Schalke 04 geschickt. Die Beleidigten in Habachtstellung sind also gleich wieder zur Stelle, diesmal wegen der dritten Strophe eines Vereinsliedes, das die Schalke-Fans vor dem Anpfiff bei Heimspielen inbrünstig singen. Nun wird mit dem Boykott der kommenden Bundesligaspiele gedroht.

Deshalb sollen jetzt – hört, hört! – anerkannte Islamwissenschaftler konsultiert werden. So jedenfalls will es die aufgescheuchte Political Correctness. Und tatsächlich – der Schalker Ehrenrat ist in der Bredouille. Denn wenn die Mohammed-Strophe gestrichen würde, dann, so fürchtet man dort, würde es zu starken Gegenreaktionen kommen und die Personalie »Mohammed der Fußballignorant« noch höhergeschaukelt werden.

Wo sind wir hingekommen, wo wird die nächste »Beleidigung« ausgebrütet?

Auch der Generalsekretär des Zentralrats der Muslime in Deutschland, Aiman Mazyek, hat bereits sein Verständnis für die Protestierer signalisiert: »Die lapidare Formulierung kann schon dem einen oder anderen die Zornesröte ins Gesicht treiben.«

Was mir die Zornesröte ins Gesicht treibt, ist das via Bildschirm öffentliche und vor mir noch einmal persönlich wiederholte Bekenntnis des Verbandsfunktionärs: »Grundgesetz und Scharia sind miteinander vereinbar.«

Eben jene Scharia, die ein sechzehnjähriges Mädchen hingerichtet hat, weil sie allein mit einem Jungen im Auto saß. Wo sind wir hingekommen?

Ich will der erklärte Feind solcher »Ehrauffassungen« bleiben.

Bei mir ist Miriam Broicher.

Sie ist jetzt achtzehn und bringt in Kürze ihr drittes Buch heraus – »Tor zum Schattenland«. Es handelt, ähnlich wie die beiden vorangegangenen Bücher, von Elfen, Kobolden und Drachen. Kennengelernt habe ich sie vor fünf Jahren auf einer Lesung von Autorinnen und Autoren in einer Rodenkirchener Schule. Da war sie, eine erstaunliche Begabung, gerade mal vierzehn. 2010 wird sie Abitur machen.

Was wird aus diesem Talent, das so energisch auftreten kann, wie ich sie bei einer Lesung in ihrer Schule erlebte, als sie sich souverän Respekt und Ruhe verschaffte?

Was wird das Leben mit ihr machen, was sie mit ihm? Noch ist ihre Literatur pure Fiktion, beflügelt von einer ungestümen Phantasie. Wann kommen Wirklichkeiten ins Spiel? Ich bin neugierig auf diese Vita. Aber vorsichtig mit Ratschlägen. Kann es etwas Schwierigeres geben als die Schriftstellerei? Du mußt den Mut zur Nacktheit haben, den zuerst und vor allem. Das ist eine ungeheure Pädagogik.

Ich werde die Kollegin im Auge behalten.

5. August 2009, Köln

Geli, mein guter Hausgeist, ist heute nicht gekommen. Panik.

Sie, die unentbehrliche Hilfe, ein Faktotum, das einmal die Woche auftaucht und dessen martialisches Äußeres in starkem Gegensatz zu ihrem sanften Gemüt steht. Das hat die Tierliebhaberin gemeinsam mit Tara, einem kampfhundähnlichen Ge-

96

schöpf, dessen gefährliches Äußeres in unüberbrückbarem Gegensatz zu seiner wahren Natur und seinem unerschöpflichen Zärtlichkeitsbedürfnis steht.

Daß Geli nicht erschien, kam schon öfter vor, nie aber ohne daß sie sich entschuldigt oder den Grund dafür erklärt hätte. Heute dagegen blieb sie stumm – und ihr Handy tot.

Das beunruhigt mich.

Bei allem, was ich so aus ihrem Privatissimum mitgekriegt habe, führt sie ein dramatisches, von zyklischen Katastrophen heimgesuchtes Leben. Single, nach bitteren und auch schmerzhaften Begegnungen mit dem anderen Geschlecht, liegt sie aus Gründen, hinter die ich nicht so recht komme, in ständigem Kampf mit den Sozialämtern um kleine, aber notwendige Beträge.

Zuweilen muß ihre Wohnung einem Zoo geglichen haben, mit programmierten Zusammenstößen. So hat einmal einer ihrer Hunde, ein huskyähnlicher, einen Leguan mitleidslos ins Jenseits geschickt.

Fest steht, daß Gelis Beziehungen zu Tieren weitaus inniger und fester sind als zu Menschen.

Sie ist groß, zu allen Jahreszeiten eigenwillig gekleidet, an manchen Körperstellen stark tätowiert und in wärmeren Perioden davon viel preisgebend.

Mir ist sie, gern eingestanden, sehr ans Herz gewachsen, einfach ein »guter Kerl«, wie es mir auf der Zunge liegt zu sagen, obwohl sie durch und durch Frau ist.

Nun sitze ich hier in der Augustsonne auf der Terrasse, das Handy am Ohr, befallen von einer an Hysterie grenzenden Beklemmung, ob ihr etwas zugestoßen sei. Was, wenn sie nun gar nichts mehr von sich hören ließe? Ich kann mir gerade noch Tee zubereiten, die Spülmaschine und Waschtrommel füllen, aber bügeln, zum Beispiel, kann ich nicht, Taschentücher vielleicht ausgenommen.

Und so brumme ich denn vor mich hin: »Warum, Geli, tust du mir das an?«, erschreckt über das plötzliche Du, denn wir siezen uns immer noch.

Tatsächlich läßt sie mich im Ungewissen schlafen gehen, nicht ohne daß ich vorher noch einen hoffnungsvollen Blick auf ein Foto von Tara werfe, die einen Ehrenplatz hat neben Czerwonki, meiner unglücklichen Hundeliebe aus Masuren.

Kurz vor Mitternacht werde ich aus dem Schlaf gerissen – Geli. Des langen und breiten berichtend, was der Grund ihrer Verhinderung war. Ich habe davon so gut wie nichts verstanden.

Egal – Hauptsache, daß ihr nichts passiert ist.

6. August 2009, Köln
Heute vor 64 Jahren wurde die Bombe über Hiroschima abgeworfen.

Die Nachricht hat damals in mir keine andere Reaktion ausgelöst als den Jubel über das baldige Ende des Zweiten Weltkrieges auch in Fernost – drei Monate nach dem letzten Schuß in Europa.

Von dem Ausmaß der Zerstörung hatte ich keine Vorstellung. Das änderte sich mit den Bildern eines Schreckens, wie es keinen zweiten gibt.

Was sich bis heute nicht geändert hat, sind meine zwiespältigen Gefühle über den Abwurf.

Ich mag die Leute nicht, die sich über alle Zweifel erhaben geben, daß der Abwurf falsch gewesen sei, ohne zu hinterfragen, wie viele Opfer die Fortsetzung des Krieges gegen ein fanatisch ideologisiertes Tenno-Japan zur Folge gehabt hätte.

Vor allem aber mag ich die Leute nicht, die in diesem Zusammenhang das Kodewort »Pearl Harbour« unterschlagen, die Bombe also aus dem historischen Kontext lösen und damit sich und ihre auf halber Strecke steckengebliebene Argumentation unglaubwürdig machen.

Natürlich – was kann man angesichts der Bilder einer bis in ihre Atome und Moleküle zerstäubten Stadt, ihrer geschundenen, verbrannten, zerfetzten 140 000 Opfer anderes tun, als »Nein!« und immer wieder »Nein!« zu schreien?

Aber wer die Primärverantwortung der japanischen Militärkaste und ihres Oberhaupts, des Kaisers Hirohito, für diese Apokalypse leugnet – der kriegt es mit mir zu tun!

Wie alle, die die deutschen Opfer des alliierten Luftkrieges, der Flucht und der Vertreibung aus der Erstverantwortlichkeit Hitlers und seiner Anhänger lösen und damit faktisch die Initiatoren des Zweiten Weltkrieges exkulpieren wollen.

So, wie der 8. Mai 1945 in Europa unlösbar verbunden ist mit dem 1. September 1939 und dem 30. Januar 1933, so ist der Krieg im Pazifik untrennbar mit dem 6. Dezember 1941 verbunden, dem japanischen Angriff auf Pearl Harbour. Teil eines Großangriffs des japanischen Imperialismus auf die zivilisierte Welt, der zehn Jahre vorher mit dem Einfall in China begonnen und 1937 zum Massaker von Nanking geführt hatte.

In diesem Konflikt sollte niemand einen unerschütterlichen Standpunkt vortäuschen. Der 6. August 1945 und der 8., die Bombe auf Nagasaki – sie werden für künftige Generationen immer weiter zurückfallen. Aber die Zerrissenheit bleibt.

Gewißheiten gibt es nicht.

Heute ist Daniel Rouxel aus Le Mans deutscher Staatsbürger geworden – mit sechsundsechzig.

Geboren am 2. April 1943 in Paris, war er die Liebesfrucht aus der Verbindung eines deutschen Besatzungssoldaten mit einer Französin.

Der Vater fiel 1945, die Mutter erlebte das Schicksal jener mehr als 200 000 Frauen, die sich während der vier Jahre deutscher Besatzung mit Wehrmachtsoldaten eingelassen hatten. Ihr Kind war ein »tête de boche«, ein »Germanenschädel«, wie diese unschuldigen Kinder genannt wurden. Ein vaterloses Leben unter dauernder Beschimpfung.

Da steigt was in mir hoch.

Es besteht ja wohl kein Zweifel, auf wessen Seite ich stand im

Kampf auf Leben und Tod gegen Hitlerdeutschland. Aber wenn ich sehe, wie die weiblichen »Kollaborateure« gejagt und geschlagen, ihnen die Kleider vom Leibe gerissen, die Haare geschoren und die Wehrlosen über Frankreichs Erde geschleift wurden, dann bäumt sich alles in mir auf. Dann brülle ich, dessen schönster Tag im Leben die Befreiung war: »Nein, so nicht, so nicht!« Wenn ich Zeuge gewesen wäre, hätte ich mich dazwischengeworfen, ganz egal, was mir dabei passiert wäre.

Nach Kriegsende floh Daniel Rouxels Mutter aus Nordfrankreich nach Paris, tauchte unter und gab den Sohn vorher in ein Kinderheim, später kam er zu einer Pflegefamilie. Bis er mit vier Jahren bei seiner Großmutter in einem kleinen Dorf in der Bretagne unterkam, wo er ebenfalls verhöhnt und verspottet wurde.

Aber dann nimmt die Geschichte eine Wende.

Die Verwandten des gefallenen Vaters nahmen nach dem Krieg die Suche nach dem Enkel auf und fanden ihn – mit elf Jahren besuchte Daniel zum erstenmal seine deutschen Großeltern in Unterweissach.

1994 begann der Einundfünfzigjährige dann, seine Geschichte zu veröffentlichen, was dafür sorgte, daß dieses verdrängte Kapitel der Nachkriegszeit größere Beachtung fand.

Aber Daniel Rouxel wollte mehr. Er wollte neben seiner französischen Staatsbürgerschaft auch die deutsche haben. Und er machte sich dran. Das war ein weiter Weg, da sich beide Länder mit der doppelten Staatsbürgerschaft schwertun. Nun aber gelang es doch – Daniel Rouxel, der ehemalige »tête de boche«, ist heute auch deutscher Staatsbürger geworden.

Ich lese diesen Bericht mit innerer Bewegung und Anteilnahme. Obwohl heute die Sonne von einem wolkenlosen Himmel strahlt – die Geschichte, so wie sie ausgegangen ist, macht den Tag noch heller.

Da kann ich nach langer Zeit mal wieder sagen: »Ja, das Leben ist schön.«

7. August 2009, Köln

Doch der Dämpfer folgt sogleich – in Gestalt eines ZDF-Dreiteilers über die globale atomare Bedrohung von Claus Kleber und Angela Andersen – »Die Bombe«.

Das sehe ich mir mit Gefühlen an, die immer beklommener werden, und das in dem Maße, wie mir klarer und klarer wird, daß wir heute viel bedrohter sind als zu Zeiten der Losung »Wer zuerst schießt, stirbt als zweiter«, es also »nur« um die beiden Supermächte USA und UdSSR ging. Heute hat der »Club« mehr als zwei Mitglieder …

Dazu der Interviewpartner des (immer besser werdenden) Claus Kleber, Henry Kissinger, lapidar: »Zu Zeiten des kalten Krieges habe ich keine schlaflosen Nächte gehabt.«

So kann man es auch ausdrücken, ohne Namen zu nennen – Iran, Pakistan, Nordkorea …

Und Israel? Kein Mensch fürchtet seine Bombe als Angriffswaffe, kein Mensch. Ich verbitte mir deshalb jede Gleichsetzung der Demokratie Israel mit diesen Ländern des politischen Irrationalismus, ich verbitte es mir!

Mal alle Koketterien, alle Polemiken, diese täglichen Jämmerlichkeiten beiseite: Wir, der blaue Planet, wir sitzen auf einem Pulverfaß, auf der Magmasäule eines Sprengpotentials, das die Erde in die nukleare Zerstäubung befördern könnte. Ein Overkill, angesichts dessen der Chef der Internationalen Atomenergieorganisation, Mohammed el-Baradei, die Frage, ob die Vernichtung der Menschheit im Bereich des historisch Möglichen liege, mit einem Wort beantwortete: »Absolutely.«

Was mutet diese verdammte Welt einem eigentlich zu, und das Tag um Tag? Wie hält man den Temperatursturz zwischen der Freude über den Triumph des Daniel Rouxel und dem Entsetzen über die Inflationierung der Bombe aus?

Wird sich der Mensch schließlich doch nur als Irrläufer der Evolution entpuppen?

8. August 2009, Köln

Geht es doch munter weiter: In Deutschland schießen amoklau-
fende Schüler ihre Schulkameraden und Lehrer ab wie Hasen.
So im baden-württembergischen Winnenden und Wendlingen –
sechzehn Tote, viele Verwundete.

Aus der Nähe der Tatorte, aus Leutenbach-Weiler zum Stein,
schreibt mir eine Frau, daß dort ein Aktionsbündnis gegründet
sei, das eintrete für ein generelles Verbot großkalibriger Waffen
für Privatpersonen, von Faustfeuerwaffen in privaten Haushalten sowie von Killerspielen, die dazu ermuntern, Menschen zu
töten. Die kürzlich gefaßten Beschlüsse des Bundestags und
des Bundesrats hält sie für wirkungslos. So die Bestimmung, daß
großkalibrige Waffen von Privatpersonen nicht mehr ab vierzehn, sondern erst ab achtzehn Jahren benutzt werden dürfen.
»Kosmetik. Familien, Kinder und Jugendliche haben leider keine
Lobby«, schreibt sie, »die Waffenindustrie aber wohl. Für die betroffenen Eltern sind die Beschlüsse ein Schlag ins Gesicht.«

Mit der Unterschriftenliste käme man nicht so richtig voran –
»wir sind nur eine Handvoll Leute«. Dennoch wollen sie im Bundestag noch einen Anlauf gegen das Waffengesetz unternehmen.
Ob ich mich an der »Aktion Bündnis Amoklauf Winnenden« beteiligen wolle?

Es sind zwei Listen.

»Mit meiner Unterschrift bestätige ich, daß ich die Forderungen ›Generelles Verbot großkalibriger Waffen für Privatpersonen‹
sowie das ›Verbot für Faustfeuerwaffen in privaten Haushalten‹
in vollem Umfang unterstütze.«

Und: »Mit meiner Unterschrift bestätige ich, daß ich die Forderung ›Verbot von Killerspielen, die dazu dienen, Menschen zu
ermorden‹, in vollem Umfang unterstütze.«

Ich habe beide Listen unterschrieben.

9. August 2009, Imshausen
Hundertster Geburtstag Adams von Trott zu Solz.

Die Feier fand im hessischen Imshausen statt, dem ehemaligen Familienbesitz derer von Trotts, heute und seit langem schon Sitz der Stiftung Adam von Trott, Imshausen e. V. …

Die Witwe, Clarita von Trott zu Solz, war mit den beiden Töchtern Clarita und Verena gekommen, dazu Freunde, Bekannte, Sympathisanten, Hunderte von Menschen. Es wurde ein Film gezeigt, musiziert, Reden gehalten, eine Feier in Moll.

Die Biographie dieses Widerstandskämpfers hat mich seit jeher beeindruckt, noch ehe über Heinrich von Trott zu Solz, Adams jüngeren Bruder, eine persönliche Verbindung zur Familie hergestellt war.

Adam war einer der wenigen aus dem Kreis der späteren Verschwörer des 20. Juli, die dem Nationalsozialismus von vornherein skeptisch gegenüberstanden und nicht erst durch den mörderischen Lauf der Dinge bekehrt werden mußten – nach oft genug stürmischer Zustimmung zum Nationalsozialismus. Waren alle diese hochrangigen Armeeoffiziere und höheren Beamten der Staatsverwaltung ihrer Herkunft und Erziehung nach doch auf Gehorsam und Obrigkeit eingeschworen.

In der rituellen Rhetorik standardisierter Gedenkfeiern bleibt gerade dieser Teil meist verschwiegen, wird die Zustimmung zum Dritten Reich gern unterschlagen. Warum? Ist es doch gerade der Weg von der »Kollaboration zum Widerstand«, der diese Gruppe von den Zeitgenossen abhebt, die schmerzhafte Überwindung eingefleischter Überzeugungen und Traditionsauffassungen, das Nein zur Obrigkeit. Erst diese Überwindung macht doch die Größe der Verschwörer aus.

Aber es kommt noch etwas dazu.

Nur sehr wenige von ihnen, wenn überhaupt, waren das, was man Demokraten nennen kann. Ihre Motive, ihre Ideale und Ziele hatten wenig zu tun mit dem Parlamentarismus westlichen Stils. Aber als sie jene Regierung zu stürzen versuchten, in die die meisten von ihnen so große Hoffnung gesetzt hatten, da wußten sie eines: daß sie nicht nur ihr eigenes Leben gefährdeten, sondern auch das ihrer Familien – der Eltern, Söhne, Töchter, Enkelinnen und Enkel. Welche Vorschatten, welche braunen Flecken und Gedankenirrtümer zuvor auch immer im Spiele waren – als sie die Hand gegen den Tyrannen hoben, brachten sie das größte Opfer, das Menschen um ihrer Überzeugung willen bringen können: die Gefährdung derer, die man liebt.

Über eine jahrelange Strecke meines eigenen bedrohten Lebens vertraten viele der späteren Verschwörer Standpunkte, die nicht die meinen sein konnten. Dann aber gewannen sie den Rang von potentiellen Befreiern und wurden so, wenn auch glücklos, zu Bundesgenossen.

Ich verneige mich vor ihnen, wie ich es tue, seit ich erkannt habe, welches Opfer sie brachten.

Damit stimme ich nicht ein in den Chor derer, die die Verschwörer zu Gründervätern der Bundesrepublik machen oder den Kreis des deutschen Widerstandes auf sie allein beschränken wollen. Es gab Widerstandszellen linksgerichteter Antifaschisten; den Kreisauer Kreis (ein intellektueller Zirkel von Kirchenmännern, Aristokraten und Sozialisten, zu dem auch Adam von Trott zu Solz zählte), ganz abgesehen von Frauen und Männern, die im Alltag großen Mut bewiesen. Aussicht auf einen etwaigen Erfolg aber hatten nur die Verschwörer um Stauffenberg. Adam von Trott zu Solz zählte zu ihrem engeren Kreis.

Kein Mitglied des preußischen Adels, sondern Sproß einer toleranten und kosmopolitischen Patrizierfamilie in Hessen, hatte Adam von Trott zu Solz durch weite Reisen und Freundschaften mit Ausländern sein Weltbild geweitet. Das unterschied ihn von den meisten seiner Zeitgenossen.

Vor dem sogenannten Volksgerichtshof zeigte er sich unbeugsam. Als er in Plötzensee hingerichtet wurde, am 26. August 1944, war er fünfunddreißig.

Ich bin in diesen Tagen vertieft in Benigna von Krusenstjerns Adam-von-Trott-Biographie »Daß es Sinn hat zu sterben – gelebt zu haben«.

Geschenkt hat sie mir Kurt Meyer, enger Freund und Vertrauter von Heinrich von Trott zu Solz, dem ich es eigentlich zu verdanken habe, mit den »Trotten« zusammengekommen zu sein, Sohn von »Panzermeyer«, einem berüchtigten, von Hitler persönlich hochdekorierten SS-Offizier. Wegen Kriegsverbrechens an Kanadiern zum Tode verurteilt, dann zu lebenslang begnadigt und vorzeitig aus der Haft entlassen, stirbt Kurt Meyer der Ältere Anfang der sechziger Jahre ohne jeden Gesinnungswandel. Und hinterläßt Kurt Meyer dem Jüngeren ein lebenslanges Problem. So wurden wir Freunde.

Ich habe mit ihm gestern noch einmal Heinrich von Trott zu Solz, einundneunzig, in der Pochmühle besucht, einem paradiesischen Anwesen in der Nähe von Imshausen. An die zwei Meter, ein Riese, ein Wolkenkratzer von Mensch, Deserteur der Wehrmacht, Mitkämpfer in der französischen Résistance, eingeborener Nazigegner und – passionierter Qualmer.

Es war Freundschaft auf den ersten Blick.

Nun saß er mir in seinem Arbeitszimmer gegenüber, steckte sich eine Zigarette an der anderen an (mit unverbergbarer Genugtuung, daß er, der Kettenraucher von Jugend auf, trotzdem ein methusalemisches Alter erreicht hat) und spricht. Spricht, knorrig und bis in die Grundfesten ehrlich, womit er sich sein ganzes Leben auseinandergesetzt hat und wovon er nicht loskommt – von den Nazis.

Zum Abschied Umarmung und die heimliche Frage: Wird es das letzte Mal gewesen sein?

Aber die stelle ich, nicht Heinrich von Trott zu Solz.

Vor der Rückfahrt noch einmal zum »Trottenkreuz« in der Nähe von Imshausen aufgestiegen. Dorthin, wo ich 2001 in Gedenken an Adam die Rede zum 20. Juli 1944 gehalten habe (wofür mir Tochter Clarita gerade noch einmal gedankt hat).

Steil sticht es in den blanken Himmel über Nordhessen, weithin sichtbar und am Fuße metallumschlossen, nachdem ein Sturm das Kreuz einmal umgeweht hatte.

Weiter Blick über eine Landschaft, die irgendwo südöstlich in den Thüringer Wald übergeht, lieblich gewellt und übersprüht von einem Frieden, der in einem seltsamen Gegensatz zu dem Kreuz zu stehen scheint – diesem wie ein mahnender Finger erhobenen Zeichen, daß Frieden täuschen kann ...

11. August 2009, Köln
Adolf Endler ist gestorben, mein Kommilitone vom 1. Lehrgang des Leipziger Instituts für Literatur von Oktober 1955 bis Juni 1956.

In einem Nachruf der »Zeit« lese ich:

Niemand schrieb aberwitziger über Siff und Suff des Untergangs, keiner klaubte köstlichere Perlen aus dem Ostberliner Müll als der Alltagssurrealist Endler, der sich selbst einen »kleinbürgerlichen lumpenproletarischen Bonvivant« nannte.

Genauso habe ich ihn in Erinnerung, wenngleich dem Bonvivantentum der staatssubventionierten Studiosi im kärglichen Leipzig der fünfziger Jahre ziemlich enge Grenzen gesetzt waren. Gedanklich aber gab es schon damals keine für den nachdenklichen, bescheidenen und unprätentiösen Humoristen Endler. Köstlich, wie er sich lustig machte über eine Losung des russischen Epikers Maxim Gorki im Dienste der Bolschewiki: »Der Mensch – wie stolz das klingt!« Dabei hatte er Mühe, nicht in einen Lachkrampf zu verfallen: »Stolz? Im Russischen vielleicht, aber im Deutschen? Hör dir das doch mal an, Ralph, hör doch mal: *der Mensch ...*«

Wohl war ich damals schon dabei, meinen stalinistischen Irrtum zu überwinden, und gerade die Erfahrung am Leipziger Literaturinstitut unter einem Kulturapparatschik wie Institutsleiter Alfred Kurella war mir höchst behilflich gewesen. Aber so weit wie Adolf Endler, dieser Erzfeind des Plakativen, der bloßen Formel, des gestelzten Wortes, war ich damals noch nicht.

Nach meinem Bruch mit dem Stalinismus im August 1957

hatte ich nichts von ihm gehört, oft aber daran gedacht, wie es ihm im Ulbricht-Honecker-Staat wohl ergangen sei. 1979 dann, keine Überraschung, die Nachricht, daß er aus dem Schriftstellerverband geflogen sei. Ein Mann wie dieser mußte mit dem real existierenden Sozialismus in Konflikt geraten. Gut, daß er dann nach der Wende noch an die zwanzig Jahre ohne Zensurdruck schreiben konnte.

Er war jünger als ich und ist nun, wie so viele, vor mir gestorben – am 3. August.

Ein hochachtungsvolles, ein kollegiales In Memoriam, lieber Adolf Endler.

13. August 2009, Köln

Im »Spiegel« wird der Tod des amerikanischen Schriftstellers David Foster Wallace beklagt, eines der »großen literarischen Genies unserer Zeit«, wie es in einem langen, sehr ausführlichen Nachruf heißt. Und da erschrecke ich, lese immer betroffener, immer konsternierter, was mich in schwere Selbstzweifel stürzt: Habe ich doch von diesem »Kollegen« nie etwas gehört oder gelesen! Warum ist sein Name bisher so spurlos an mir vorbeigegangen? Mit meinen Kenntnissen der amerikanischen Literatur kann es also nicht weit her sein. Das macht mich nachdenklich. Wohin sind meine Sensoren ausgefahren und wohin nicht? Wie weit reicht ihr Radius, und welche Regionen lassen sie unberührt?

Erklärt sich das in diesem Fall durch die überragende Bedeutung, die der große amerikanische Epiker Thomas Wolfe und sein Buch »Schau heimwärts, Engel« für mich hatte – Ideenvater für meine Familien-Verfolgten-Saga »Die Bertinis«? Ist es die Zentripetalkraft seines riesigen Werkes, das mir den Blick auf andere Große der amerikanischen Literatur verengt oder gar versperrt hat?

Lächerlicherweise fühle ich mich ein wenig exkulpiert, weil ich in meinem dtv-Lexikon unter den berühmten Wallaces dieser Erde keinen David Foster finde – der Versuch einer offenen

Selbstbeschwindelung. Ehe diese Tendenz eskaliert, also lieber die Bildungslücke beschämt eingestehen und sie furchtlos dem Tagebuch und seiner verständnisvollen Leserschaft anvertrauen.

Der Bundesvorsitzende der Türkischen Gemeinde in Deutschland, Kenan Kolat, macht sich Sorgen um das Wohlergehen der türkischstämmigen Schülerschaft.

Grund dafür ist diesmal der Lehrplan des Landes Brandenburg, in dem der Völkermord an den Armeniern 1915 / 16 im türkisch-osmanischen Reich richtig als »Genozid« bezeichnet wird. Dies, so Kolat in der Zeitung »Hürriyet«, setze die türkischen Schüler einem psychologischen Druck aus, der sie in ihren schulischen Leistungen beeinflusse und deshalb den Frieden gefährde.

Er will sich deshalb mit dem brandenburgischen Ministerpräsidenten Matthias Platzeck treffen und ihn darum bitten, die »Vorwürfe« aus dem Lehrplan zu streichen. Das richte sich auch gegen die geplante Gedenkstätte für den Potsdamer Pfarrer Johannes Lepsius (der sich wie kein anderer Deutscher im Ersten Weltkrieg für die Armenier eingesetzt und zusammen mit Arnim T. Wegner das Massaker dokumentiert und photographiert hat). Ein Brief an Angela Merkel, so Kolat, sei auch unterwegs.

Einen derartigen unglaublichen Versuch türkischerseits, in die Lehrpläne deutscher Schulen einzugreifen, hat es schon einmal gegeben, im Januar 2005. Auch damals war Matthias Platzeck aufgefordert worden, den Verweis auf den Völkermord an den Armeniern aus dem Lehrplan zu streichen, vehement unterstützt von dem Protest türkischer Diplomaten. Und siehe da, es hatte, zunächst, Erfolg – die Stelle wurde gestrichen!

Die Reaktion darauf war aber so stürmisch, daß die Schulbehörde den Fehler binnen kurzem korrigieren mußte. Und das in Gestalt einer umfangreichen Handreichung für die brandenburgischen Geschichtslehrer zum Thema Völkermord und staatliche Gewalt im 20. Jahrhundert. Ein Unterrichtsmaterial, das erstellt wurde vom Landesinstitut für Schule und Medien Berlin-Brandenburg und dem Institut für Diaspora- und Genozid-

forschung an der Ruhr-Universität Bochum unter Leitung von
Dr. Mihran Dabag. Darin werden neben dem Völkermord an
den ruandischen Tutsis 1994 und den Hereros zu Beginn des
20. Jahrhunderts durch deutsche Kolonialtruppen in Südwest-
afrika auf achtzehn Seiten der Völkermord an den Armeniern im
Osmanischen Reich und die politischen Hintergründe dafür behandelt.

Für das Gros der Historiker ist die Authentizität des Genozids
längst entschieden, die Leugner werden in den wissenschaft-
lichen Disziplinen nicht mehr ernst genommen. Die Apologie
hat Risse bekommen, und man kann davon ausgehen, daß der
Ruf nach der Wahrheit in der Türkei selbst, wenn auch unter Gefährdung, lauter und lauter wird. Allen voran die Stimme des
Literaturnobelpreisträgers Orhan Pamuk, der unter Lebensbe-
drohung erklärte, daß »eine Million Armenier umgebracht worden sind, aber wir so tun, als sei nichts geschehen«.

Der Vorstoß Kenan Kolats ist ein zweiter Versuch der offiziellen Türkei, eine Order des türkischen Erziehungsministeriums
vom 14. April 2003, die gesamte Schülerschaft auf ein striktes
Verneinen des Völkermords einzuschwören, nun auch hier einzu-
zuführen. Also die historische Wirklichkeit weiter zu beugen und
die Politik der Lüge und des Leugnens zu einem Teil deutscher
Lehrpläne zu machen.

Seht, ihr Herren Bedenkenträger, ihr Multikulti-Illusionisten,
Sozialromantiker, Gutmenschen vom Dienst, ihr Pauschalumar-
mer und Beschwichtigungsapostel, seht her: Das ist es, wogegen
ich aufstehe und sage: Nein und dreimal nein! Das ist es, wo ich
sage: Die Moschee ist das Symptom, der Islam das Problem! Das
ist es, wo ich sage: Wenn meine Feinde nicht auch eure Feinde
sind, dann ist etwas mit euch nicht in Ordnung!

Ich bin kein Türkenschreck, ich bin kein Antimuslimguru, ich
habe nicht zum Bürgerkrieg aufgerufen. Ich habe mitgeholfen,
das von feigen deutschen Politikern und integrationsfeindlichen
Muslimen verdrängte und sträflich geschönte Problem Nr. 1 der
deutschen Innenpolitik dahin zu befördern, wo es längst hinge-

hört hätte: in den öffentlichen Diskurs der demokratischen Republik.

Wenn ich auf etwas stolz bin, dann darauf, daß ich dazu meinen Teil beigetragen habe.

Heute bin ich mir übrigens ziemlich sicher, daß Kenan Kolat mit seiner politisch unsittlichen Forderung scheitern wird.

Andere hoffentlich auch – flattern mir da doch zwei höchst widerwärtige Informationen auf den Tisch.

Die erste vom PEN-Zentrum deutschsprachiger Autoren im Ausland (dessen Ehrenvorsitzender ich seit kurzem bin): Der Internationale PEN will den britischen Naziapologeten und Holocaustleugner David Irving in seine Reihen aufnehmen. Empörung! Da macht auch das deutsche PEN-Zentrum nicht mit. Wie denn auch? Heißt es doch in der Charta: »Keine Unterstützung in Fällen von wahrheitswidrigen Veröffentlichungen, vorsätzlicher Lügenhaftigkeit und Entstellung von Tatsachen aus persönlichen und politischen Zwecken.«

Das zieht sich bereits über Jahre hin, ein schwelendes Verfahren, das vor allem durch eine rigoros puristische Auslegung von Meinungsfreiheit durch US-amerikanische und britische Mitglieder am Simmern gehalten wird. Was ist das für eine merkwürdige, ja selbstmörderische Haltung, einen bekennenden Nazi aufzunehmen in eine Organisation, die der Freiheit des Wortes verpflichtet ist? Wieso wird die Grenze zwischen Meinungsfreiheit und politischer Kriminalität nicht wahrgenommen?

Noch Schauerlicheres hält die zweite Information dieses Morgens parat, von seiten des Writers in prison Committee, einer Organisation des PEN, die sich um verfolgte und inhaftierte Schriftsteller kümmert und besonders feine Membranen für Menschenrechtsverletzungen haben sollte.

Im Falle von Samina Malik ist davon aber nichts zu spüren.

So heißt eine unter Hausarrest gestellte Muslima in Großbritannien, die nachhaltig auffällig geworden ist durch Verbindungen zu islamischen Extremisten, das Herunterladen von Anleitungen für terroristische Anschläge, nicht zuletzt aber durch Gedichte, die sich um Märtyrertum und das Enthaupten von Menschen drehen.

Darin heißt es gemütvoll »Hold him. Tie the arms behind his back, and bandage his legs together« (»Haltet ihn. Bindet die Arme auf dem Rücken und fesselt die Beine«). Als nächste Folterstufe schildert die phantasievolle Autorin dann, wie »the warm sharp knife touches his naked flesh« (»ein warmes, scharfes Messer sein nacktes Fleisch berührt«), ehe sie fortfährt »Don't stop, continue with all your might« (»Haltet nicht inne, sondern fahrt mit aller Kraft fort«), um so zu enden: »und trenne ihm den Kopf vom Rumpf«. Also das, was muslimische Terroristen schon auf den Bildschirm gebracht haben – wie einer Geisel mit einem langen Dolch das Haupt abgesäbelt wird.

Writers in prison aber hält die Aufforderung zu einer Enthauptung in Gedichtform für keinen Grund, sich von Samina Malik zu distanzieren. Ich frage mich: Wie kann man sich gemein machen mit Dschihad-Propagandisten, die nicht nur zum Mord aufrufen, sondern dazu gleich auch noch genaue Anleitungen liefern? Was sind das für Gesinnungen und Mentalitäten? Welch perverses »Verständnis« für gemeine Totschläger herrscht hier vor? Und das in einem Großbritannien, dessen Banken aus ihren Foyers die Sparschweine entfernen ließen, weil sich schweinefleischfeindliche Muslime von ihrem Anblick beleidigt fühlen …

Das macht mich wütend, das macht mich wild, da stehe ich auf. Warum? Weil ich die Demokratie bedroht fühle. Muß sie sich immer so schwächlich geben, wie sie es tut? Wo beginnt sie, sich selbst ad absurdum zu führen? Und warum tut sie es mir an, daß ich sie manchmal hasse, obwohl ich doch weiß, daß sie von allen Staatsübeln in der Menschheitsgeschichte das kleinste ist?

Sollte es den »Weicheiern« tatsächlich gelingen, zwischen der demokratischen Republik und mir einen Graben zu ziehen, gar mich von ihr zu trennen? Was ist das für eine Zwickmühle, in der sich die Humanitas beim Kampf um ihren Erhalt sieht? Oder kann es sein, daß ich zu rasch mit meinen Folgerungen bin und spontane Reaktionen keine guten Lehrmeister sind? Mag sein.

Für den Punkt jedoch, wo die Grenze der Duldsamkeit überschritten wird, für diesen Punkt glaube ich, ein untrügliches Empfinden zu haben.

Mit David Irving hat das Internationale PEN-Zentrum ihn ebenso überschritten wie Writers in prison mit Samina Malik.

14. August 2009, Hamburg
Anfahrt zum US-amerikanischen Generalkonsulat, Hamburg-Harvestehude, Alsterufer 27/28 – auf Einladung der Generalkonsulin Karen E. Johnson.

Wir haben uns kennengelernt durch eine Geste, die mich berührt hat. Bei der letzten, der elften Verleihung des Bertini-Preises am 27. Januar dieses Jahres im Ernst-Deutsch-Theater war sie es, die nach meiner Schlußrede die Standing Ovations eröffnet hatte. Daraus ergab sich eine Korrespondenz und der Wunsch, einander persönlich zu begegnen.

Und nun stehe ich vor diesem Monument hanseatischer Prachtarchitektur, früher ein hochherrschaftlicher Sitz, jetzt jedoch abgesichert wie einst das Zuchthaus Alcatraz auf der kleinen Felseninsel in der Bucht von San Francisco. Eine Festung, Doppelsperre, Polizei, Isolation. Seit dem 11. September 2001 ist die große Straße am Westufer der Außenalster gesperrt. Mittendrin, in leuchtendem Weiß, das *Consulate General* – Zeugnis einer friedlosen Welt. Und plötzlich erschrecke ich: Wer stellt die meistbedrohten Vertretungen dieser Erde? Die USA und – Israel …

Bevor ich an den Wachtposten vorbei hineingehe, trete ich noch einmal an das nahe Ufer, sehe über die weite Wasserfläche, bis hinüber zur Uhlenhorst, ein nasses Auge mitten in der Stadt, segelbetupft und windgekräuselt.

Was für eine Schönheit, Hamburg, bist du doch.

Karen E. Johnson ist eine kleine Frau mit klugen Augen, Texanerin. Längerer Aufenthalt in Österreich als Diplomatin hat sie mit der deutschen Sprache vertraut gemacht, ohne dialektale Färbung.

Nun löchere ich sie bei Kuchen und schwarzem Tee mit Fragen über die USA in Vergangenheit und Gegenwart, stoße dabei auf einen ungespielten Optimismus und selbstverständliche Identität mit dem eigenen Land. Dann nimmt sie mich vor.

Ja, Amerika, und damit meinte ich immer zuerst die Vereinigten Staaten. Es hat seit eh und je, von früh auf, eine Sonderrolle in meinem Leben gespielt. Wie oft habe ich als Fernsehautor und Publizist seine Außenpolitik kritisiert, ich fange gar nicht erst an zu zählen. Und dennoch strahlte es über allem – Amerika! Die große Hoffnung im Zweiten Weltkrieg, das Licht in unserer Finsternis. Gewiß, es war die Rote Armee, die die schmerzlichsten Verluste im Kampf gegen Hitlerdeutschland gebracht hat. Aber die materielle Basis, das stählerne Rückgrat des gigantischen Ringens war die gewaltige Waffenproduktion der Vereinigten Staaten. Danach brachten sie Deutschland die Demokratie.

Ich kann mir eine Welt ohne Amerika nicht vorstellen, ich empfinde es als unersetzbar, mit einem Gefühl großer innerer Verbundenheit und einem starken Vertrauen in die Festigkeit seiner Prinzipien. Dabei habe ich nie die konvulsivischen Zuckungen ignoriert, die bei der Verteidigung dieser Prinzipien sichtbar wurden, bis in den Grund getroffen durch die Morde an den beiden Kennedys und Martin Luther King und in lebenslangem Alarm vor der schwarzen Kraft, die sich dahinter auftat und von sich behauptet, ebenfalls »Amerika« zu sein.

Barack Obama, daran läßt die Generalkonsulin keinen Zweifel, ist ein neues Zeitalter, und das wird hier behandelt wie eine Selbstverständlichkeit.

Daneben, in gedämpfter Tonlage, die Erwartung, daß Enttäuschungen programmiert seien. »Aber der Status quo ante ist nicht wiederherzustellen.« Wenn ein Afroamerikaner Präsident der USA werden konnte, dann könnten Afroamerikaner alles werden. Das ist ein Verdikt.

Abschied: »Bis zum nächsten Bertini-Preis am 27. Januar 2010.«
Die Frau Konsulin Karen E. Johnson ließ eine zarte Verliebt-
heit in Hamburg durchblicken – kein Wunder bei dem Ausblick.

Nachdem ich die Sperrzone durchschritten hatte, trete ich ein
zweites Mal an das Ufer der Außenalster – und fühle mich als ein
Teil dieser Stadt. Mit einem Restposten unverblichener Erinnerungen. Aber das trennt mich heute nicht mehr von ihr. Daß sich
da etwas nicht vollständig glätten läßt, macht mir bewußt, wie
vieles in diesem langen Leben inzwischen schon geglättet worden ist. Darunter so manches, wovon ich glaubte, es ließe sich
niemals glätten.

Diesen Aufenthalt nehme ich wahr, noch einmal die Stätten
der Kindheit und Jugend aufzusuchen. Die Hufnerstraße, Topos
meiner ersten zwanzig Lebensjahre bis zur Ausbombung 1943;
die Sandkiste, Kindheitsparadies; Barmbek – Wiesendamm,
Stichkanal, Stadtpark, ein durchkultivierter Dschungel heute; der
Panther aus Stein, Ecke Alte Wöhr / Saarlandstraße, poröser geworden. Dann hin zur Alsterdorfer Straße 470, wo wir uns versteckt hielten und befreit wurden. Heute vor dem Kellereinstieg
ein Blumenstrauß! – Nicht von mir. Von wem? Wer hat die Blu-
men da hingelegt?
Ich weine.

Dann vor dem Johanneum in der Maria-Louisen-Straße, Win-
terhude – 1933–40. Die Sonne scheint, Bugenhagen im Schatten – *Scholae Johanneae Conditori cives Hamburgenses.* Die Fenster
über dem Portal werden gerade gestrichen.

Wieviel Angst, wieviel Kummer – damals. Und wieviel Ver-
trautheit, wieviel gute Bindung heute an meine alte Schule.
Ich weine.

Gestern mit Peggy Parnass im Peking-Enten-Haus gewesen.

Wie immer rackerte sie sich auch diesmal mit wonneverdreh-
ten Augen tüchtig ab an ihrem Vogel (der hier, wie es heißt, nach
einer sechshundertjährigen Tradition zelebriert wird, mit dünnen
Fladen und einer braunen Soße, die ich nicht mag).

Peggy kommt seit Unzeiten an diese Stätte, wo sie wie eine Mimose behandelt wird und jeder weiß, daß ihr mit Lychees zum Nachtisch eine zusätzliche Freude gemacht werden kann.

Da sie ihr Alter so notorisch wie kunstvoll verschweigt, will ich es bei der Feststellung belassen: Sie sieht heute nicht viel anders aus als damals, vor dreißig Jahren, als ich sie kennenlernte.

Und damit eine dramatische Lebensgeschichte.

Als jüdisches Kind mit dem Bruder noch rechtzeitig aus Nazideutschland erst nach Schweden, dann nach England entkommen, ohne Eltern, die dann in Auschwitz ermordet wurden wie die Verwandtschaft, von der lediglich die Schwester ihrer Mutter, Tante Flora, zurückkam – ist dieses Leben gezeichnet von seiner jüdischen Herkunft und ihren Folgen. Ein Familienmensch durch und durch, ist ihre Verbindung zu Bruder Gaddi und Schwägerin Shlomit in einem israelischen Kibbuz innig, wie es die zu der inzwischen verstorbenen Tante Flora und deren Mann Rudi war, ebenfalls Auschwitzüberlebender. In Peggys Fürsorge eingeschlossen der in Lüneburg lebende Sohn ...

Über dieser Biographie liegt etwas Dramatisches, schwer Faßbares. Wie alles, was mit Peggy zusammenhängt.

Sie tummelt sich im Hamburger Kulturleben wie ein Fisch im Wasser, und das mit einem Bekanntheitsgrad, von dem Politiker nur träumen können. Wenn Peggy eines hoffentlich noch fernen Tages nicht mehr sein wird – ihre Gerichtsreportagen, geschrieben mit einer gehörigen Portion Wut im Bauch auf die Bundesrepublik der »zweiten Schuld«, bleiben ein Teil deutscher Nachkriegsjournalistik. Peggys Zorn allerdings beschränkte sich nicht auf dieses Gebiet, sondern gehört zu ihrer Normalverfassung. Entsprechend furios muß ihr Liebesleben gewesen sein, woraus sie übrigens niemals ein Hehl gemacht hat, sondern es selbst einmal apostrophierte als »ständig am Rande des Wahnsinns«.

Was zu turbulenten Begegnungen geführt hat und den »Spiegel« zu dem Kommentar: »Es gibt kaum eine Figur des deutschen Journalismus, die sich so bockig allen Gepflogenheiten des Gewerbes widersetzt, die da lauten: Objektivität, Ausgewogenheit, Distanz.« Und die »Zeit« in vornehmer Bestätigung: »Sie legt los mit der ihr ureigenen Intensität und Heftigkeit, sammelt im Kopf alles zusammen, was sie ergattern kann, liebt, bewundert, begehrt und haßt … Natürlich ist sie wunderbar.«

Stimmt.

Stimmte sogar gestern, als sie sich genußvoll über die Peking-Ente hermachte, mit strubbeligem Haar und flackerndem Blick, in ihrer Rhetorik immer schwankend zwischen Entschiedenheit und Zärtlichkeit.

Daß ein Mensch anderer Meinung als sie zu sein wagt, kann sie bis heute nicht begreifen.

In Sachen Nahostkonflikt, zum Beispiel, sind wir es – ihr Standpunkt ist mir viel zu einseitig propalästinensisch. Weshalb wir denn auch dieses Thema kultiviert meiden.

Unserer Freundschaft hat das keinen Abbruch getan.

Und so habe ich sie dann gestern spät mit dem Taxi nach Hause geschafft, in die Lange Reihe, Hauptbahnhofnähe, wo sie in einem idyllischen Hof eine Eigentumswohnung hat, deren originelles Chaos jeder Beschreibung spottet, weshalb ich sie denn auch unterlassen werde. Und das in der Hoffnung, daß wir beide noch oft zusammenkommen werden und ich sie ein bißchen beschützen darf. Denn da liegt unter einer hochzerbrechlichen Oberfläche, einem dünnen Firn von Gefaßtheit, noch alles blank.

Ich jedenfalls kenne keinen Menschen, der verwundbarer wäre als Peggy Parnass, meine alte Freundin, das Hamburger Faktotum.

Falls sie diese Momentaufnahme je vor Augen kriegen sollte, hoffe ich auf ihre Zustimmung.

Denn darauf käme es mir sehr, sehr an.

16. August 2009, Köln

Das Biotop vor dem Haus, in dem ich nun seit einunddreißig Jahren lebe, ist in diesem Sommer dschungelartig explodiert. Das wilde Grün hält nicht nur den Teich fest umschlossen, sondern ist dabei, auch seinen Spiegel zu erobern. Und das trübt den Jagderfolg des Reihers, der in periodischen Abständen anzufliegen pflegt, um sich an den Goldfischen zu laben, ganz erheblich.

Ich sitze auf einer der Bänke und schaue dem Volk der Enten zu, die ihre stolzgeschwellte Brust, wohl um sich zu säubern, mit gelben Schnäbeln traktieren, und ergötze mich an ihrer niedlichen Watscheligkeit.

Ringsum eine Vegetation wie im Regenwald und ein Platz, eine Stunde, daß ich sagen könnte: »Das Leben ist schön.«

Aber dann lief mir am Rande des Wohnparks *Chawer* über den Weg (ursprünglich ein Wort, das ich vor langer Zeit mal unter jiddisch sprechenden Juden aufgeschnappt habe, das soviel wie »Gefährte«, »Kumpel«, »Kamerad« bedeutet und mir gefiel, wie das Jiddische überhaupt).

Nun ist Chawer der Name jenes kleinwüchsigen Mannes in meinem Alter, dem ich hier seit Jahrzehnten begegne, ohne viel mehr von ihm zu wissen, als daß er und seine Frau Überlebende des Holocausts und seit 1953 verheiratet sind.

Bei diesen Begegnungen hat er mir unzählige Male von der Errettung seiner Frau erzählt. Als Dreizehnjährige nach Auschwitz gekommen, war sie an der Rampe von den Eltern getrennt worden, wobei der Vater ihr eindringlich geraten hatte, ihr Alter auf sechzehn zu erhöhen. Was sie dann auch tat, flehentlich bittend, »ich möchte bei meinen Eltern bleiben«. »Vergebens«, so Chawer, »sie hat Vater und Mutter nie wiedergesehen.« Aber, wie er, überlebt. »Glück, Schicksal, Zufall?« Fragen an mich, ohne auf Antwort zu warten.

So geht es seit Ende der siebziger Jahre, immer wieder und ohne Variationen – ein Ritual. Bis in die achtziger Jahre des vorigen Jahrhunderts war er dann und wann noch begleitet von seiner Frau, die jedoch hinfälliger und hinfälliger wurde, bis sie gar nicht mehr auftauchte. Dennoch blieb ich über ihren Zustand weiter unterrichtet, denn neben der Errettungsgeschichte erfuhr ich zuverlässig den jeweiligen Stand ihres Siechtums. Immer aufs neue vergeblich bemüht, Chawer aufzumuntern, hatte ich im

Laufe der Zeit dann doch das vielleicht nicht ganz unverständliche Bedürfnis, ihm auszuweichen, wenn ich ihn von weitem kommen sah, konnte mich dazu aber nie durchringen. Wie *er* Auschwitz überlebt hatte, habe ich nie erfahren.

Heute nun schien er mir schon von weitem noch geschrumpfter als sonst. Ich blieb stehen, um ihm meine Aufmerksamkeit anzuzeigen. Dann, als er nahe genug herangekommen war, sagte er, tonlos, wie abwesend: »Meine Frau ist gestorben. Wir waren sechsundfünfzig Jahre zusammen.« Und dann kam etwas, das ich zunächst nicht glauben wollte: Chawer erzählte mir noch einmal, nun aber geradezu lebhaft und ausführlicher als sonst, die Geschichte von der Rampe in Auschwitz, wo ein dreizehnjähriges Mädchen, seine spätere Frau, gerettet wurde, weil es sich um drei Jahre älter gemacht hatte. Ich unterbrach ihn mit keinem Wort, obwohl ihm jeder Zeitsinn abhanden gekommen schien.

Schließlich vergaß er mich und ging davon – ein kleinwüchsiger Mann, dem man unschwer den Juden ansah.

Es war ein heißer Tag, einer der heißesten in meinem Leben. Aber nicht deshalb werde ich mich noch lange an den 16. August 2009 erinnern.

18. August 2009, Köln

Vor einigen Tagen, so steht es in den Zeitungen, ist auf der Ostsee-Insel Fehmarn im Gebüsch ein Großes Verdienstkreuz des Verdienstordens der Bundesrepublik Deutschland gefunden worden. Die Polizei sucht bisher vergebens nach dem Eigentümer der Auszeichnung, die mit Spange und Etui versehen war. Der Orden, so ein Sprecher, sei mit großer Wahrscheinlichkeit im Zuge einer Straftat, möglicherweise bei einem Einbruch, seinem Besitzer entwendet worden, ohne daß man wisse, wer der Täter sei.

Da gibt es jedoch Klügere, wie ich, der noch ziemlich frischgebackene Träger jenes Ordens, gerade einem Schreiben an mich entnehme, in dem es apodiktisch heißt, daß der aufgefundene Orden der meine sei, »was die dortige Polizei natürlich nicht wissen könne«. Wohl aber Ullrich Sch. aus Langenfeld, Absender jener Entlarvung, mit der nun zu Protokoll gegeben wird, daß mein Orden »endlich den Platz gefunden hat, an den er auch gehört«. So steht es da, handgeschrieben und mit dem Nachsatz: »Und das ist gut so.«

Der Mann hat mir übrigens in Sachen Orden schon einmal geschrieben, mit einer ähnlichen Mischung aus Aggression, Ironie und Neid.

Aber nun weiß die Welt endlich: Der Täter von Fehmarn bin ich.

Nach dieser Belehrung trete ich noch einmal vor das mir am 19. Juni 2009 verliehene Kreuz und stelle mit Erleichterung fest, daß sich kein Einbrecher daran vergangen hat.

26. August 2009, Köln

Felicia Langer – und kein Ende.

Anruf aus dem Bundespräsidialamt. Dort ist der Fehler längst erkannt. Doch am Status quo wird nichts geändert – die Verleihung wird nicht zurückgenommen. Ich bleibe bei meiner Kritik daran, aber auch bei meiner Entscheidung, den Orden zu behalten.

Das fällt nicht leicht angesichts der Tatsache, daß Arno S. Hamburger, Stadtrat und Erster Vorsitzender der Israelitischen Kultusgemeinde Nürnberg, sein ihm am 6. Mai 1980 verliehenes Bundesverdienstkreuz am Bande und das am 23. Juni 1989 erhaltene Verdienstkreuz Erster Klasse zurückgeschickt hat.

Es wäre geschwindelt, wenn ich so täte, als bliebe ich von Hamburgers Konsequenz unberührt oder von Henryk M. Broders kategorischem »Gib den Orden zurück!«. Keineswegs. Es ist eben nicht nur die Verleihung vom 16. Juli 2009 an eine wahrhaft Unwürdige wie die Israelfresserin Langer, es ist eben auch die frühe Phase der bundesdeutschen Ordensgeschichte, die jede Annahme problematisch machen muß.

Das nimmt der Herausgeber von »konkret«, Hermann L.

Gremliza, zum Anlaß, mich in einem offenen Brief unter dem Titel »Verdientes Kreuz« in der Nummer 9/2009 scharf anzugreifen. Und in der Tat, der Katalog von Trägern hoher Auszeichnungen, die er dabei auflistet, kann einem das Blut zu Kopf steigen lassen: Offiziere der »Legion Condor«, Zerstörer des baskischen Guernica im April 1937; Henker von Wehrdienstverweigerern; vom »Führer« ausgezeichnete Ritterkreuzträger; ehemalige SS-Hauptsturmführer als nun dekorierte Staatssekretäre; Leiter der IG-Farben-Filiale Auschwitz-Monowitz, Schauplatz der »Vernichtung durch Arbeit«; Mitglieder des »Freundeskreises Reichsführer SS Heinrich Himmler«; Arisierer; Professoren, die den Machtantritt Hitlers freudig begrüßt haben ... und so weiter und so fort. Eine Aufzählung, in der es so manchen gibt, der eher den Galgen verdient hätte als einen Orden aus den Händen der demokratischen Republik.

Es ist die Bundesrepublik der »zweiten Schuld«, der braune Epilog ihrer Legislaturperioden bis hinein in die siebziger Jahre, die untilgbare Schmach einer nahezu kollektiven Entstrafung der Täter im nationalen Konsens, die jeden, der Orden annimmt, bemakelt, unweigerlich. Auch mich.

Ich müßte aber einen großen Teil meines Lebens nach der Befreiung wegdenken, ausblenden, wenn ich so täte, als wenn diese Erfahrungen die einzigen wären, die ich gemacht hätte. Das sind sie aber nicht. Da hat vielmehr zwischen mir und »Deutschland« etwas stattgefunden, das nicht selbstverständlich war, nachdem ich es als Multiplikator durch und durch gebeutelt habe (und immer wieder durchbeuteln werde, wenn es nach meinen Kriterien erforderlich wird). Ich spreche von einer Amalgamierung mit Menschen, die ich hochachte und über deren Existenz ich glücklich bin – Deutsche. Die ein freiheitliches Leben wollen und dafür streiten – Deutsche. Bundesgenossen, die mir das Gefühl der Zugehörigkeit und der kämpferischen Bereitschaft vermitteln – Deutsche.

Deshalb habe ich den Orden angenommen.

Ich kann nicht aufhören zu wiederholen, daß ich immer alles

sagen, schreiben und veröffentlichen konnte, was ich sagen, schreiben und veröffentlichen wollte, obwohl es kaum regierungsfromm war; daß ich nie zensiert worden bin und nie die Schere im Kopf zu bedienen brauchte. Was nicht bedeutet, daß es nicht finstere Gegenbeispiele gegeben hat und gibt. Aber die Gegenwehr ist garantiert.

Deshalb habe ich die Auszeichnungen angenommen.

Ausgestattet mit meinen biographischen Vergleichsmöglichkeiten, kenne ich nicht nur den unmeßbaren Gegensatz zwischen einer noch so fehlerhaften Demokratie und dem Dritten Reich, sondern auch den geschichtlichen Unterschied zwischen den frühen und mittleren Etappen der Bundesrepublik und ihrer Gegenwart im 21. Jahrhundert.

In solcher Kenntnis habe ich die Auszeichnungen angenommen – auf Augenhöhe mit jedem, der daran Kritik übt.

Denn obwohl mir dieses schwierige Vaterland immer wieder die Kehle abschnürt, immer wieder, hänge ich an ihm ...

27. August 2009, Köln

»Komma«, das Magazin für christliche Kultur, und »Mut«, Forum für Kultur, Politik und Geschichte, haben ein ellenlanges Interview von mir mit dem israelischen Schriftsteller Chaim Noll gebracht. »Mut« unter dem Titel »Deutschland hat riesige Parallelgesellschaften« und »Komma« unter »Nicht die Moschee, der Islam ist das Problem«.

Das empfinde ich inzwischen allerdings als falsch. Genauer müßte es heißen: »Die Moschee – das Symptom, der Islam – das Problem«.

Da sind nicht nur Fragen über dieses Thema gestellt worden, sondern auch über meinen stalinistischen Irrtum und seine Überwindung, über mein Verhältnis zur DDR und zur alten Bundesrepublik, zur Wiedervereinigung, zu Israel, zum Antisemitismus in Deutschland und Europa. Aber Schwerpunkt ist – der Islam.

Ich lese darin noch einmal nach, was ich auf die Frage »Warum ist der Islam das Problem?« geantwortet habe:

Mein Kampf gegen den politischen und militanten Islam ist kein Bruch mit meiner biographischen Tradition, sondern ihre Fortsetzung. (…) An meinem Verhältnis zu Minderheiten, die bedroht sind, hat sich nichts geändert und wird sich nichts ändern. (…) es ist die Ehre der Nation, sich vor jeden von wem auch immer bedrohten Migranten zu stellen.

Es sind Araber selber, Muslime, die sagen, die Schwierigkeiten, die wir haben bei der Anpassung an die Moderne, liegen in unserer Religion. Das wagt kein Deutscher zu sagen. Selbst die, die kritisch sind gegenüber der schleichenden Islamisierung, wagen es nicht zu sagen. (…) Das traut sich keiner zu sagen, selbst die Kritiker, die sich an die empfindliche Frage herantasten. Zu sagen, nicht die Moschee, der Islam ist das Problem. Das ist das stärkste und größte Tabu von allen. Aber es berührt den Kern der Sache. Wir haben es zu tun mit dem Zusammenstoß zweier Kulturkreise, hier bei uns, im Herzen Europas, die beide in einem höchst unterschiedlichen Entwicklungsstadium sind. Was wird daraus?

Mir wird ganz schlecht, wenn ich das lese, nicht weil es falsch ist, sondern weil nur noch einmal bestätigt wird, wie notwendig Reformen für den Islam sind. Aber gibt es sie überhaupt, hinaus über marginale, periphere Indizien, die das Elend des Status quo nur um so sichtbarer machen?

Doch weshalb schere ich mich darum? Was ist da so spät in mein Leben getreten und wirft seine Schatten: Moscheen – Minarette – Migration – Integration – Islam? Warum erspare ich mir auf meine alten Tage nicht diese Auseinandersetzung als selbstgestellte Aufgabe? Wer zwingt mich dazu? Habe ich mir damit nicht das schwerste und undankbarste Thema aufgehalst, das sich in heutiger Zeit denken läßt? Aber aufhören, die demokratische Republik vor ihren Feinden zu schützen, ob deutschen, ob muslimischen?

Das geht nicht.

Da wollen mir Donner und Blitz im Namen Allahs das Dasein

verhageln, da nehmen die Drohungen ein Ausmaß an, daß es fast schon töricht ist, sich nicht in die Flucht schlagen zu lassen. Da handele ich mir wieder Magenschmerzen ein, nachdem sie so lange weg waren, und dazu das schlimmste von allen Prädikaten – »Ausländerfeind«. Aber mich mundtot machen lassen?

Das geht nicht.

Auch Ayşes und Bassams wegen geht es nicht.

28. August 2009, Köln

Die Gier nach Doktor- und Ehrendoktorwürden nimmt in Deutschland kuriose Formen an.

So ermittelt die Kölner Staatsanwaltschaft gegen etwa hundert Hochschullehrer, die gegen Geld Kandidaten als Doktoranden angenommen haben, mit insgesamt 315 dubiosen Promotionsverfahren. Zentrum ist das »Institut für Wissenschaftsberatung« in Bergisch Gladbach. Ein so erworbener Doktortitel kostet die Kunden zwischen 12000 und 30000 Euro. Bestechungsgelder.

Dabei wird aus dem Betrug kein Hehl gemacht. Das Internet ist voll von »Doktortiteln gegen Bezahlung«. Viele Angebote kommen aus den USA, darunter eine Organisation, die mich seit Jahren unverdrossen zum »Man of the year« machen will – gegen Zahlung von etlichen hundert Dollar. Und genau da liegt der Hund begraben, darum geht es, um *Money* und um nichts anderes. Die »Auszeichnung« »Mann des Jahres« ist wie die gekaufte »Ehrendoktorwürde« nur der Vorwand unter Ausnutzung der wohl in jedem Menschen schlummernden Eitelkeit und Geltungssucht. Daß ich meine Unterschrift seit Jahr und Tag verweigere, schreckt die rührigen Manager aus New York nicht ab. Sie haben mich als potentiellen Förderer ihres Lebensunterhalts nicht aufgegeben.

In Deutschland ist ein Jura-Professor der Universität Heidelberg bereits verurteilt worden – zu drei Jahren Haft. Das hat dem Ansturm allerdings keinen Abbruch getan – die Sucht zieht nach wie vor weite Kreise.

Kurt Tucholskys Kommentar zu der Affäre: »Ein Titel erspart dem Titelträger jede Tüchtigkeit.« Lapidarer geht's nicht.

Die Wahrheit ist allerdings – der »Dr.« bringt auch Reputation, und zwar nachhaltige. Ich weiß das, nachdem ich ganz ohne Bestechung im März 1990 den »Dr. phil. h. c.« von der Universität Kassel bekommen habe. Das schafft eine neue Atmosphäre, eine Art Habachtstellung des Gegenübers, und das bis hinein selbst in enge Beziehungen. Da kann man noch soviel konterkarieren, es nützt nichts. Wenn du Doktor bist, bist du mehr. Und das, fürchte ich, nicht nur in Deutschland. Aber hier ganz besonders.

Ich habe aus meiner Verleihung der Doktorwürde »honoris causa« kein Wesen gemacht. Erst zehn Jahre später, um die Jahrhundertwende, habe ich sie in den Briefkopf gesetzt. Und siehe da – es tat sich etwas, spürbar und bei Freund und Feind.

Seither rotten etliche hundert vorgedruckte, aber doktorlose Briefumschläge vor sich hin. Wenn überhaupt, werden sie nur an solche Adressen verschickt, bei denen es um rein gar nichts geht. Ich finde das ziemlich lächerlich, ohne jedoch die Praxis zu verändern.

Die ganze Geschichte erinnert mich an den »schönen Konsul Weyer«, der über Jahrzehnte hin, vielleicht sogar bis heute, Orden und Ehrenzeichen von der Hand dubiosester Herrscher aus allen möglichen Winkeln der Erde verkaufte und dabei Millionär wurde. Dahinter steckt bei den Empfängern immer das gleiche Motiv – Ehrsucht. Ein Bedürfnis, dem es egal ist, wie es befriedigt wird, und sei es erschwindelt. Hauptsache, das Potemkinsche Lametta schmückt die eigene Brust.

Ich gestehe, daß ich meinen »Dr. phil. h. c.« vor zwanzig Jahren mit einer gewissen Genugtuung entgegengenommen habe – späte Rache an denen, die mir in der Nazizeit den normalen Weg zum Doktortitel verbaut haben, indem sie mich 1940 zwangen, das Hamburger Johanneum zu verlassen. Daß ich dann auch ohne Abitur und Studium meinen Weg machte, kann ich den Verhinderern meiner akademischen Laufbahn von damals posthum nicht als Verdienst anrechnen.

Wohl aber an dieser Stelle noch einmal Dank an Professor Dietfrid Krause-Vilmar, meinen Doktorvater von der Gesamtuniversität Kassel!

31. August 2009, Köln

Am gestrigen Sonntag waren Landtagswahlen in Sachsen, Thüringen und im Saarland. Dazu Kommunalwahlen in Nordrhein-Westfalen.

Achtung! – Da tut sich was. Da verändert sich das Parteiengesicht der Bundesrepublik Deutschland.

Die CDU bleibt in allen drei Ländern zwar stärkste Kraft, hat aber im Saarland und in Thüringen dramatische Verluste erlitten. Die SPD, auf ihrem Tiefstand verharrend, öffnet sich für rot-rote Bündnisse auf Landtagsebene (ohne daß ich ihrem Schwur »auf Bundestagsebene nicht« Glauben schenken kann). Die »Linke« schließlich, gleichsam aus dem Schatten von Volkes Willen zur zweitstärksten Fraktion geworden, hat allen Grund zu jubeln. Ist sie doch dabei, die SPD langsam, aber stetig zu demontieren. Oskar Lafontaine – ihr Totengräber? Und in Sachsen ist die NPD, für mich die zeitgenössische Variante des Nationalsozialismus, mit 5,6 Prozent im Landtag.

Die Parteienlandschaft ist im Wandel, die alten Volksparteien sind nachhaltig geschwächt.

Ich bin alarmiert.

Irgendwo, ganz unten, grummelt es in mir, in meinem politischen Lebensgefühl. Da droht ein Status, den ich für felsenfest hielt, in Schwingungen zu geraten, droht eine Selbstverständlichkeit zu schwanken: die über alle Zweifel erhabene Standfestigkeit der demokratischen Republik!

Dieser Glaube ist mein Lebenselixier. Verlöre ich es, würden mich Urängste überwältigen. Dabei weiß ich, daß eine überhitzte Furcht unbegründet wäre, weiß ich auch, daß das ehemals deutsch besetzte Europa einen deutschen Sonderweg gar nicht zulassen, sondern ihn schon im Keim ersticken würde. Und weiß ich eigentlich ebenfalls, daß meine Ängste eine pathologische Note haben. Dennoch sind sie da, unter einem dünnen Firn und keineswegs völlig unbegründet: alle sechsundzwanzig Minuten eine rechtsextreme Straftat, alle acht Stunden ein neonazistischer Anschlag, die Gewalt im Vergleich zum Vorjahr um sechzehn Prozent gestiegen – so laut letztem Verfassungsschutzbericht. Gleichzeitig die Meldung, daß die finanziellen Mittel im Kampf gegen Rechtsextremismus, Rassismus und Antisemitismus durch die Folgen der Wirtschaftskrise knapper geworden sind. Mich schaudert es, wenn ich lese, daß es in Thüringen eine wohlorganisierte gewaltbereite Neonaziszene gibt, aber kein Landesprogramm dagegen. Und in Gera fand ein NPD-Rockfestival »Für Deutschland« statt – mit 4000 Zuhörern.

Ich fühle mich alarmiert.

Die Schmerzgrenze beginnt eben nicht erst dort, wo die Gefahr eines Machtantritts dieser Rechten akut wäre, sie wird viel früher schon überschritten bei dem Freiraum, der diesen potentiellen Zerstörern gewährt wird – im Namen der Demokratie. Da wird's mir angst und bange.

Gedanken eines gebrannten Kindes.

Postskriptum.

Ich habe ein schlechtes Gewissen – ich bin gestern bei den Kommunalwahlen in NRW zu Hause geblieben, ich habe nicht gewählt. Einfach weil ich nicht wußte, wo ich das Kreuz hinsetzen sollte.

Bis ins 21. Jahrhundert gewissenhafter SPD-Wähler, hat die Ära Schröder dieser Tradition ein Ende gesetzt. Der Grund: nicht Hartz IV, sondern Schröders Haltung zu Amerika, zum Golfkrieg, zu Migration / Integration und zum EU-Beitritt der Türkei.

Nun arbeitet ungewohnterweise etwas Unschlüssiges in mir, wird eine nervöse Erwartung sichtbar auf den 27. September, die Bundestagswahl.

Wie wird die in vier Wochen ausgehen?

Der »Spiegel« bringt die Krankengeschichte von Jürgen Leinemann, dem großen Journalisten und Kollegen. Ich bin erschüttert: jährlich vierhundert- bis vierhundertfünfzigtausend Krebserkrankte in Deutschland. Darunter waren meine beiden Frauen, Helga, 1984, und Röschen, 2002.

Ich bin sechsundachtzig geworden, habe also an die 30 000 Tage gelebt ohne den alles verändernden Befund.

Wie wäre es eigentlich, wenn ich erführe, daß ich Krebs hätte? Es wäre ein Donnerschlag, aber ich würde nicht das kleinste tun, um den Kampf dagegen aufzunehmen, nicht das geringste. Ich habe ein Leben gelebt, dessen Endlichkeit ohnehin von Tag zu Tag sichtbarer wird. Warum also eine Gegenkraft mobilisieren? Heißt das nun, daß ich des Lebens satt, daß ich seiner müde wäre? Davon kann keine Rede sein. Mein Zustand straft mein wahres Alter ohnehin Lügen. Dennoch würde ich bei einer tödlich ausgehenden Krankheit zu seiner Verlängerung nichts beitragen, ohne daß ich dadurch ein schlechtes Gewissen hätte. Wobei die Möglichkeit einer aktiven Sterbehilfe für mich allerdings etwas tief Beruhigendes an sich hat.

Einstweilen jedoch kann ich mir die Welt ohne mich nicht vorstellen.

Das jüdische »Bis 120!« allerdings möchte ich nun doch nicht voll ausreizen.

1. September 2009, Köln
Heute vor siebzig Jahren begann der Zweite Weltkrieg.

In der Woche wurde ich verhaftet, denunziert von einem gleichaltrigen Spielgefährten aus dem Nachbarhaus, mit dem ich groß geworden war und der mich nach Strich und Faden ausgehorcht hatte, ohne daß ich ihm gegenüber den geringsten Verdacht hatte. Über Eltern und Blockwart war das Erlauschte dann an die Gestapo weitergegeben worden, die nun zugriff. Und mich verhörte über all die staatsfeindlichen Äußerungen, die mir »die Sau von einer jiddischen Mamme« eingegeben habe.

Das ging über Tage und Nächte. Danach war nichts mehr so wie zuvor. Gut, daß ich nicht wußte, was noch kommen würde. Wie ich die folgenden fünfeinhalb Jahre überlebt habe? Ich weiß es nicht mehr. Ich weiß nur eines: Heute würde ich nicht ein Zehntel dessen durchstehen, was ich damals durchgestanden habe, nicht ein Zehntel.

In den Medien nichts als das Dritte Reich.

Darunter führend der »Spiegel« mit dem Titelthema »Der Krieg der Deutschen«, Untertitel: »1939: Als ein Volk die Welt überfiel«.

Das war Tacheles, war Bestätigung meiner alten These von der deutschen Kollektivschuld, vom »Spiegel« belohnt mit diesem Auszug aus meinem Leserbrief an der Spitze der Rubrik:

Ohne die führerbesoffene Mehrheit der damaligen Deutschen, sage ich als Augen- und Ohrenzeuge, wäre Hitler nichts als ein Semikolon am Rande der austro-bajuwarischen Grenzgeschichte geblieben. Natürlich ist die Kollektivschuld begrenzt auf beteiligte Generationen, mit fließenden Altersgrenzen und nicht übertragbar auf Nachfahren. Aber sie ist die allerfurchtbarste und allertraurigste Wahrheit in der Geschichte der Deutschen.

Nur ein Auszug, aber das Wesentliche.

Unheimliche Träume – mit Hitler.

Ich sitze irgendwo, er geht an mir vorbei, scheint mich nicht wahrgenommen zu haben. Ich erstarre bei dem Gedanken, er könnte wiederkommen. Da kehrt er auch schon zurück, ist aber, wie unheimlich, freundlich zu mir, sehr freundlich. Da reiße ich mich vor Entsetzen gewaltsam aus dem Schlaf. Und fürchte mich, wieder einzuschlafen. Tue es dann aber doch – und da erscheint Hitler zum zweiten Mal. Jetzt lasse ich es aber gar nicht erst dazu kommen, ob er freundlich zu mir ist oder nicht, sondern katapultiere mich aus dem Traum in die Wirklichkeit – schwer atmend, aber ohne Hitler.

7. September 2009, Köln
Alles, aber auch alles ist ausgerichtet auf »9 / 11/« – den 11. September 2001.

Im ZDF: das Ende des World Trade Centers und seiner Zwillingstürme, New Yorks modernes Architekturlogo. Diesmal aber nur Aufnahmen, die von Privatpersonen gemacht worden sind. Man hat schon viele Bilder davon gesehen, aber was hier gezeigt wird, ist das alle Vorstellungen sprengende Authentischste, was je der Nachwelt überliefert worden ist. Originalton, was die Menschen gesagt und gedacht haben, als sie sahen, wie verwundbar Amerika ist, wie die Twin Towers brannten und in sich zusammenfielen, samt allem, was darin am Leben war. Da wird unter denen, die da filmen, der Schrei nach Vergeltung, nach Rache laut. Ja, wie denn nicht? Auch in mir nichts als Wut auf die Täter, mehr aber noch auf ihre linken »Versteher« und Sympathisanten, die den Massenmord rechtfertigen mit dem Hinweis, es sei »denen doch soviel Gewalt angetan worden«. Womit sie nicht die Eingeklemmten, Zerquetschten und Zerfetzten unter den Trümmern von »Ground Zero« meinen, sondern ihre Mörder. Da spüre ich Haß in mir hochkommen, blanken Haß auf Leute, die auch diesmal mit einer Roheit sondergleichen nur wieder ihre totale innere Beziehungslosigkeit zur Welt der Opfer des islamischen Terrors offenbaren – die falsche Seite der Weltgeschichte.

Aber habe ich nicht selbst einmal auf ihr gestanden? Habe nicht auch ich zur »Internationale der Einäugigen« gehört, deren eine Fraktion auf dem rechten, die andere auf dem linken Auge blind ist und die beide, Brüder im totalitären Ungeist, mit ihren jeweiligen Vorzeichen in einem Teil der Erde bekämpfen, was sie in dem andern verteidigen?

Mag mein stalinistischer Irrtum über elf Jugendjahre hin auch seine biographisch verständlichen Wurzeln gehabt haben, mich schaudert's, daß auch ich einmal zu dieser »Internationale« gehört habe.

Je älter ich werde, desto weniger bin ich bereit, mir meine damalige politische Blindheit zu vergeben.

11. September 2009, Köln

Heute jährt sich der Anschlag von 2001 zum achten Mal – New York in einer Art Angststarre.

Das erinnert die Älteren von uns an ein Radiofeature von 1938: »Krieg der Welten«. Darin suggeriert der bis dahin unbekannte Autor eine Invasion der Marsmenschen auf der Erde so überzeugend, daß Millionen US-Bürger in Furcht und Schrecken versetzt wurden und das, was sie hörten, für Wirklichkeit hielten – Untergang der Zivilisation durch einen übermächtigen Feind, das Ende der gewohnten Welt, der Sieg des Bösen ... Die Folge – Chaos, Panik, Verzweiflung der New Yorker, die das Zentrum des Angriffs waren.

Um so heftiger dann die Reaktionen gegen den Mann, der sie so genial hinters Licht geführt und damit eine der großartigsten Karrieren des 20. Jahrhunderts mit unsterblichen Filmen wie »Citizen Kane« und »Der dritte Mann« gestartet hatte – Orson Welles.

Das geschah dreiundsechzig Jahre, bevor Al-Qaida uns, nun im Zeitalter des Fernsehens, lehrte, daß das Unvorstellbare Wirklichkeit werden kann, und das nicht durch Extraterrestrische, sondern durch die blutige Hand höchst Irdischer.

Durch Bundeswehrsoldaten getötete Zivilisten bringen die Frage des Rückzugs deutscher Truppen aus Afghanistan auf die Tagesordnung.

Wieso droht hier außer Sicht zu kommen, daß das Grundübel nicht die Intervention des Westens ist, sondern die haarsträubende Verfassung weiter Teile der islamischen Welt? Daß sich hier der Gegensatz zwischen ihr und der Moderne aus regionalen Ärgernissen längst zu einer Weltbedrohung ausgeweitet hat? Was gehen uns eigentlich Stammesquerelen an, mit denen sich schon Alexander der Große herumgeschlagen hat?

Natürlich befallen einen da eskapistische Gedanken, Fluchtüberlegungen wie »Laßt sie doch in ihrem eigenen Saft schmoren« und »Schluß damit, die Kastanien für andere aus dem Feuer zu holen«. Nur – was wäre mit der Atommacht Pakistan in den Händen der Taliban?

Das ist die beschissene Zwickmühle, in der sich der Westen befindet. Er kann dabei gar nichts anders als Fehler machen, und Schlimmeres. Aber ihn für die Wurzel des blutigen Dramas im Vorderen und Mittleren Orient bis zum Hindukusch zu halten, entspricht der selbstmörderischen Sicht einer linksintellektuellen Camorra, die grundsätzlich die falsche Seite der Weltgeschichte personifiziert.

12. September 2009, Köln
Ludwig Baumann hat gesiegt!

Eine gute, wenn auch längst überfällige Nachricht: Die deutschen Deserteure des Zweiten Weltkrieges sind durch den Deutschen Bundestag einstimmig rehabilitiert worden, die Urteile gegen sie aufgehoben. Man spricht von 20 000 Hingerichteten, bei einer noch weit höheren Dunkelziffer von bis zu 50 000.

Es ist der Erfolg Ludwig Baumanns, dieses unentwegten Kärrners für die Sache der Deserteure – ein jahrzehntelanger Kampf.

Nun also hat der Bundestag die Schandurteile gegen die sogenannten Kriegsverräter quittiert, Deutsche, die tatsächlich oder angeblich den damaligen Feind begünstigt haben sollen, darunter zahlreiche Zivilisten. Erfreulich, daß der Beschluß einstimmig gefaßt worden ist, nach einem bezeichnenderweise jahrelangen Streit um die Bewertung der damaligen Paragraphen 91b des Strafgesetzbuchs und 57 des Militärstrafgesetzbuches. Hemmklotz waren insbesondere CDU/CSU, mit der immer wieder zum Ausdruck kommenden Befürchtung, durch die Aufhebung sämtlicher Urteile ohne Prüfung der Einzelfälle bestünde die Gefahr, Widerstandskämpfer mit »simplen verbrecherischen Verrätern gleichzusetzen«.

In Wahrheit steckten dahinter die Reste einer Gesinnung, die ein halbes Jahrhundert lang der Legende vom »sauberen Waffenrock der Wehrmacht« angehangen und nun mit Schwierigkeiten zu kämpfen hatte, über den Schatten des eigenen reaktionären Ichs zu springen.

Motor des hartnäckigen Widerstandes gegen die Ehre der Widerständler war übrigens der CSU-Abgeordnete Norbert Geis. An den Ludwig Baumann und ich eine durchaus unrühmliche Erinnerung haben.

In einer von Gerd Ruge geleiteten ZDF-Sendung über das Thema äußerten sich Geis und ein Gesinnungsgenosse, der ihn an Diskriminierungsfähigkeit noch übertraf, so niederträchtig, ja haßerfüllt gegen Deserteure und KZ-Insassen, daß Ludwig Baumann und ich die Runde während des Gesprächs verließen. Richtig, wir standen auf und gingen weg – ein Eklat. Aber wir konnten, buchstäblich, mit diesen beiden nicht die gleiche Luft atmen.

Die Aufhebung der Urteile war eine schwere Geburt, nachdem der Bundestag 2002 schon einmal einen Anlauf unternommen hatte.

Jetzt hat die Justizministerin Zypries erklärt: Mit dem Bundestagsbeschluß werde die Ehre und Würde einer langvergessenen Gruppe von Opfern der NS-Justiz wiederhergestellt.

In Köln ist ihnen am Appellhofplatz ein würdiges Denkmal gesetzt worden – Ludwig Baumann hat gesiegt.

Aber die Blutrichter und -ankläger von damals auch. Sie sind, wie ihre Tausende und Abertausende Mittäter, straffrei davongekommen.

13. September 2009, Frankfurt am Main
Auf der Fahrt von Hamburg nach Frankfurt, eingeladen zur Patenschaftsgala »One Night for Children« von der Women's International Zionist Organisation (WIZO) …

Das dauert kaum mehr als dreieinhalb Stunden, und man hat ein großes Stück Bundesrepublik durchquert, Niedersachsens und Hessens wunderschöne Landschaften, von Nord nach Süd, auf der ICE-Renntrasse Hamburg–Hannover–Kassel–Frankfurt.

Plötzlich wurde mir ganz zärtlich ums Herz bei dem Gedanken: Wie klein ist unser Land doch, dieses wiedervereinigte Deutschland, wie winzig, gemessen an den Dimensionen anderer Staaten. Was sind wir schon gegen Schwergewichte wie Rußland, China, USA, Indien – Köln–Berlin, kaum mehr als fünf Stunden! Ein Zwerg, wenn es um die Geographie geht. Da wird mir ganz warm im Bauch, da will mir dieses kleine Ländle, doch ein Wirtschaftsriese, dennoch arg schutzlos vorkommen, ein David nur, geradezu nackt vor all den geharnischten Goliaths. Den Winzling will ich umarmen und vor Unbilden bewahren – klein, aber mein.

Das war's, was mir heute auf der Fahrt von Hamburg nach Frankfurt so durch den Kopf ging.

Abends dann im Hilton »One Night for Children«, Ehrengast bei der alljährlichen Großaktion der jüdischen Frauenorganisation WIZO, um darbenden Kindern zu helfen durch die Übernahme von Patenschaften, besonders für Kinder in Israel. Ansprachen werden gehalten, darunter von der Gattin des verstorbenen Altbundespräsidenten Johannes Rau. Auch ich werde aufgefordert, etwas zu sagen, was ich dann auch tue. Mit der beruhigenden Einleitung, dies werde eine der kürzesten Reden meines Lebens, spätestens um Mitternacht würde sie enden – jetzt sei es gegen acht Uhr. Dann ließ ich der Suada ihren Lauf. Mit dem Bekenntnis, daß ich gern gekommen sei, allein schon deshalb, weil hier Frauen in der Überzahl seien, ich hätte nachgezählt, und daß mir das einfach guttue. Hätte ich mich doch immer unter ihnen wohl gefühlt, von der Mutterbrust an bis in die Gegenwart. Froh, daß es in Deutschland wieder eine lebensfähige jüdische Gemeinschaft gebe, leider aber auch so manches, was beunruhigen könne. Darunter eine rührige Neonaziszene mit einer ideologischen Verbreitung weit hinaus über die Mikroziffern von Kommunal- und Landtagswahlen. Was einem das Leben nicht verderben solle, aber die Wachsamkeit auch nicht schmälern.

Das ging so an die zehn Minuten.

133

Als ich dann in meinem Hiltonbett lag, dachte ich: Wird einmal eine Zeit kommen und werde ich dann noch leben, wo man solche Warnrufe nicht mehr abzugeben braucht? Bin dann eingeschlafen, ohne die Frage beantwortet zu haben. Wieder wach geworden, tat ich es doch:

Nein, diese Zeit werde ich nicht mehr erleben.

14. September 2009, Köln
Der gestrige Sonntag ist mir gründlich verdorben worden.

Bei REWE, dem Supermarkt in der Nähe, durchstöbern ein Mann und eine Frau mittleren Alters den Abfallbehälter vor dem geschlossenen Eingang. Sie haben einen Schirm aufgespannt und auf die Spitze gestellt, wo hinein sie nun, wie ich erkennen kann, ohne ihnen allzu nahe zu kommen, Eßbares tun – zermatschtes Obst, Flaschen mit Flüssigkeitsresten, angeschimmeltes Brot, zerbröckelten Kuchen, angeschnittene Kohlköpfe.

Die beiden sind so intensiv beschäftigt, daß sie mich gar nicht wahrgenommen haben. Ständig murmelnd, suchen sie weiter.

Ich möchte etwas sagen, weiß aber nicht, was, und bleibe stumm. Will sprechen, aber jedes Wort wäre falsch.

Das Unaufhaltbare kommt später durch, zu Hause, Selbstanklage, mit Getöse: Szenen wie diese nicht verhindert zu haben, macht die ganze Lebensanstrengung hinfällig, umsonst, fraglich.

Stummheit, jäh.

Schwere Krawalle in Hamburg.

Ausschreitungen einer NPD-Veranstaltung in der Nacht zum Sonnabend und im Anschluß an ein linksalternatives Straßenfest. Am frühen Sonntagmorgen dann zerstörte Autos und zerbrochene Schaufenster. Barrikaden wurden errichtet und Feuer gelegt, Hunderte festgenommen und über sechzig verletzt. Da wird ein enormes Gewaltpotential am Rande der Gesellschaft sichtbar. Es wurde mit Flaschen geworfen, eine Polizeistation angegriffen und vorbeifahrende Autos mit Steinwürfen bedacht.

Wenn ich das so lese, höre und sehe, dann ist es, als wäre ich selbst angetastet worden.

Das ist nicht »mein Hamburg«. Und ist es doch. Was mache ich mir da vor?

In München hat ein Geschäftsmann vor zwei Tagen seine Zivilcourage mit dem Leben bezahlen müssen – Dominik Brunner.

Zwei junge Männer, siebzehn und achtzehn Jahre, haben ihn auf dem S-Bahnhof Solln nahe der Theresienwiese zu Tode geprügelt. Der Fünfzigjährige hatte sich schützend vor eine Gruppe von Kindern gestellt, vier eingeschüchterten Jungen und Mädchen, von denen die Täter lautstark Geld erpressen wollten. Das ging schon während der Fahrt los und setzte sich auf dem Bahnsteig fort. Dort schlugen die beiden Jugendlichen auf Brunner ein, brachten ihn zu Fall und traktierten ihn mit Tritten, bis er kein Lebenszeichen mehr von sich gab. Die notärztliche Hilfe kam zu spät, Dominik Brunner starb wenig später im Krankenhaus. Zwei Dutzend Passanten sollen Zeugen des Verbrechens gewesen sein, ohne auf die Hilferufe reagiert und eingegriffen zu haben.

Die Täter waren schon früher strafrechtlich aufgefallen wegen schwerer räuberischer Erpressung, Körperverletzung und Diebstahls. Für sie gilt das Jugendstrafrecht, das als Höchststrafe zehn Jahre Haft vorsieht.

Die Nation ist geschockt, wieder mal, und eine Gewalttat hat sich zum Herrn der Straße ausgerufen, wieder mal. Das Kodewort: Mangel an Zivilcourage.

Was heißt das eigentlich?

Es läuft immer nach dem gleichen Muster ab. Da wird jemand öffentlich attackiert, geschlagen, getreten, mißhandelt, am hellichten Tag, unter offenem Himmel und mitten unter Menschen, die das sehen und hören, aber so tun, als würden sie es nicht sehen und hören.

Nun glaube ich nicht, daß die Deutschen von heute so verkommen sind, daß sie dem Opfer nicht helfen wollen. Sie wollen es durchaus, tun es aber nicht. Warum nicht? Weil sie fürchten, dann das zweite Opfer zu werden. *Und sie fürchten es ganz zu Recht, können sie sich doch auf die Solidarität ihrer Mitpassanten nicht verlassen!* Was das eigentlich Schrecklichste dieses Schreckensszenarios ist.

Denn wenn die Gewalttäter fürchten müßten, daß, sobald sie sich mausig machen, die Rollen vertauscht und sie durch die vereinten Passanten aus Angreifern zu Angegriffenen würden, sähe es schon ganz anders aus. Das aber setzte ein gesellschaftliches Klima voraus, das es bei uns nicht oder noch nicht gibt und das den Gewalttätern überhaupt erst ihr schauerliches Treiben möglich macht.

Jetzt kommt heraus, daß einer der jugendlichen Täter sechs Tage vor dem tödlichen Angriff auf Dominik Brunner einen Rentner brutal geschlagen hatte, um ihn auszurauben.

So, wie die Dinge liegen, ist der deutsche Alltag von innen her nicht sicher. Drei Dinge müßten zusammenkommen: erhöhte Eingriffsbereitschaft der Gesellschaft im konkreten Fall, stärkere Polizeipräsenz und eine Justiz, die weniger nachsichtig ist als bisher.

Jetzt soll Dominik Brunner die höchste Auszeichnung verliehen bekommen, den Bayerischen Verdienstorden.

Makaber, sehr makaber.

Noch ein persönliches Wort zur Gewalt auf deutschen Straßen.

Natürlich sind die Bedenkenträger vom Dienst auch diesmal wieder pünktlich zur Stelle, fahnden sie nach mildernden Umständen, und das rosenkranzartig mit der ewig gleichen Leier, doch bitte zu bedenken, daß den jugendlichen Straftätern in der Kindheit beim Säugen vielleicht die falsche Brust gereicht worden sei, gefolgt von anderen Unzumutbarkeiten während der Pubertät …

Schluß damit! Jugendarrest und Jugendstrafvollzug dürfen nicht nur unter dem Vorzeichen von Erziehungsmöglichkeiten stehen, sondern primär auch unter dem des Schutzes der Allgemeinheit.

Ich sage das als einer, der einmal mit sechzehn, 1939, und einmal mit einundzwanzig Jahren, 1944, so viel Gewalt am eigenen Leib verspüren mußte, daß ich keinerlei Mitgefühl für solche Täter empfinde, und seien sie noch so jung. Ich bin wie ein Hund durchgeprügelt worden, bis an eine Grenze, an der ich nur noch einen Wunsch hatte: ungeboren zu sein. Von mir können die Schläger auf deutschen Straßen keinerlei Verständnis erwarten. Ich stehe auf seiten der Angegriffenen, der Opfer, und plädiere für die Höchststrafe!

Kein Land hat soviel Anlaß, sich um die körperliche Unangreifbarkeit seiner Bürgerinnen und Bürger zu sorgen, wie Deutschland nach allem, was hier geschehen ist, kein Land soviel Motive, hart aufzutreten. Nach Auschwitz hat die körperliche Gewalt auf deutschen Straßen oder in deutschen Häusern das Delikt Nr. 1 zu sein.

Ich entkam den Totschlägern, Dominik Brunner nicht. Der Mord an ihm hat mich an die dunkelsten Stunden meines Lebens erinnert.

Der 12. September 2009 ist ein schwarzer Tag für mich.

15. September 2009, Köln
Einen Monat vor der Frankfurter Buchmesse weht von dort kompromißlerisches Ungemach herüber.

Gastland der Messe 2009 ist China, aus dem zuvor schon einmal eine Ehrengastdelegation zum »Symposium: China und die Welt – Wahrnehmung und Wirklichkeit« angereist ist. Sich sogleich aber wieder maulend zurückgezogen hat, weil von der Messeleitung zu dem Symposium auch die chinesische Umweltaktivistin Dai Quing und der kritische Schriftsteller Bei Ling eingeladen waren. Beiden war zunächst dann von Juergen Boos, sozusagen dem Chefgeist der Messe, empfohlen worden, doch lieber erst im Oktober, also zur Messe selbst, aufzukreuzen. Das taten sie aber nicht, und als sie dann, für die nicht informierte Ehrengastdelegation überraschend, auftraten und Dai Qing das Wort ergriff, verließ ein Großteil der offiziellen Delegation den Raum.

Und der Eklat war da!

Nach einer Pause entschuldigte sich der Buchmessedirektor bei den chinesischen Diplomaten für die mangelnde Kommunikation, worauf die chinesische Delegation zurückkehrte. Womit der Fall aber nicht vom Tisch war – der deutschen Hasenherzigkeit, den beiden Dissidenten eine Verschiebung ihrer Anwesenheit zugemutet zu haben, folgte ein Aufschrei: Dai Qing ist in China mit Publikationsverbot belegt, während Bei Ling in die USA abgeschoben worden ist. Der ehemalige Botschafter in Deutschland, Mei Zhaorong, sprach immer nur von »dieser Frau« und von »diesem Mann«, als ekle es ihn, sie mit Namen zu individualisieren. Keineswegs, so tönte er, sprächen die beiden für 1,3 Milliarden Chinesen. Darf man da, halten zu Gnaden, ganz höflich zurückfragen, ob der ehemalige Botschafter und seine Claqueure das tun?

Die Grundfrage war gestellt: Sollte China unter Mißbrauch des Ehrengastrechts bestimmen können, welche Personen auf einer in Deutschland stattfindenden Konferenz zu hören waren oder nicht?

Die Antwort gab die Frankfurter Oberbürgermeisterin Petra Roth in ihrer Eröffnungsrede, couragiert und entschlossen: »Ich sage Ihnen: Das interessiert mich nicht, was die gerne sehen oder nicht sehen!«

Vorher hatte Dai Qing den Einspruch der Delegation »Beschneidung der Redefreiheit«, »Mißbrauch der öffentlichen Gewalt« und »Mißachtung der Grundrechte« genannt.

Bravo! Oder soll es etwa so gehen: »Der Westen bitte zum Diktat?«

Der kritische Moment war nach dem Wiedereinzug der chinesischen Delegation zu dem Symposium erreicht, als der ehemalige Botschafter unter dem Applaus der offiziell geladenen Besucher erklärte: »Ich habe große Achtung vor Deutschland. Aber ich muß feststellen, daß man hier von Demokratie spricht, aber in der Praxis eigentlich diktiert.«

Ein ungeheuerlicher Satz! Müssen sich die Deutschen von heute das aus dem Munde eines Vertreters der chinesischen Diktatur gefallen lassen?

Damit hatte die Erregung, die sich durch die Feigheit der deutschen und die Unverschämtheit der chinesischen Seite über mehrere Tage hinzog, ihren Höhepunkt erreicht.

Aber wie schön, daß Bei Ling und Dai Qing dann im Mittelpunkt des Interesses standen. Die Sprecher des heutigen China werden sich wohl angewöhnen müssen, künftig immer häufiger mit nichteuphemistischen Beschreibungen des chinesischen Systems konfrontiert zu werden.

Am Anfang aller Betrachtungen über das »Gastland China« hat gefälligst der Katalog verbotener Literatur zu stehen, der verbotenen Sachbücher und Romane, sowie die Stimmen von chinesischen Exilschriftstellern. Statt dessen kriegt die real existierende Diktatur China die Möglichkeit, das Symposium zu einer Propagandaveranstaltung zu machen und den Aufstieg der Wirtschaft als große staatliche Leistung zu verkaufen. Peinlich nur, daß gleichzeitig Dissidenten auftauchen, die krankenhausreif geschlagen wurden, wie Ai Weiwei, der erklärte: »China ist ein gefährliches Land.«

Lebensgefährlich …

Bin gespannt, was sich auf der Buchmesse tun wird.

Erst einmal aber war es gut, ihren geistigen Mindeststandard im Vorgeplänkel verteidigt zu haben, das freie Wort gegenüber autoritären und totalitären Pressionen, und zwar unverblümt und konsequent. Da gibt es kein Lavieren, keine Gratwanderung, sondern nur eine Haltung: sich nichts, aber auch gar nichts gefallen lassen von den Vertretern staatlicher Zensur, gleich, woher sie kommen.

Ich war zehnmal auf der Frankfurter Buchmesse, mit zehn verschiedenen Büchern, wenn ich richtig gezählt habe. Und werde nie ein Erlebnis beim ersten Besuch vergessen, der Messe von 1982.

»Die Bertinis« waren gerade herausgekommen, und die Verleger aus Dänemark, Norwegen, Schweden und Finnland wollten den Autor kennenlernen.

Die Messe hat einen kolossalen Eindruck auf mich gemacht, nachdem ich (einmal und nie wieder!) alle Hallen durchschritten hatte, erhoben und erschlagen von dem Anblick Hunderttausender von Büchern aus aller Welt und förmlich überfallen von dem Gedanken: Man muß von der Notwendigkeit des eigenen Buches schon sehr überzeugt sein, um diesem gedruckten Gebirge noch einen Stein hinzuzufügen.

Es wurde eine sehr angenehme Zusammenkunft – mit einer großen inneren Freude: wunderbar, großartig, überwältigend, daß diese Verleger aus Skandinavien keine Zensur kannten, daß sie niemanden zu fragen brauchten, ob sie etwas veröffentlichen dürften oder nicht, daß sie und nur sie darüber zu entscheiden hatten.

Diese Eingebung, in der ganzen Herrlichkeit des freien Wortes, hat mich in jenem Oktober 1982 tief beglückt, aber auch verstört. Einfach durch die Frage: Wie viele Länder der Erde genießen denn diese Freiheit? Wie viele Schriftsteller, Publizisten, Regisseure, Filmautoren leben und arbeiten denn in ihr, mit ihr? Kann man sie nicht an den zehn Fingern unserer Hände abzählen?

In dieser Stunde wurde mir abermals bewußt, auf welche Weise die demokratische Republik mich privilegiert und was ich ihr zu verdanken habe.

Und daß ich mein Herzblut gäbe, diese Freiheit zu verteidigen, jetzt und immer, solange ich lebe.

18. September 2009, Frankfurt am Main

Die Israelitische Kultusgemeinde München und Oberbayern hatte mich zur gestrigen Rosch-ha-Schana-Feier geladen, dem jüdischen Neujahrsfest 5770, im Gemeindezentrum der Isarstadt.

Nachdem Charlotte Knobloch, die Präsidentin des Zentralrats der Juden in Deutschland, gesprochen hatte, war ich mit meiner Rede »Deutschland – Israel – Holocaust – Eine Zwischenbilanz« an der Reihe. Darin ging ich ein auf die Frage: Deutscher Jude – jüdischer Deutscher – Jude in Deutschland? Es gab ein festliches Rahmenprogramm, mit Tänzen, Gesang und dem Anblick eines filigranen, ätherischen Wesens, der Choreographin.

Unheimlich die Sicherheitsmaßnahmen – das Zentrum ist wie eine Festung abgeschirmt, die Autozufahrt mit versenkbaren Steinpollern ausgestattet, eine fast gefängnishafte Atmosphäre.

Da will es in einem schreien: »Wo sind wir eigentlich?!«

Wir sind an der Stelle, wo 2002, zum Richtfest des Gebäudekomplexes, ein von Rechtsextremisten geplantes Sprengstoffattentat im letzten Augenblick durch polizeilichen Zugriff verhindert werden konnte. Ein gelungener Anschlag hätte so ungefähr Münchens gesamte Honoratiorenschaft, dazu die führenden Mitglieder dieser nach Berlin zweitgrößten jüdischen Gemeinde Deutschlands sowie die Spitze des Zentralrats der Juden pulverisiert.

Ich habe bis Mitternacht ausgehalten und gedacht: Hier entsteht eine ganz andere jüdische Gemeinschaft als alles, was vorher war – und Juden aus Rußland werden ihre Geschichte bestimmen. Jeder weiß, daß das »Kalamitäten« mit sich bringt, um es vorsichtig auszudrücken, Streitigkeiten, von denen die Gemeinden gezeichnet sind. Ich selber, Mitglied der Jüdischen Gemeinde Hamburg, kriege davon eine ganze Menge mit.

Aber mit »den Russen« ist auch eine hinreißende Kraft dazugekommen, hier in Gestalt einer Kapelle – Pianist, Trompeter, Geiger, Sänger, Tänzer –, die das Haus in seinen Grundfesten erschüttert, von »Hava Nagila« bis zum »Girl from Ipanema«. Stundenlang, ohne auch nur eine Sekunde zu erlahmen.

Wäre dieser Zustrom nicht gekommen, wäre die jüdische Gemeinschaft in Deutschland noch in der ersten Hälfte des 21. Jahrhunderts buchstäblich ausgetrocknet – und Deutschland »judenfrei« gewesen, Hitlers Ziel.

Beide Erlebnisse, WIZO in Frankfurt und nun das jüdische Neujahr in München, haben mich optimistischer gemacht. Dazu habe ich im Bayerischen Hof gastiert, ein nostalgischer Aufenthalt mit (messing-)vergoldeten Wasserhähnen und einer altmodischen, weil freistehenden Badewanne, ein Anblick, der mich entzückt.

Rachel Salamander, liebe Freundin und Kulturinstitution, war auch da und sorgte für mein kulinarisches Wohl, während Charlotte Knobloch einen erschöpften Eindruck machte. Ich schätze diese Frau und fürchte, daß sie in ihrem Amt mancher Zumutung ausgesetzt ist.

Auf die Frage in meiner Rede: Deutscher Jude – jüdischer Deutscher – Jude in Deutschland? habe ich mich übrigens eindeutig und von den Wurzeln an als »deutscher Jude« definiert. Aber damit bin ich nun wirklich einer der letzten. Es wird lange dauern, bis Juden in Deutschland wieder *deutsche Juden* sein werden, sehr lange, so an die drei Generationen.

Zum Bahnhof.

Ich kann nicht sagen, daß ich ein inniges Verhältnis zu München habe, dazu war ich nicht oft genug hier. Aber auch diesmal bestätigt sich der Eindruck des Regional-Imperialen, anders als Berlin mit seinen preußischen Prägungen. Hier mischt sich etwas Provinzielles hinzu, was den architektonischen Höhenflug des Maximilianeums angenehm irdisch macht.

Auf dem Wege mit dem Taxi zum Hauptbahnhof dann doch unheimliche Assoziationen – München, Hitlers »Hauptstadt der Bewegung«, die Feldherrnhalle. Ich möchte, kann aber die Gedanken daran nicht unterdrücken.

24. September 2009, Hamburg
Erstes Alumni-Dinner der Ehemaligen aus Anlaß des 480. Jubiläums der Gelehrtenschule des Johanneums in Hamburg-Winterhudes Maria-Louisen-Straße.

Eingeladen hatte der »Verein ehemaliger Schüler des Johanneums zu Hamburg e. V.« (daß es nicht heißt »und Schülerinnen« ist keine Mißachtung, sondern hängt damit zusammen, daß es noch keine weiblichen Ehemaligen geben kann. Haben Mädchen doch erst seit den siebziger Jahren Zugang zum Johanneum, so daß es mit der Ergänzung »und Schülerinnen« noch eine Weile dauern wird).

Zunächst gab es ein illustres Menü – Bauernsalat mit Feta-Käse, Acetarium Rusticum, Lachs, Roastbeef, Salmo muria condita oder Juvenci caro assata, schließlich Lac coaculatum Graecum – man befindet sich hier auf dem Boden antiker Kulturbeziehungen.

Höhepunkt des Abends: ein Vortrag von Dr. habil. Raoul Schrott, vergleichender Literaturwissenschaftler und Romancier, vieldiskutierter Neuübersetzer der »Ilias«, ein Mann, der sich permanent mit der gesamten Zunft der Gräzisten und Orientalisten unserer Zeit anlegt, weil er den Epiker Homer zum assyrischen Hofdichter erklärt und das antike Troja nach Kilikien verlegt hat ...

Starke Unruhe unter den etwa hundertfünfzig Ehemaligen, als Schrott dazu noch in einem Gewirr von Gesichertem und Mutmaßungen die »Ilias«, Homers trojanisches Kriegsepos, herunterstufte zur Kompilation, also Abschrift älterer Historien. Nachdenkenswert allerdings schon die textlichen Übereinstimmungen von der »Ilias« und dem mesopotamischen Gilgamesch-Epos.

Und so blieb es denn im Auditorium bei einem Gemisch aus Ablehnung, skeptischer Neugierde und Bewunderung. Raoul Schrott, von ungeheurer Eloquenz und überbordender Rhetorik, focht weder das eine noch das andere an. Ohne Manuskript oder auch nur ein aufgeschriebenes Wort, alles aus dem Stegreif, hielt

143

er mit unerschöpflichem Atem anderthalb Stunden durch – eine große Leistung.

Aber daß der Redner mich nun überzeugt hätte, das kann ich beim besten Willen nicht behaupten. Mit diesem ins Assyrische entrückten und dazu noch blinden Homer, der außerdem nicht um die erste Jahrtausendwende, sondern um 600 vor unserer Zeitrechnung gelebt haben soll, mit dem konnte ich nun gar nichts anfangen.

Für mich war es, wie jede Begegnung mit dem Johanneum, dennoch ein bewegendes Ereignis. Wenn ich daran denke, wie ich zwischen 1933 und 1940 durch diese Flure und Räume geschlichen bin und was sich gewandelt hat seither. Es hat mir gutgetan, daß Schuldirektor Uwe Reimer mich bei der Begrüßung namentlich erwähnte.

Ich wartete die Diskussion nicht ab, war von Köln gekommen, und die Reise begann mich anzustrengen. Durch das große Portal über den Innenhof in die dunkle, schon etwas kühle Septembernacht.

Mir plastisch vor Augen dabei wie gestern der Abschied vom Johanneum, März 1940, als Obersekundaner mit Schimpf von der Schule verwiesen. Ich ging damals die Maria-Louisen-Straße hinunter, und als ich einbog in die Dorotheenstraße, klappte ich zusammen, mit einem ungeheuren Schmerz im Magen, Ursprung und Beginn eines jahrzehntelang währenden Übels, mit Ausläufern bis in die Gegenwart.

Passanten kamen damals und halfen mir auf. Ob sie das auch getan hätten, wenn sie gewußt hätten, wer ich war?

Nun warte ich auf ein Taxi, hinter mir der kolossale Bau, den ich wieder »meine Schule« nenne. Was für eine Geschichte.

Und abermals kein Ende des Staunens, wie lange ich schon lebe.

27. September 2009, Köln
Wahl zum 17. Deutschen Bundestag.

Ich habe heute keine Partei gewählt, sondern Angela Merkel.

Das Ergebnis – eine wenn auch knappe Mehrheit für Schwarz-gelb. Und das nun auch mit meiner Stimme.

Da endet eine Ära.

Ich war fast über die ganze Geschichte der Bundesrepublik hin SPD-Wähler gewesen, eine Tradition von meinem Großvater mütterlicherseits her. Der Wandel hat sich in der Ägide Gerhard Schröder vollzogen. Ich konnte seine Politik im zweiten Golf-krieg nicht mitmachen, diesen dubiosen Pazifismus, überhaupt seine schroffe Haltung gegenüber Amerika, und sei es das von George W. Bush. Auch stand ich quer zu ihm in Sachen Migration und Integration, vor allem aber bei der Frage des Beitritts der Türkei zur EU – nach Schröder war sie schon so gut wie Voll-mitglied. Schließlich unvergessen, wie er sich bei der Abwahl 2005 vor laufender Kamera als realitätsferner Verlierer gebärdet hatte. All das hatte die Distanz zur SPD mehr und mehr verstärkt, ein Bild, an dem auch die vier Jahre der großen Koalition nichts ändern konnten. Dagegen war es offensichtlich, daß Angela Mer-kel in ihrem Amt gewachsen war, mit einer erstaunlichen, auch äußerlich zu erkennenden Reife der Persönlichkeit. Für mich aus-schlaggebend – ihre Haltung zu Israel.

Ein hundertprozentiger Schulterschluß ist das Kreuz aber nicht, sowenig wie eine Präzedenz künftiger Wahlentscheidun-gen. Neben meinen Sympathien für die Kanzlerin werden meine Antipathien gegen die »Linke« dabei eine große Rolle spielen. Diesem neu auftretenden Politfaktor bringe ich die allergrößte Skepsis entgegen, mit höchst beunruhigten Gefühlen. Gibt es mir da doch zu viele Leute, die, wenn sie könnten, wie sie wollten, der Bundesrepublik Trabbi- und Mauertendenzen eingeben wür-den. Ich bin gespannt, wann die SPD ihr Versprechen, auf Bun-desebene mit der »Linken« nicht zu koalieren, brechen wird.

Das alte Parteiengebäude wankt also, das hat die Wahl noch einmal überzeugend ans Licht gebracht, von den beiden Volksparteien ist nicht viel übriggeblieben, von der SPD schon gar nicht mit ihrem Wenig-über-zwanzig-Prozent-Niveau. Aber auch CDU/CSU mußten Federn lassen. Ein instabiles Element hat Platz gegriffen, die Farbskala des Bundestages ist bunter geworden, aber heller nicht.

Daß die Rechtsaußen glücklos geblieben sind, habe ich natürlich mit großer Freude registriert. Wie es mir überhaupt durch den Kopf schoß: Welch zivilisierter Machtwechsel, gemessen an den Machtwechseln fast überall auf der Welt. Wenigstens das.

Dennoch bleiben Beunruhigungen – mit 71,5 Prozent war die Wahlbeteiligung die niedrigste seit Beginn. Nichtwähler – welch ein ungewisser Faktor für die Zukunft.

Bei Prüfung: Mein Zutrauen in die neue Regierung, die Riesenprobleme, und nicht nur die aus der Wirtschaftskrise entstandenen, zu meistern, ist ehrlich gesagt nicht sehr groß. Aber das würde auch für jede andere Regierung gelten.

Die aufgetürmte und sich ständig weiter aufladende Gewitterwolke über dem 21. Jahrhundert, die ungeheuerliche Verschuldung des Staates, wird sich eines Tages entladen, ihr Tsunami über Generationen hereinbrechen, auf deren Kosten wir Heutigen leben.

Ein angenehmes Ruhekissen ist das nicht.

Auch an diesem Tag oder gerade an ihm spüre ich wieder, daß ich alles, was geschieht, daraufhin abklopfe, ob es meinem Vertrauen in die Stabilität der demokratischen Republik nützt oder schadet. Eine Selbstkontrolle, die mir in Fleisch und Blut übergegangen ist.

Mit andern Worten: Seit der Befreiung hat mein Leben immer unter einer Frage gestanden: »Kann sich, was war, für dich noch einmal wiederholen?«

Wie fiktiv. Aber ebenfalls kein angenehmes Ruhekissen.

Immer wieder wird mir bescheinigt, sei es bei öffentlichen, sei es bei privaten Gelegenheiten, sei es telefonisch, sei es schriftlich: Ich sei »ein mutiger Mann«. Und solche Bekundungen vermehrt seit meiner Kritik am Islam.

Meist folgt dann das Geständnis, man selber sei aber nicht bereit, heiße Eisen anzufassen, und schon gar nicht mit solcher Bravour.

Ich möchte dazu etwas sagen.

Es ist richtig, daß ich mich immer wieder angelegt habe mit Mächtigen, bis hinein in die Spitzen des Staates; daß ich gegen herrschende Ideen und ihre hochrangigen Vertreter angetreten bin und Widerspruch eingelegt habe, auch wenn es gefährlich war. Daß ich wider den Stachel löckte, obwohl starke Gegenreaktionen programmiert waren. Sei es bei »TV-Skandalen« über die deutsche Kolonialgeschichte oder den türkischen Völkermord an den Armeniern 1915/16, sei es, daß ich Franz Josef Strauß einen »Zwangsdemokraten« genannt habe. Wie auch richtig ist, daß immer wieder schwere Drohungen über mich hereingebrochen sind.

Ebenso wahr aber ist: All das, was ich da aufgezählt und nicht aufgezählt habe, es kostete mich überhaupt keinen Mut, nicht den geringsten! Ich horche in mich hinein und fahnde nach einem einzigen Beispiel, wo ich meinte, Mut mobilisieren zu müssen, finde aber keines. Nirgendwo und niemals mußte ich eine innere Schwelle überwinden, das zu tun, was zu tun ich mir vorgenommen hatte – kein einziges Mal.

Bedeutet das nun etwa, daß ich keine Angst kenne, furchtlos sei oder gar ein rauflustiger Geselle? Das Gegenteil ist der Fall, mein Leben war und ist durchseucht von Ängsten. Aber das meist um andere, um solche, denen ich nahestehe und die ich liebe. Um sie bin ich oft voller Furcht. Auch kann ich guten Gewissens sagen, daß mein Harmoniebedürfnis im Laufe meines Lebens eher zugenommen hat.

Aber es gibt eine Grenze, hinter die ich nicht trete, selbst wenn das mit schweren und schwersten Bedrohungen verbunden ist. Was mich antreibt, sind Erfahrungen, aus denen ich meine Schlüsse ziehe, ist die Sache, um die es mir geht. Wenn das »mutig« genannt wird – meinetwegen. Ich habe das nie so empfunden. Etwas Lächerlicheres, als mich selbst deshalb als »Held« zu feiern, oder Deplazierteres, von anderen zu solchem ausgerufen zu werden, kann ich mir nicht vorstellen.

Ich will hier aber auch den tiefsten und letzten Grund verraten, weshalb ich Mut als unnötig empfunden habe und empfinde und deshalb Angst auch nicht überwunden zu werden braucht.

Ich habe den Ungeist, der mich über ein halbes Jahrhundert hin auf die mannigfachste Weise bedroht, als *Staatsmacht* kennengelernt. Und das, man glaube es mir, war, mit wahrhaft und unvergeßlich todesbedrohlichen Situationen, etwas ganz anderes, als von jenem Gestapoverschnitt belästigt zu werden, der seinen Frust herauskotzt über den so ganz anderen Verlauf der Weltgeschichte, als ihm in seinen Siegträumen vorgeschwebt hatte. Diesmal ist der anonyme Anrufer oder Schreiber in der Defensive. Die Überlegenen von damals sind zu Unterlegenen mutiert. Nicht gerade eine Konstellation, um gegen sie Mut aufbringen zu müssen.

Eine erst jüngst dazugekommene Drohvariante fügt dem Status quo allerdings etwas Neues hinzu: die religiös-fanatische Note eines politischen und militanten Islams, der mich aufs Korn genommen hat.

Wollen sehen, ob gegen ihn Mut nötig sein wird.

III. »Aber es wird sich nichts an mir verändern«

Oktober–Dezember 2009

5. Oktober 2009, Brüssel
Bin hier eingeladen zu einem Kongreß »Denial and Democracy
in Europe«, also »Verleugnung und Demokratie in Europa«, unter der Schirmherrschaft von Elmar Brok (CDU), Mitglied des
Europaparlaments. Gemeint ist die Verleugnung von Völkermord, mit dem Schwerpunkt des Genozids an den Armeniern.
Ich bin in Begleitung meines Freundes Mihran Dabag, Leiter des
Instituts für Diaspora- und Genozidforschung an der Ruhr-Universität Bochum, ein Leben im Dienst der armenischen Sache.

Dies voraus: Ich war vor dreißig Jahren zuletzt in Brüssel
gewesen, als es noch nicht die »Hauptstadt Europas« war – und
habe es nicht wiedererkannt. Die Erinnerungen an die Grand
Place von damals kamen mir geradezu idyllisch vor – heute ein
Moloch, dessen Luft dröhnt, dessen Erde bebt und wo man vor
lauter Autos den Verkehr nicht sieht.

Ich durfte den zentralen Vortrag des Tages halten vor einem
illustren Auditorium aus aller Welt und freundlich angesagt von
der Leiterin des Symposiums.

Was hat mich hierhergebracht?

Ich bin in die Problematik seit fünfundzwanzig Jahren in-
volviert, aber Routine gibt es dabei nicht. Vielmehr hat sich im
Laufe der Zeit *ein* Problem immer mehr verdichtet. Während
heute jedes Kind auf der Straße weiß, was der Name *Holocaust* bedeutet, gibt es nach wie vor ein Defizit über das Großverbrechen
an den Armeniern im türkisch-osmanischen Reich von 1915/16.
Zwar gibt es einige Bekundungen von Anteilnahme an diesem
Schicksal, was aber nach wie vor fehlt, ist jene globale Aufmerksamkeit, die der Genozid verlangt.

Muß es da nicht geradezu die Pflicht der Überlebenden des
Holocausts sein, ihn aus dem trotzigen Schweigen der Täter und

ihrer beflissenen Nachbeter herauszuholen und dahin zu befördern, wo er hingehört: in das öffentliche Bewußtsein der Menschheit?

So jedenfalls fasse ich es auf und handle danach.

Auszug aus meiner heutigen Ansprache:

*Ich bin im Laufe meines langen Lebens in der Welt auf viele Opfergruppen
gestoßen, habe ihre Schicksale studiert, mich mit ihnen konfrontiert und so-
lidarisiert. Bei keiner anderen jedoch habe ich ein solches Maß an gleichen
Empfindungen mit Juden gefunden wie bei den Armeniern, sowohl was die
Opfergenerationen betrifft wie die Nachgeborenen. Bei den Zeitzeugen des
Massakers entdeckte ich die gleiche Unsterblichkeit der Erinnerungen an die
Schrecken wie die gleiche Unvergeßbarkeit der Todesangst vor dem jederzeit
möglichen Gewalttod. Es waren die eigenen, es waren meine Ängste! Auch
den Teil in mir, der mit den ermordeten Juden gestorben ist, auch dieses
Schwarze Loch habe ich bei den armenischen Überlebenden des Völkermords wiedererkannt. Und noch etwas zeigte sich gemeinsam: eine »Trauer
der Tränenlosigkeit«. Und das nicht nur, weil kein Mensch ein ganzes Leben lang Tränen vergießen kann, sondern weil ihre Ozeane ausgeleert sind.
Nur so ist zu erklären, was ich gemeinsam unter entkommenen Juden wie
unter entkommenen Armeniern erlebt habe – »das Weinen nach innen«. So
jedenfalls habe ich genannt, was mich seit Kindheit und Jünglingsjahren bis
heute begleitet hat.*

*All das zusammen sind Ingredienzien, die die armenische Sache zu der
meinen gemacht haben. Und so soll es auch bleiben.*

*Von keiner Organisation oder Institution dazu autorisiert, weder von
einer armenischen noch einer jüdischen, allein unter Berufung auf mich selbst
und kraft meiner Biographie, plädiere ich für Solidarität von Juden und Armeniern in Gegenwart und Zukunft, für ein Bündnis zwischen zwei Ge-
meinschaften ständig Gefährdeter.*

Soweit zum Kern meines Vortrags.

Ich war wieder nicht ganz Herr meiner Emotionen, versuchte
sie aber, wie immer, zu unterdrücken. Doch wollte es mir auch
diesmal nicht gelingen.

8. Oktober 2009, Köln

Herta Müller ist die Trägerin des Literaturnobelpreises 2009 – eine Frau ohne Falsch, eine stille Kämpferin.

Ihr erster Kommentar: »Es ist okay, es ist schön. Aber es wird sich nichts an mir verändern.«

So hat man es erwartet, das weiß jeder, der nur ein bißchen mit ihrer Biographie vertraut ist. Eine Feindin von Diktatoren, Unterdrückern, Gewalttätern, im Zentrum die rumänische Variante, also ein besonders scheußliches Beispiel. Ich fühle Verwandtes mit Herta Müller.

Als nach der Wende die Frage der Schuld aufkam, hat sie sich ohne Wenn und Aber für die Bestrafung der Täter ausgesprochen und jeden Schmusekurs mit Bonzen, Nutznießern und Trittbrettfahrern des Regimes verweigert – womit sie sich erwartungsgemäß nicht nur Freunde gemacht hat. Auch deutscherseits nicht. Sie hat nicht mitgemacht bei den Kungeleien in Sachen Aufarbeitung der DDR-Geschichte, bei den schmerzlosen Zusammenführungen der Akademie der Künste Ost und West und der beiden PEN-Zentren Bundesrepublik und DDR. Sie hat sich vielmehr strikt verweigert, ganz im Gegensatz zu Christa Wolf, Volker Braun, Christoph Hein und anderen.

Ihre Kritik legitimiert sich aus ihrem Leid. Da gibt es keine Flucht ins Allgemeine und keine Amalgamierung von Opfern und Tätern. Es gibt Situationen und historische Konstellationen, in denen die Teilung vollkommen klar ist – hie Opfer, hie Täter!

Herta Muller erinnert mich in gewissen Zügen an Nelly Sachs, Literaturnobelpreisträgerin 1966. Ich habe einen Film gemacht über dieses kleine, zarte Menschlein. Ihre Zurückgenommenheit, ihre Uneitelkeit, die wunderbare Vibration ihrer Verse – all das trifft auch zu auf die Prosa von Herta Müller. Sie kann von Glück sagen, daß sie den Schergen Ceaușescus entkommen ist wie Nelly Sachs denen Adolf Hitlers durch knappste Flucht nach Schweden. Ähnlichkeiten auch bei der Übergabe durch die Hand des Königs, 1966 und 2009 – die gleichen kleinen, befangen-unbefangen stolzen Verbeugungen hin zu den ausgezeichneten »Nobelpreiskollegen« und dem Publikum – rührende Bilder.

Herta Müller hat sich um die Menschlichkeit verdient gemacht.

10. Oktober 2009, Köln

Thilo Sarrazin, im Vorstand der Bundesbank und ehemaliger Finanzsenator Berlins, ist in Schwierigkeiten. Es hagelt Proteste von allen Seiten, von Parteien, Gewerkschaften und Verbänden, bis zu Rücktrittsforderungen, und das so schrill und diskant wie lange nicht: »Der Mann muß weg!«

Warum, was ist geschehen?

Thilo Sarrazin, bekannt für drastische Rhetorik, hat in einem Interview mit der Zeitschrift »Lette International« einige höchst unangenehme Wahrheiten in Sachen Migration / Integration von sich gegeben. Ein Fanfarenstoß, der die Wirklichkeit beschreibt, wie sie ist, und nicht, wie sie seit vielen Jahren von der Politischen Korrektheit dargestellt wird – als eine multikulturelle Idylle mit kleinen Schönheitsfehlern, die durch sozialtherapeutische Maßnahmen behoben werden könnten.

Entsprechend aufgebrüllt hat nahezu unisono das Deutschland der Gutmenschen, Parteien, Gewerkschaften, Verbände, bis hin zu Rücktrittsforderungen und Androhungen juristischer Klagen, äußerst bedacht darauf zu demonstrieren, wie sehr man aus der Vergangenheit gelernt habe.

Diese Antifront macht sich nun aber bezeichnenderweise nicht daran fest, *was* Thilo Sarrazin kritisiert hat, sondern *wie* er es getan hat. Zum Beispiel: »Ich muß niemanden anerkennen, der vom Staat lebt, diesen Staat ablehnt, für die Ausbildung seiner Kinder nicht vernünftig sorgt und ständig neue kleine Kopftuchmädchen produziert.«

Da wird sich auch mancher Sarrazin-Sympathisant fragen, ob es nicht Formulierungen gegeben hätte, die den Ströbeles, Roths und Künasts weniger zugearbeitet hätten. Ohne allerdings den

154

geringsten Zweifel an der Richtigkeit dessen zu haben, *was* da gesagt wird.

Sarrazin hat doch völlig recht, wenn er sagt, daß große Teile der Migranten weder integrationswillig noch -fähig sind und daß die Geburtenrate um so höher liegt, je niedriger die soziale Schicht ist.

Er hat doch recht, wenn er deshalb sagt, die Familienpolitik müsse völlig umgestellt werden – weg von Geldleistungen, vor allem bei der Unterschicht, wo vierzig Prozent aller Geburten stattfinden. Er hat doch recht, wenn er sagt, die Lösung des Problems könne nur weniger Zuzug sein.

Und er hat ebenfalls recht, wenn er feststellt: Siebzig Prozent der türkischen und neunzig Prozent der arabischen Bevölkerung würden diesen Staat ablehnen und nichts Vernünftiges für die Ausbildung ihrer Kinder tun.

Es ist ein Skandal, daß die Mütter der zweiten und dritten Generation noch kein Deutsch können, weil sie von ihren Männern eingesperrt werden, so, wie es ein Skandal ist, wenn türkische Jungen nicht auf weibliche Lehrkräfte reagieren, »weil ihre Kultur so ist« (wobei ich meine Schwierigkeiten habe, angesichts solcher Frauenfeindlichkeit von »Kultur« zu sprechen).

Auf all das geht der Chor der deutschen Umarmer nicht oder nur ganz am Rande ein, ein Krieg gegen die Empirie. Wohl aber pickt er sich heraus, wenn Sarrazin von »türkischen Wärmestuben« spricht, und nennt ihn einen »geistigen Brandstifter«, wenn er sagt: »Nichtleistungsträgern muß vermittelt werden, daß sie ebenso gern woanders nichts leisten können.«

Was natürlich nicht auf alle, wohl aber auf allzu viele zutrifft.

Wer das ausspricht, wer furchtlos hinter dem Nachprüfbaren steht und auf Änderung bedacht ist, der wird in der Bundesrepublik von heute »Rassist« genannt, und sei er auch ein Überlebender des Holocausts. Die keine Überlebenden des Holocausts sind, wagen sich erst gar nicht heraus.

Ich bin mir sicher, daß fast alle Gegner Sarrazins das ausufernde Interview in »Lettre International« überhaupt nicht gelesen haben. Das, was sie ihm zum Vorwurf machen, ist ein winziger, ganz marginaler Teil des Artikels. Trotzdem beißen seine Feinde sich daran in Kläffköterart fest.

Die volle Lektüre weist den Interviewten denn auch aus als einen exzellenten Kenner der Migrantenszene und ihrer historischen, soziologischen, politischen und wirtschaftlichen Beziehungen zu Berlin und noch weit darüber hinaus. Hier schöpft einer aus dem Vollen und stößt dabei auf das Elend einer Immigrationspolitik, an der die Integration gescheitert ist.

Bravo, Thilo Sarrazin! Wenn Änderungen zum Besseren überhaupt möglich sind, dann nur auf Grundlage der Anerkennung Ihrer Analyse über Stand und Befindlichkeit des Migrations-/Integrationsproblems. Nur dann hätten Ayşe und Bassam Chancen, in die deutsche Gesellschaft eingebunden zu werden.

Ich prophezeie: Die Aufregung über das *Wie* der Kritik des streitbaren Berliners wird in unserer nachrichtenüberhitzten Zeit bald verflogen sein. Dagegen wird das *Was* wie eine Wolke über der deutschen Innenpolitik des 21. Jahrhunderts schweben.

12. Oktober 2009, Köln
Ich kriege einen Brief von Christina Loea C., 33, aus Kassel, die Zuhörerin war bei meiner dortigen Lesung über »Glück im Unglück« – ein Brief, der mir nahegeht. Er ist handgeschrieben, leserlich, fast kalligraphisch, zarte Töne über ein robustes Thema: die Geschichte zwischen den Generationen der Großeltern und der Enkelinnen und Enkel, vom Schweigen der Väter und Großväter, eine sehr deutsche Geschichte.

Christina Loea C. hat ihren Großvater nicht zu fragen gewagt, was er während der Nazizeit gemacht hat. Die familiäre Autorität ist zwar 1996 gestorben, lebt aber im Unausgesprochenen weiter. »Er war streng, leistungsorientiert und autoritätsgläubig. Der Lehrer, der Herr Pfarrer und Herr Doktor hatten einen hohen Stellenwert, studierte Menschen – sie genossen sein Ansehen.«

Einmal, so schreibt die Absenderin, habe sie einen Versuch

unternommen – aber auch den nicht von sich aus, sondern als die Schule dazu aufgefordert hatte, die Großeltern nach ihren Erlebnissen im Zweiten Weltkrieg zu fragen. Darauf erzählte der Großvater, »sehr zögerlich«, daß er Sanitäter und Musiker gewesen sei, und sprach von Verteidigungsmaßnahmen in seinem Heimatdorf und von seiner Gefangenschaft. »Es war ein furchtbares Gespräch. Wieviel von ihm ist in mir? Ich habe mich nicht getraut, ihm mehr Fragen zu stellen, um ihn nicht gegen mich aufzubringen. Auf dem Heimweg von Ihrem Vortrag war ich wütend auf mich, weil ich nicht weiß, ob ich heute, würde er mir gegenüberstehen, einen Bruch mit ihm in Kauf nehmen würde.«

Und dann bricht es aus Christina Loea C. heraus wie aus einem Katarakt:

»Ich versuche, mutig zu sein, offen zu reden, Stellung zu dem zu beziehen, was mir wichtig ist, und doch scheitere ich immer wieder. Ich traue mich nicht einmal, meine Nachbarn direkt darauf anzusprechen, daß es mich stört, daß sie ihren Müll in den Flurnebenraum werfen – aus Angst vor einem offenen Konflikt. Ich bin so schnell eingeschüchtert und habe dann doch Angst davor, Aggressionen aushalten zu müssen und persönlich angegriffen zu werden. Aber sollte es das nicht wert sein? Ich schäme mich, daß meine persönlichen Befindlichkeiten mich davon abhalten, stark zu sein und dazu zu stehen, was ich für richtig halte. Bin ich nicht selber ein Duckmäuser? Ich gehe davon aus, daß mein Großvater jeglichen Befehl ausgeführt hat, der ihm gegeben wurde. Ich gehe davon aus, daß er seine Macht genossen hat, und ich gehe sogar so weit, daß er Freude daran hatte und wenig Mitleid mit anderen. Wie konnte diese Generation meines Opas mit soviel Schuld leben? Wie ist es zu erklären, daß kaum jemand zur Rechenschaft gezogen wurde, Mörder davonkamen, Konzentrationslagerärzte weiter praktizieren durften und alles weiterlief?«

Dann: »Ich bin so wütend über sein vertuschendes Verhalten. Es hätte mir viel bedeutet und mich bestimmt mutiger gemacht, wenn ich eine Spur von Eingeständnis, Schuld oder Scham erkannt hätte. Dies ›Darüber redet man nicht‹ zieht sich durch die Generationen der Familie. Ich denke nicht, daß mein Vater viel über seinen Vater weiß. Ich möchte mutiger sein und nicht länger wegsehen, weg von der Vergangenheit meiner Familie. Ich möchte mutig sein und meinen Kindern glaubhaft vorleben, daß es richtig ist, aufeinander zu achten und füreinander da zu sein, und das in einer Grundhaltung der Ehrlichkeit und der Liebe zum Leben. Ich bin Mutter dreier toller Jungens, Ricardo, Elias und Luca, und die Vorstellung, daß ihnen Leid zustoßen könnte, ist für mich die schlimmste Vorstellung, die es gibt.«

Und so schließt der Brief: »Lieber Herr Giordano, ich danke Ihnen für Ihre Offenheit, für Ihren Besuch in Kassel, für Ihre klaren Worte und dafür, daß Sie soviel in mir zum Klingen gebracht haben, daß ich mich auf einen Weg zurückmache, um vorwärtszukommen.«

Geschrieben im Jahre 2009, ein Steinchen im Mosaik der großen Verdrängung und ihrer Folgen.

Dem Brief waren Fotos beigelegt, von der Briefschreiberin selbst, ihrem Mann und ihren Kindern.

Ich habe sie sichtbar aufgestellt.

Noch einmal zu Thilo Sarrazin.

Stephan Kramer vom Vorstand des Zentralrats der Juden in Deutschland hat dem Delinquenten »geistige Nähe zu Hitler« vorgeworfen. Aber, aber, lieber Mitjude! Das ist nun wirklich eine Verniedlichung des »Führers«, wie sie ärger kaum ausfallen kann. Da horche ich mal tief in mich hinein und komme bei Prüfung zu dem Ergebnis: Da kann was nicht stimmen – Hitler habe ich gefürchtet, Sarrazin nicht.

Übrigens sollen über fünfzig Prozent der Bevölkerung hinter ihm und seiner Kritik stehen.

Wenn ich heute an meine Bücher zurückdenke, entdecke ich mich bei der Frage: Wie hast du die eigentlich zustande gebracht, allein und fern der Heimat? Das könnte ich gar nicht mehr. Da würde ich vor Wänden stehen, die ich nicht mehr erklettern oder gar überklettern könnte. Wie habe ich das damals gemacht, die riesigen Reisen mit dem Auto? Ich war doch schon siebenundsechzig, als ich mich 1990 für »Israel, um Himmels willen, Israel« auf den Weg machte: Köln–Bari–Patras–Piräus–Rhodos–Zypern–Haifa – und retour. Siebzig, als ich 1993 für »Ostpreußen ade – Reise durch ein melancholisches Land« 15 000 Kilometer zurücklegte; zweiundsiebzig, als ich 1995 die gleiche Kilometerzahl auf der grünen Insel für »Mein irisches Tagebuch« hinter mich brachte, und gar neunundsiebzig, als ich 2002 für die Recherchen von »Sizilien, Sizilien! Eine Heimkehr« unterwegs war – nach landläufigen Vorstellungen doch damals schon betagt.

Was hat sich inzwischen getan, daß ich mich so konsterniert frage: Wie hast du das geschafft? Was macht das Alter mit einem, daß man staunt über Leistungen, die heute nicht mehr zu erbringen wären? Vielleicht hängt das damit zusammen, daß man nicht mehr so gerade gehen kann wie früher, sondern ein bißchen schwankt, also einem der lineare Kurs abhanden gekommen ist. Dabei erinnere ich mich an einen Satz, den ich irgendwo gelesen habe: »Und dann tappelte Frank Sinatra auf die Bühne.« Tappelte … Damit kann der junge und mittlere Frankie-Boy nicht gemeint gewesen sein, und auch die Zeiten des *Rat Pack* sind längst Tempi passati.

Andererseits heißt es aber doch: »Wenn man mit der Liebe und den Zähnen keine Probleme mehr hat, dann beginnt das Leben noch einmal von vorn.«

Da scheint mir was Wahres dran zu sein.

Großer Wolf-Biermann-Abend in 3sat, drei Stunden lang, mit dem Moderator Peter Voß, der wenig mehr als Stichwortgeber war.

Ich kam nicht weg von der Mattscheibe.

Natürlich der Rückblick auf den 13. November 1976, das berühmte Konzert in Köln, als der vom Politbüro der SED gerade Ausgebürgerte noch davon faselte, er sei »vom Regen (DDR) in die Jauche (BRD) gekommen«. Und ich vor dem Bildschirm damals laut dachte: »Mein lieber Wolf Biermann, da hast du aber noch einen weiten, weiten Weg vor dir – ist ein kritischer Kommunist doch noch lange kein Demokrat ...« Den Weg ist er dann ja auch gegangen, wie ich schon zwei Dezennien vor ihm.

Fünf Jahre habe es gedauert, wie er jetzt gesteht, bis er die Strecke durchgestanden habe, mit bis dahin viel produziertem Schwachsinn »zwischen den Welten« und in hartnäckiger Nibelungentreue. Viel Haut sei mit abgegangen bei der Trennung von den alten Vorstellungen und Idealen, die keine waren. Erst Manès Sperber habe ihm den Zahn gezogen, ihn befreit von dem Wahn, er müsse Kommunist sein und bleiben. »Ich bin im Kindertraum erzogen worden, auch von meiner Mutter – ehe ich auf beiden Augen sehend wurde.« Er wollte es nicht wahrhaben, es hat lange gedauert, bis er erkannte, daß »die Idee« nicht ins Paradies, sondern in die Hölle führte.

Der Weg in die Welt war abhängig vom Bruch mit ihr. Wie bei mir.

Was uns noch eint: Auch er hat nicht daran geglaubt, daß die DDR bereits zu seinen Lebzeiten zusammenbrechen und die Sowjetunion implodieren würde.

Das erschütterndste in dieser erschütternden Marathonsendung ist dann aber das Konzert am 1. Dezember 1989 in Leipzig, das auch gezeigt wird. Biermann zum ersten Mal wieder in der DDR, ausgestrahlt im bundesdeutschen und im DDR-Fernsehen, und Jürgen Fuchs spricht zu den Tausenden in den Messehallen, fordert die Aufhebung der Zensur und unbeschränkte Arbeitsmöglichkeiten für Schriftsteller – ein edler Kopf.

Bei manchen Biermann-Liedern laufen mir die kalten Schauder den Rücken hinunter. »Du, laß dich nicht verhärten / in dieser harten Zeit«. Wenn ich gefragt würde, ob mir zu Lebzeiten Genies begegnet seien, dann würde mir ganz gewiß sein Name einfallen. Aber das mit dem Nachsatz: Ohne seine Frau Pamela ist er nicht zu denken.

Im übrigen hätte ich durchaus Grund, Wolf Biermann auch zu

zausen. Hat er sich doch bei seiner Laudatio auf Angela Merkel zum Leo-Baeck-Preis 2008 in Berlin in Sachen Moschee / Integration einen Ausfall gegen mich erlaubt, der ironisch sein sollte, aber von keinerlei Sachkenntnis getrübt war. Auf die Entschuldigung warte ich heute noch.

Doch immer wieder imponierend, daß er sich auch bei den höchsten Anlässen nicht von seinem Proletenlook trennt. Bei einer ihm vom Bundespräsidenten überreichten Auszeichnung fürchtete ich schon, er würde mit Turnschuhen kommen. Der Kelch ist aber an Horst Köhler und den Gästen vorbeigegangen.

Notabene: Wolf Biermann sieht heute, im vorgerückten Alter, viel besser aus als die asketische Bohnenstange zur Zeit seiner Ausbürgerung aus der DDR vor fast fünfunddreißig Jahren.

Nun Abschiedsworte von Peter Voß, diesmal bei der Dominanz eines Gesprächspartners nur eine Randfigur.

Es ist 0.15 Uhr. Warum ist die Sendung nicht zu einer früheren Zeit ausgestralt worden? Spiegelt sich hier doch an einem persönlichen Schicksal wie an kaum einem andern deutsche Geschichte wider.

Aber ich habe es längst aufgegeben, nach den Kriterien der Herren über das Programm zu fahnden.

14. Oktober 2009, Köln
Heute wird die 61. Frankfurter Buchmesse eröffnet.

Natürlich steht sie ganz im Zeichen des Literaturnobelpreises an Herta Müller, was aber auch ein Nasenstüber für so manchen ihrer deutschen Kritiker ist. Die haben zwar die Sprachmacht Herta Müllers gelobt und bewundert, aber die Beharrlichkeit und andauernde Empörung, mit der die Autorin gegen die unmenschlichen Lebensbedingungen in dem Überwachungsstaat Ceaușescus angeschrieben hat, mit dem Vorwurf »sie tritt auf der Stelle« belegt. Irgendwo zwischen den Kritikerzeilen waberte die Aufforderung nach dem Schlußstrich herum, der gutmütige Ruf nach der Selbsterlösung von einem Leben in ständiger Angst.

O ihr Gott sei Dank demokratisch sozialisierten Ahnungslosen, denen zum Glück ähnliche traumatische Erfahrungen erspart geblieben sind – als ob man das könnte!

Die Securitate, Rumäniens Stasi, trennte von einem Fuchsfell in Herta Müllers Wohnung in Temeswar über Wochen hin heimlich erst den Schwanz ab, dann die Pfoten und zuletzt den Kopf … Sensible Anstalten, der Überwachten zu signalisieren, daß sie überwacht werde, ohne die Verfolger selbst zu Gesicht zu bekommen. So wird die Wohnung, werden die eigenen vier Wände zum Inbegriff des Horrors. Und das, ihr betulichen Kolleginnen und Kollegen, soll man je vergessen können?

Herta Müller fordert: Abrechnung mit den Tätern!

So wird die Ehrung aus Stockholm zu einer Ermutigung für alle, die meinen, daß es keine Zukunft geben kann, ohne sich mit Vergangenheit ehrlich auseinandergesetzt zu haben – weil sie sonst eben nicht vergangen wäre, sondern schwärende Gegenwart. Herta Müller ist die Personifikation des Verdikts, daß es keinen Ersatz für die Wahrheit gibt.

Gleichzeitig in der Mainstadt als Ehrengast China, ein Land, das seinen Schriftstellern und Künstlern einen Maulkorb verpaßt, sie verfolgt, verhaftet und tötet – welch eine Konfrontation!

Der Gegensatz zwischen dieser kleinen Frau mit dem mächtigen Atem ihrer Prosa und dem Ehrengast China, Weltmacht von morgen – das ist das große Drama der Frankfurter Buchmesse 2009.

Neben knallharten Vertragsabschlüssen und der Hatz nach Bestsellern findet hier natürlich auch ein Jahrmarkt der Eitelkeiten statt wie selten woanders, spreizt sich das eigene Ego, und ich will da gar nicht so tun, als sei mir das fremd. Darf aber einschränkend bemerken, mir der Lächerlichkeit immer bewußt gewesen zu sein und über die Pose stark lästernd. Natürlich hat es auch ernsthafte Gespräche gegeben, mit Leserinnen und Lesern, die Kenntnisse verrieten. Eine kostbare Erfahrung angesichts einer anderen Spezies, die sich einführt mit der Beteuerung »Ich habe alle Ihre Bücher gelesen«, ohne auch nur den Titel des letzten Buches zu kennen. Eine gutgemeinte, jedoch gar nicht so seltene Schwindelei, was schon eine vorsichtige Nachfrage zutage fördert.

Aber hat schon einmal jemand das Helden-, das Hohelied jener Sekretärinnen und Verlagsangestellten angestimmt, die die ganze Buchmesse durchhalten, also genau besehen von der Eröffnung am Dienstag bis zum Abschluß am Montag? Also, die da aushalten, aussitzen, ausstehen, immer dienst- und auskunftsbereit in all dem Staub, dem Gewusel, das einen zum Menschenfeind machen kann, all den Blitzlichtern, denen temporäre Blindheit folgt, und der Inflation von Lesungen und Vorträgen? Ich habe es nie länger als anderthalb Tage ausgehalten, froh, dem dennoch höchst beeindruckenden Rummel unversehrt entkommen zu sein. Und Frankfurt zu verlassen in eine Welt ohne Buchmesse und Bücher, ausgenommen die eigenen zu Hause.

Aber was schreibe ich denn hier? Wenn es nach meinen Arbeitsplänen geht, auf die ich mich in einem Anfall geistiger Umnachtung eingelassen habe, werde ich noch 2013 über den Parcours der Messe tappeln – mit neunzig …

16. Oktober 2009, Freiburg im Breisgau
Horben, »Luisenhöhe«, mein Schwarzwälder Domizil seit Jahrzehnten.

Herrlicher Sonnenschein. Ein leichter Dunst liegt über dem Rheintal. Hinten, im Westen, die Höhenzüge der Vogesen, ein vertrautes Bild. Hier oben leichter Wind, Äste und Blätter bewegen sich sanft, wie geschaukelt, der Himmel wolkenlos.

Hierhergekommen, in Deutschlands warme Südwestecke, bin ich wieder durch die Freundschaft mit Ingeborg Hecht-Studniczka.

Ich komme seit achtundzwanzig Jahren hier herunter wie in eine zweite Heimat und mag nicht ausdenken, was sein wird, wenn die um zwei Jahre ältere Ingeborg nicht mehr ist. Während sonst der Gedanke an das ewige Leben ein einziger Schrecken ist – in diesem Fall sollte es ruhig einen langen, langen Atem haben.

Auch diesmal fahren wir wieder in die Vogesen, zu Birgit S., Menschen- und Tierliebhaberin, Feministin, Diplompädagogin, Drogenberaterin und Fachfrau für die Selbstverteidigung von Mädchen und Frauen.

Das Wetter bleibt uns treu, die Sicht ist betörend, und die Herbstfarben der Laubbäume bestätigen, daß der Schwarzwald nicht nur aus Tannen besteht, sondern auch ein Mischwald ist. Wie die Vogesen, in die es weit hineingeht nach Durchquerung der Rheinebene.

Unter martialischen Bellorgien dann großer Empfang bei Birgit S. durch zwei Pyrenäenhunde, beide von wunderbarem Weiß und unerschöpflichem Zärtlichkeitsbedürfnis. Dazu angriffslustige Gänse, blökende Schafe, streunende Katzen, Schildkröten – ich bin in einem Zoo.

Drinnen, Urbild der Gemütlichkeit, ein wohlige Wärme spendender Kachelofen – und der gedeckte Tisch.

Heute hat Birgit S. sich an Irish Stew versucht, mir zuliebe, nachdem die Lektüre von »Mein irisches Tagebuch« sie mit meiner Vorliebe für Irlands Nationalspeise bekannt gemacht hat. Ich probiere – und nehme den Willen für die Tat. Nicht, daß es nicht gut geschmeckt hätte, anderes ließen Birgits Kochkünste gar nicht zu, nur etwas anders, als ich es auf der grünen Insel gewohnt war. Natürlich habe ich trotzdem alles brav aufgegessen, und in der Tat, wäre ich davon wirklich nicht satt geworden, das kulinarische Angebot wäre mit dem Irish-Stew-Ersatz nicht erschöpft gewesen. Hungernd hat noch niemand Birgit S.' Hütte verlassen müssen.

17. Okober 2009, Horben
Hotel Luisenhöhe.

Ich bin hier mit Marina, vierundvierzig, Tochter eines persischen Vaters und einer deutschen Mutter, ihrerseits alleinerziehende Mutter zweier Söhne von einundzwanzig und fünfzehn Jahren, der ältere von einem türkischen, der jüngere von einem afrikanischen Vater. Sie ist deutsche Staatsangehörige, bekennende Hamburg-Eimsbüttlerin, in der Krankenpflege tätig – und so schön, daß es weh tut, sie anzusehen.

Wir haben uns kennengelernt über das Buch »Neger, Neger, Schornsteinfeger« von Hans-Jürgen Massaquoi, der Autobiographie eines Hamburger Jungen, Sohn einer deutschen Mutter und eines afrikanischen Vaters unter Hitler, mit all ihren Schrecknissen – eines der größten Erfolge der deutschen Nachkriegsliteratur und gleichzeitig die Hommage an eine Mutter, die wie eine Löwin um ihr Kind gekämpft hat. Ich kannte »Mickey«, wie ich ihn von Anfang an genannt habe, seit den frühen dreißiger Jahren des vorigen Jahrhunderts und bin mit ihm am 4. Mai 1945 durch den Einmarsch britischer Truppen in Hamburg befreit worden. Seither sind wir Freunde, bis auf den heutigen Tag, woran auch sein Leben in den USA nichts geändert hat.

Marina hatte zäh, aber vergeblich versucht, Mickeys Buch als Pflichtlektüre in der Schule ihres afrodeutschen Sohnes einzuführen. Und als Mickey nun im September 2004 in den Hamburger Kammerspielen sein zweites Buch »Hänschen klein, ging allein ... Mein Weg in die neue Welt« vorstellte, wollte sie ihrem Idol wenigstens die Hand drücken. Das war angesichts des Andrangs nicht leicht, gelang ihr dann aber doch, mit meiner Hilfe.

So lernten wir uns kennen und sind einander zugetan.

Wir telefonieren täglich, und wann immer ich in meiner Vaterstadt Hamburg bin, sehen wir uns, ich sehr darauf bedacht, den Eindruck »alternder Playboy legt sich exotische Schönheit zu« zu vermeiden. Situationen, die wir gelernt haben, mit Humor zu meistern. Die verwunderten und ungläubigen Blicke, wenn wir im Hotel zwei Einzelzimmer ordern, wären eine Story für sich.

Mir hat sich mit ihr in den letzten fünf Jahren ein Dasein voll stiller Tüchtigkeit und Tapferkeit aufgetan, ein Leben in Würde bei begrenzten Mitteln, eine Gestalt von zentraler Kraft, mit der wunderbaren Fähigkeit, den beiden Söhnen unspektakulär Tugenden beigebracht zu haben. Der Ältere, mit türkischem Vater, geht von der Hautfarbe her eher als Weißer unter Weißen durch, der Jüngere kann und will den afrikanischen Vater nicht verbergen. Und wenn das zu dummen Reaktionen in der Öffentlichkeit führen sollte – seine Maße haben für mich etwas Beruhigendes an sich: mit fünfzehn bereits über 1,90 Meter groß, kann sein Anblick auf einen Rassisten nur aggressionsdämpfend wirken: einmal tief eingesogen, und der Übeltäter hinge ihm quer vor der Nase!

Marinas erzieherische Ader macht übrigens auch vor mir nicht halt, besonders, was meine Fahrweise betrifft. Da merke ich erst, was ich unterwegs alles zu übersehen pflege und was da an schlechten Gewohnheiten eingerissen ist, obwohl ich nie einen ernsthaften Unfall hatte.

Also lasse ich mir die Korrekturen gern gefallen, freue mich, daß mein hohes Alter mich nicht blind gemacht hat, und bewundere die Natur, die solche Augen wie Marinas hervorgebracht hat.

Auf der Rückfahrt, vor Wissembach, noch in Frankreich, kriege ich über Handy die Nachricht, daß Heinrich von Trott zu Solz, mein verehrter alter Freund, mit zweiundneunzig Jahren gestorben ist. Es macht mich stumm.

Die Einschläge kommen näher.

19. Oktober 2009, Köln
Eine alarmierende Meldung von der Migrations-/Integrationsfront: Der Muezzinruf tönt nun vom Minarett zum erstenmal auch über Lautsprecher nach draußen!

Tatort: Rheinfelden, Baden-Württemberg. Eine Moschee gibt es dort, bisher stumm, seit mehr als sieben Jahren.

Die Rheinfelder Muslime hatten einen guten Ruf, sie galten als offen, herzlich, friedliebend. Einmal im Jahr gab es einen »Tag der offenen Tür«, und gepredigt wurde mittlerweile auf deutsch; eine Gemeinde, die Vertrauen gewonnen hatte.

Dann erste Kritik in der Bevölkerung, als der Bürgermeister im Februar 2002 die Genehmigung für den Bau eines zwanzig Meter hohen Minaretts gab. Hitzige Diskussionen, die mit einem Kompromiß endeten: Minarett ja, Gebetsruf nach draußen nein. Stadt und muslimischer Gemeinderat stimmten zu, Regelungen, die auch mit der DITIB, dem mit knapp 900 Moscheen größten muslimischen Dachverband in Deutschland, vertraglich vereinbart wurden.

Erneute Unruhe, als jüngst hoch droben drei Lautsprecher am Minarett installiert wurden.

Und nun der Ruf daraus über die kleine Stadt. Ein Ohren- und Augenzeuge: »Ich bin dreihundert Meter von dem muslimischen Gotteshaus entfernt und traue meinen Sinnen nicht: der Gebetsruf des Muezzin dringt durch die geschlossene Glastür – mich trifft fast der Schlag, so laut ist es. Lautsprecher sind auf dem Minarett ausdrücklich verboten worden, ausdrücklich. Und nun das. Wo sind wir denn?«

Ja, wo?

Der Baubürgermeister von Rheinfelden, Rolf Karrer, fühlt sich, wie er sagt, »veräppelt«: Er fürchte, hier würden Grenzen ausgetestet und sich vorsätzlich nicht an den Vertrag gehalten.

Werner Ross vom christlich-islamischen Verein, der sich mehr als jeder andere eingesetzt hatte für den Bau von Moschee und Minarett, gesteht, daß er »sprachlos und ratlos« sei. »Was sich da tut, ist eine große Enttäuschung für mich.« Er sehe nur eine Lösung – »die Lautsprecher müßten so schnell wie möglich abgebaut werden«.

Der Vorstand der türkisch-islamischen Gemeinde gibt sich ahnungslos: Er wisse nicht, wer die Lautsprecher installiert habe, könne sich aber auch nicht vorstellen, daß sie verboten seien.

So geht das, Scheibchen um Scheibchen. Erst die Moschee, dann das Minarett, dann die Lautsprecher auf die Brüstungen. Und was, bitte, wird der nächste Schritt sein?

Die Totalislamisierung des Abendlandes

20. Oktober 2009, Köln
Günter Wallraff übt sich wieder mal clandestine – diesmal in Tintenschwarz, mit Halskrause und sogar im Rollstuhl. Nach den »Industriereportagen: Als Arbeiter in deutschen Großbetrieben«, »Der Aufmacher: Der Mann, der bei Bild Hans Esser war« und »Ganz unten« der vierte Anlauf, die bundesdeutsche Gesellschaft zu verstören. Und wahrlich, es gibt ja Verstörendes genug.

Seine neue Undercover-Geschichte heißt »Aus der schönen neuen Welt. Expeditionen ins Landesinnere« (Kiepenheuer & Witsch, 225 Seiten, 13,95 Euro).

Dabei geht es, unter anderem, um das, was die Bevölkerung kürzlich völlig zu Recht aufgebracht hat: fristlose Kündigung wegen Entwendung von ein paar Frikadellen oder Leergutbonbons durch Angestellte, die dort oft zehn Jahre und länger gearbeitet hatten. So die Kündigung einer Altenpflegerin, die aus der Küche ihres Betriebs eine Handvoll Maultaschen mitgenommen hatte, die im Müll landen sollten.

Bei solchen Aufdeckungen ließ Wallraff es aber nicht bewenden. Er ging auch Leuten an den Kragen, deren Beruf darin besteht, ohnehin bedrängte und arme Leute aus ihren Wohnungen zu vertreiben, und zwar mit jedem Mittel.

Eine Sternstunde des deutschen Fernsehens bei Maybrit Illner, als Wallraff einem Millionenpublikum einen dieser Halunken vorführte: den »Mann fürs Grobe«, einen dicken Anwalt, der so aussah, wie er im Laufe seines schäbigen Lebens innerlich geworden war, und der es wieder und wieder fertigbringt, daß Unkündbaren dennoch gekündigt werden kann – Schwerbehinderten, Schwangeren, Kranken und sogar Betriebsräten.

Das ist der Wallraff, wie ich ihn mag, voller Wut und Emotionen vor laufender Kamera, während der Attackierte sich in

Dauergrinsen übte. Da war es nicht schwer, sich zu entscheiden, wer hier der Gute und wer der Böse war.

Diesmal trat der Verkleidungskünstler in vielen Rollen auf – als Verkäufer von Systemlottoscheinen, als Anrufer in einem Call-Center, als Niedriglöhner in einer Fabrik, als Obdachloser auf Deutschlands frostigen Straßen und auch als einer, der für Lidl Brötchen backt. Diesmal afrikanisch maskiert, die lebende Herausforderung für Rassisten. Und das schönste: Niemand erkannte ihn als der, der er ist – Günter Wallraff.

Bei mir hätte er keine Chance gehabt. Auch in der verwegensten Tarnung hätte ich ihn sofort erkannt, nicht auf den zweiten, sondern schon auf den ersten Blick. Ohne mich hier belobhudeln zu wollen: Ich kann mein physiognomisches Gedächtnis nur als phänomenal und mir selbst höchst unheimlich bezeichnen.

Ein erschreckendes Beispiel dafür: Der Gehilfe des Friseurmeisters uns gegenüber in Hamburg-Barmbek, der sich an meinen Locken verging, als ich fünf Jahre alt war. Letzte Begegnung vor seiner Entlassung – 1928. Fast siebzig Jahre später, 1996, sprach ich am Ausgang der S-Bahnstation Hamburg-Dammtor einen hochbetagten Mann mit den Worten an: »Sie haben mir in dem Friseurladen Hufnerstraße 110 in Barmbek die Haare geschnitten, Ende der zwanziger Jahre, bevor ich noch in die Schule kam. Stimmt das, haben Sie damals da gearbeitet, sind Sie *der*?«

Es stimmte, er war *der* und fiel mir um den Hals.

Ich spreche hier von einer Begabung – entweder man hat sie, oder man hat sie nicht. Die meisten Menschen haben sie nicht, so meine Erfahrungen mit ihnen. Die Wiedererkennungsfähigkeit scheint mir höchst unterentwickelt zu sein.

Oft kommt es mir vor, als sei ich der einzig Sehende unter lauter Augenkranken. Da taucht ein Gesicht auf, das in der Öffentlichkeit eigentlich bekannt sein müßte, weil es unzählige Male auf der Mattscheibe aufgetaucht war. Ich orte es schon von ganz weitem – aber sonst keiner, niemand. Nun kann es ja einen gewissen Unterschied geben zwischen dem Alltagsgesicht und dem auf der

169

Mattscheibe. Ich kenne solche Differenz nicht, sondern entdecke gnadenlos *Who is Who*. Selbst wenn die Merkmale noch so versteckt sind und egal auch, mit welcher Kosmetik oder in welcher Verkleidung mir jemand begegnet.

Günter Wallraff hätte bei mir also keine Chance gehabt, unerkannt zu bleiben, ich hätte ihn sofort entlarvt – an seinen Augen, und mochte er noch so mienenverhüllt in den Underground abgetaucht sein.

Auf sein Buch bin ich natürlich gespannt. Ich denke, da werden ein paar Nervenstränge unseres Soziallebens schmerzhaft freigelegt werden.

Ich kenne Günter Wallraff und schätze ihn, obwohl es in Sachen Migration und Integration, und in wohl manch anderem noch, Differenzen gibt. Dabei habe ich allerdings im Laufe der Zeit den Eindruck gewonnen, daß er heute bereiter ist, die muslimische Seite kritischer zu hinterfragen als früher. Jedenfalls ist er weg von dem mörderischen Toleranzverständnis à la Renate Künast, Claudia Roth und Hans-Christian Ströbele.

Ich denke, Günter Wallraff ist auch dort, wo er irrt, ein ehrlicher Mann.

Eine Charakteristik, von der ich hoffe, daß sie auch auf mich zutreffen möge.

In der F. A. Z. steht eine Rezension über Günter Kunerts neues Buch »Das letzte Wort hat keiner«. Darin kommt der »hellsichtige Schwarzseher« glänzend davon.

Kunert hat sich darangemacht, viele seiner Zeitgenossen und Weggefährten zu begutachten, und so machte er sich denn mit der ihm eigenen Mischung aus Ironie, Scharfsinn und Kenntnisreichtum über jeden einzelnen her.

Fünfzehn von ihnen erwähnt der Rezensent namentlich, von Klabund bis Hans-Christian Buch, mit genüßlichen Seitenhieben auf Goethe und Lichtenberg. Dann heißt es in der Rezension weiter: »Die warmherzigsten Töne aber gelten den einzelgängerischen Widerständlern, die sich vom schrecklichen Jahrhundert nicht haben verbiegen lassen. Besonders emphatisch dankt Kunert dem unermüdlichen Mahner Ralph Giordano.«

Das nun wiederum wärmt mich wie die Widmung »Dem ewigen Jüngling« in dem mir von *old Kunert* zugesandten Exemplar. Wer liest dergleichen nicht gern (auch wenn er es besser weiß).

Ich rufe also den alten Freund im hohen Norden an und bedanke mich noch einmal recht tüchtig bei ihm für seine Eloge, ehe wir dann wie gewohnt mit wüsten Schmähungen übereinander herfallen.

Ich entnehme der Zeitung, daß die traditionsreiche Werft Blohm & Voss mehrheitlich in arabische Hände übergehen wird. Der bisherige Alleineigentümer Thyssen-Krupp wird achtzig Prozent der Werftengruppe an die Schiffbaufirma Abu Dhabi MAR verkaufen. Den Rückzug aus dem zivilen Schiffsbau erklärt der deutsche Vorstand mit der desolaten Auftragslage infolge der Wirtschaftskrise – die Bücher seien leer. Gebaut werden sollen da künftig Mega-Yachten und Kriegsschiffe. 1700 Mitarbeiter bräuchten sich um ihre Arbeitsplätze keine Sorgen zu machen, heißt es.

Ich bin groß geworden mit dem Namen dieser Werft – Blohm & Voss – und ihrem Anblick von den Landungsbrücken her, als diese noch aus Holz bestanden. Das war die Zeit der großen Passagierschiffe der HAPAG und der Hamburg Süd an der Überseebrücke – der mächtigen »Cap Arcona«, der »Monte Rosa« mit ihren rotweißen Schornsteinen, der »Albert Ballin« mit dem himmelragenden Bug. Unvergessen auch die vor sich hin qualmende »Europa«, die im Dock Feuer gefangen hatte.

Die Sicht von der Hochbahnstation Landungsbrücken aus: die dampfenden Schlepper auf dem tanzenden Wasserspiegel der Norderelbe; die hurtigen Barkassen, immer Gischt vor dem Bug; die grün-weißen Fährschiffe; die »Hafenrundfahrt«, *kleine* oder *große*. Drüben die Front der Hellingen und Docks, die Silhouetten der Kräne, der Kais, der Stapelhallen. Das alles umtönt von dem ungeheuren Lärm des Welthafens, seinem Dröhnen, Brummen und Gellen – einem Geräuschpegel, den der Wind bei ruhigen Nächten bis hinauf nach Barmbek trug, in den Norden der Stadt, wo ich mit offenen Augen und den sehnsüchtigsten Gefühlen nach Ferne lag und hinhorchte.

Aber es gab auch andere Erinnerungen: die nach dem jüdischen Vorsitzenden der HAPAG benannte »Albert Ballin« umgetauft in »Hansa«, Hitler bei Blohm & Voss, Stapellauf von Kriegsschiffen, Zwangsarbeiter, später Sprengungen und Demontagen – das alles verbunden mit dem Namen Blohm & Voss.

Und plötzlich wird einem klar, was das ist – Globalisierung. Denn nun liegt da drüben bei Steinwerder ein großer, hellgrüner Kasten, 162 Meter lang, von strahlendem Weiß und 800 Millionen Euro teuer – die Yacht des russischen Milliardärs Roman Abramowitsch. Kurz vor Weihnachten will er sich sein Prunkstück abholen. An ihm läßt sich ablesen, daß auch der Terror inzwischen globalisiert ist: Es gibt an Deck eine Raketenabwehr und einen Hubschrauberlandeplatz mit Helikoptergarage. Und das Glas der Bullaugen ist so massiv, daß es auch Sprengstoffanschlägen standhielte.

Blohm & Voss nun bald also in den Händen von Scheich Hamdan bin Zajed al-Nahjan – das hat etwas Kryptisches an sich, Fiktionales, erschütternd Fremdes.

Das Alte schmilzt dahin, die Welt von morgen wird keine Ähnlichkeit mehr haben mit der von heute. Ich bin darin längst ein Fossil.

So fließt das eigene Leben auf seine Art in dem allgemeinen Strom mit, ein Schuß mehr als früher darauf bedacht, Dinge zu bewahren, die einen so lange begleitet haben und einem kostbar geworden sind.

Vor allem Freundschaften. Sind sie nicht das wichtigste auf der Welt? Ich habe aus meinen frühen Jugendjahren noch den Anfang eines Lieds im Ohr: *»Ein Freund, ein guter Freund, das ist das Schönste, was es gibt auf der Welt …«*, dann textlicher Blackout, aber die Melodie noch im Ohr wie damals. Ich habe sie mein ganzes Leben vor mich hin gesummt.

Der Kult um die Schwulen beginnt mir ganz gewaltig auf den Keks zu gehen.

Das muß einmal heraus, auch wenn es mir natürlich bei der Political Correctness wieder den Ruf eines Rassisten, Nazis oder Antidemokraten bescheren wird. Es ist einfach ein Punkt des Outings, der öffentlichen Darbietung erreicht, die sich durch Übertreibung gegen die Schwulen selbst zu richten beginnt (und wenn ich »Schwule« sage, sind »Lesben« immer einbegriffen).

Wo man hinguckt, Schwule und ihre Veranstaltungen – Euro-Pride und Gay-Aufzüge, schwule Bürgermeister (zuvorderst das Berliner »Und das ist auch gut so«-Idol), lesbische Stadtpräsidentinnen, schwule Politiker und schwule Fernsehtalker. Und das alles so häufig, dicht und dick, als bestünde die ganze Welt aus nichts als Schwulen.

Das hat etwas Parareligiöses an sich, eine Selbstverhimmelung, die mir gegen den Strich und auf die Nerven geht, zumal die Märtyrerattitüde von einst immer noch nicht ganz verschwunden ist. Dabei werden heute doch eher Leute angegangen, die sich erlauben, den Schwulenkult zu kritisieren.

Die Deutungshoheit über die Homosexualität ist von den Schwulen selbst längst übernommen worden, sie sind es, die regeln, was gesagt werden darf oder nicht.

Tatsächlich hat sich die moderne Homosexuellenbewegung in den letzten zwanzig, fünfundzwanzig Jahren fast überall durchgesetzt, nach langer, auch blutiger Verfolgung. Deshalb: Wer auf frühere Rezepte zurückfällt, wer mit den anstößigen Gründen der Vergangenheit gegen Schwule polemisiert, wer sie in ihren Freiheiten beschränken will, der kriegte es mit mir zu tun. Und wehe, wenn jemand die rechtliche Gleichstellung der Schwulen attackiert oder ihre Sexualität einschränken wollte – der, noch einmal, hat mich am Hals.

Aber wenn ich fortwährend zum Zeugen von Zusammenballungen unter dem Motto: »Je schriller, desto schwuler« werde; wenn ich das Fernsehen anmache und schwups, worum geht's?, in Notwehr auch gleich wieder ausschalte; und wenn sich mir bei allem schließlich der Gedanke aufdrängt: Ist man als Hetero eigentlich eine Mißgeburt?, dann darf doch wohl schüchtern angefragt werden: Meine Damen, meine Herren, geht es vielleicht nicht auch halblang?

Wenn Männer sich küssen, dann, halten zu Gnaden, ergreife ich die Flucht, wie auch, wenn mir das Schwulendasein als das einzig lebenswerte suggeriert wird und sich ein entsprechendes Bekennertum als intolerante Weltanschauung entblößt. Dagegen habe ich etwas. Überhaupt: Warum müssen persönliche Vorlieben so exzentrisch zur Schau gestellt werden? Die rechtliche Gleichstellung, die gesellschaftliche Akzeptanz ist doch weitgehend erreicht. Mehr, die Homosexuellen sind eher in einer privilegierten Situation.

Was aufstößt und verstimmt, ist die Art und Weise, wie die Schwulenbewegung sich heute sichtbar macht. Wer eine Privatsache wie die sexuelle Veranlagung so penetrant nach außen trägt, der sollte sich überlegen, wo der gute Geschmack beginnt und wo er aufhört. Eine Schweizer Wochenzeitschrift: »Man läuft ja auch sonst nicht dauernd mit offenem Hosenladen herum.« O doch, o doch! Und zwar Homos öfter als Heteros.

Und wenn dann Kritik an bestimmten Zeremonien der Schwulenbewegung noch in die Nähe von Gotteslästerung gerückt und für Kritiker nach dem Staatsanwalt gerufen wird, dann fühle ich mich auf den elektrischen Stuhl geschnallt.

Das ist raus, nach langer Karenzzeit.

Wer mich dieses Geschreibsels wegen nun einen Schwulenfeind nennt, den nenne ich einen Hundsfott. Und füge an: Einer meiner besten Freunde, gleichzeitig ein bedeutender Publizist unserer Gegenwart, Marko M., ist schwul. Es hat zwischen uns nie einen Mißton gegeben, und es wird ihn auch nicht geben. Er und sein farbiger Gefährte sind in völliger Übereinstimmung mit sich. Das tragen sie aber nicht als Aushängeschild vor sich her, so wenig, wie sie es plakativ inszenieren und demonstrieren. Der Christopher Street Day ist ihre Sache nicht. Sie führen nur leise und selbstverständlich vor, wie Homosexualität auch gelebt werden kann, nämlich ohne den Stempel alleinseligmachender Lebensauffassung und ohne alle schreierischen Akzente.

Und das ist auch gut so.

Chinas Auftritt auf der Buchmesse 2009 in Frankfurt am Main hat meine Abscheu vor dem Regime noch vertieft. Ich rieche das Odium der Reglementierung, die Furcht der angeblich so Mächtigen vor einem falschen Wort, einer falschen Silbe, einem verkehrten Buchstaben, die Dauerfurcht, »gestellt« zu werden, kurz, die falsche Seite der Weltgeschichte

Wenn mir der Vorwurf gemacht wird, ich differenzierte nicht genügend, dann kann ich nur sagen: Die Freiheit des Wortes ist nicht verhandelbar! Ich jedenfalls fühle mich beschmutzt, wo und wann immer ich mit diesen selbsternannten Regulatoren in Berührung komme, und sei es auch als bloßer Zuschauer. Ich mag die große Unfreiheit nicht kompensieren mit »Nischen von kleinen Freiheiten«.

»Freiheit« interpretiere ich total ichbezogen: Welches meiner Bücher wäre in China herausgekommen? Kein einziges von den bisher zwanzig, nicht eines hätte die Zensur passiert. Die Freiheit des Wortes bleibt mein Beurteilungskriterium.

Natürlich kommt man sich als Besserwisser vor, wenn man ein solches Riesenreich kritisiert und Forderungen stellt, auch so selbstverständliche wie die nach den Menschenrechten. Das Entsetzliche ist, daß das westliche Demokratiemodell hier gar nicht greifen, daß es keine realistische Option sein kann. Daß Parlamentarismus Bürgerkrieg und Chaos zur Folge hätte und die gigantischen Probleme Chinas von einer Zentralmacht viel effektiver angegangen werden können als von einer föderativ-demokratischen Staatsform.

Auf jeden Fall sieht China, die Vormacht von morgen, schweren Zeiten entgegen: Der Gegensatz zwischen dem dynamischen Druck wirtschaftlicher Expansion und der Einparteienherrschaft verschärft sich und ist unaufhebbar. In diesem Konflikt wird die

Partei der historische Verlierer sein. Der Weg dahin aber wird gezeichnet sein von Eruptionen, die eine globalisierte Welt bis in die Grundfesten erschüttern wird.

Die Magmasäule steigt.

Beim Abschlußempfang der Messe wollte Dai Qing sich für die Einladung bedanken und ihrem Bedauern Ausdruck geben, daß zwischen dem offiziellen China und seinen Kritikern kein richtiger Dialog zustande gekommen sei. Daraufhin wurde ihr fünfzehn Minuten vor Beginn vom Internationalen Zentrum der Messe abgeraten aufzutreten, mit der Begründung, das Auswärtige Amt sähe ihre Anwesenheit nicht gern.

Da zeigte sich plötzlich noch einmal in ganzer Nacktheit, was an der diesjährigen Buchmesse nicht stimmte und daß hinter der Idee, China als Ehrengast einzuladen, handfeste wirtschaftliche Interessen standen. So verkommt Kultur zu einem Element der Außenpolitik. Man ist schamlos genug, Redeverbote auszusprechen.

Ich erfahre soeben, daß ein Professor gerade zu zehn Jahren Haft verurteilt wurde, weil er im Internet ein Ende der Einparteiendiktatur Chinas gefordert hat …

Diese Messe werde ich lange im Gedächtnis behalten.

Beim Symposion »Georg Elser und der deutsche Widerstand – ein Erbe deutscher Demokratie« in der Hochschule für Philosophie, Kaulbachstraße 31, München.

Dazu eingeladen hat das Bayerische Staatsministerium für Unterricht und Kultus und die Landeszentrale für Politische Bildungsarbeit. Unter den Teilnehmern ist auch mein alter Freund und Mitkämpfer Peter Steinbach.

Ich war aufgefordert, mit einem Eröffnungsreferat auf den größeren Rahmen des Tagungsthemas einzugehen, mit einer Charakteristik des Nationalsozialismus in Form einer Personalie – der meinen. Wie ich diese Zeit erlebt und überlebt habe, was nach der Befreiung kam und wie aus tiefster Isolation doch noch Zugehörigkeit werden konnte.

Darüber habe ich gesprochen, eingeschlossen einige der schlimmsten Erlebnisse, etwa fünfundzwanzig Minuten lang, dadurch mitgenommen wie immer. Aber ich beließ es nicht dabei, sondern endete mit einer Hommage an den Mann, der am 8. November 1939 im Münchener Bürgerbräukeller die Bombe legte, die Hitler töten sollte – Johann Georg Elser.

Es ist die Geschichte eines Einzelgängers, atemberaubend und von einer stillen Kühnheit – niemand außer ihm wußte davon. In den Annalen des deutschen Widerstandes ist der Name erst spät, sehr spät aufgetaucht. Ich habe mich erst bei den Vorarbeiten für das Symposion intensiver mit ihm beschäftigt, das aber mit ständig wachsender Bewegung und Anteilnahme am Schicksal dieses in des Wortes buchstäblicher Bedeutung wahrhaft einmaligen Attentäters.

Elser war klein, schmächtig, zur Tatzeit sechsunddreißig Jahre alt und Schreinergeselle von der württembergischen Ostalb.

Man weiß immer noch wenig über sein Inneres, wohl aber, daß er vom Herbst 1938 an mit Ausdauer und Beharrlichkeit den Anschlag geplant und vorbereitet hat – vielleicht nicht zuletzt angestoßen von den Schrecken der Reichspogromnacht vom 9. auf den 10. November 1938 gegen Deutschlands Juden.

Ein Jahr lang inspiziert Elser den Bürgerbräukeller, verfertigt Zeichnungen, besorgt den Sprengstoff und beginnt in der Nacht zum 5. August an der Säule zu arbeiten, die die Bombe tragen soll. Im Licht einer Taschenlampe bricht er Mauerstück um Mauerstück heraus und wirft den gesammelten Schutt in die Isar. Das Ganze ein Meisterstück der Geheimhaltung. So arbeitet Elser fünfunddreißig Nächte lang, bis er am 6. November 1939 fertig ist. Einen Tag später kommt er noch einmal zurück, um die eingebauten Uhrwerke zu prüfen.

Die funktionieren, auf die Sekunde: acht Tote, dreiundsechzig zum Teil Schwerverletzte, der Bürgerbräukeller zerstört – aber der »Führer« am Leben.

Was war geschehen?

Wie jedes Jahr, so war Hitler auch 1939 in den Bürgerbräukeller gekommen, um vor sogenannten alten Kämpfern eine Rede zu halten. Er begann um 20.09 Uhr, um 21.20 Uhr explodierte die Bombe. Aber da war Hitler schon nicht mehr da – er hatte seine Rede gekürzt und den Saal dreizehn Minuten zuvor verlassen.

Wie bei allen vergangenen und auch allen folgenden Attentatsversuchen, den vom 20. Juli 1944 eingeschlossen, kam er davon. Ein verstörender Katalog des Entkommens, der Hitlers verblasene These von der »schützenden Vorsehung über seinem Haupt« auf die unheimlichste Weise zu bestätigen schien.

Johann Georg Elser kommt nach der Tat nicht weit. Er wird am selben Abend noch bei einem Fluchtversuch in die Schweiz festgenommen, mit zahlreichen Indizien für das Attentat: Ansichtskarten vom Bürgerbräukeller, Drähte, Adressen von Sprengstoffabrikanten. Aber Elser schweigt, auch unter Mißhandlungen. Dann wird er von der Gestapo überführt. Sie hat herausbekommen, daß die Bombe in Bodennähe installiert war, also kniend angebracht worden sein mußte. Als Elser aufgefordert wird, die Hosenbeine hochzuziehen, zögert er. Er weiß, warum: Seine Knie sind mit eiternden Wunden bedeckt. Nächste Stationen: das KZ Sachsenhausen-Oranienburg, 1944 dann Dachau. Am 5. April 1945 trifft bei der dortigen Lagerkommandantur ein Schnellbrief von Gestapochef Müller ein, den Schutzhäftling Elser »in absolut unauffälliger Weise zu liquidieren«. Das geschieht am 9. April 1945 durch Genickschuß.

In der Brust dieses kleinen Mannes barg sich ein großes Gewissen. Johann Georg Elser war kein Ideologe, kein gelehrter Mensch, kein Philosoph. Er war einer, der das Böse erkannte und es in stummer Kühnheit zu seinem persönlichen Feind erklärte. Damit wurde er zu einem Antipoden der damaligen Bevölkerungsmehrheit, die das Böse entweder nicht sah oder nicht sehen wollte. Ich habe für diesen Schreinergesellen keine andere Definition gefunden als die eines »Helden«.

Bekanntlich lassen sich in Deutschland Ehrungen jenseits des aristokratischen Milieus, siehe das Thema Deserteure, viel Zeit.

So auch bei Elser. Immerhin wird am heutigen Tag in Konstanz ein Georg-Elser-Denkmal enthüllt, während in München am Georg-Elser-Platz eine Neonröhreninstallation mit dem Schriftzug »8. November 1939« an den Ermordeten erinnert. Sie leuchtet einmal am Tag für eine Minute rot auf, um 21.20 Uhr, als an dem Tag die Bombe explodierte.

Nach meiner Rede sagte eine Frau aus dem zweihundertköpfigen Auditorium: »Wenn man das hört, wird einem erst richtig klar, wieviel Leid, Blut und Tränen Deutschland und der Menschheit erspart geblieben wären, wenn Georg Elser erfolgreich gewesen und Hitler bei dem Anschlag ums Leben gekommen wäre.«

Mir wurde bei dieser Vorstellung ganz schwarz vor Augen.

Dann sprach der Historiker Hans Mommsen über den aktuellen Stand der Widerstandsforschung, gezeichnet von den Jahren und sehr sachkundig. Danach Peter Steinbach von der Universität Karlsruhe, aber in Berlin lebend – mit der ihm eigenen Leidenschaft und voll hoher Bewunderung für einen, der »den unerwarteten Widerstand von unten« personifizierte.

Schließlich nahm Ludwig Spaenle das Wort,

Meine Vorurteile gegen Bayern, noch aus nostalgischen Franz-Josef-Strauß-Zeiten, sind nur schwer abzubauen. Aber was dieser Bayerische Staatsminister für Unterricht und Kultus zum Thema sagte und wie er es tat, hat mich beeindruckt: echtes Engagement, keine Tünche, ohne hohle Stellen, eine neue Generation. Hier wird sich um Aufklärung bemüht, spät, aber ehrlich. Es wurde eine Marathonsitzung von 14 bis 22 Uhr.

Aber es war gut, der Einladung gefolgt zu sein.

24. Oktober 2009, Köln
Henryk M. Broder hat seine Kandidatur als nächster Präsident des Zentralrats der Juden in Deutschland angekündigt – Hilfe!

Er hat seine Kippa in den Ring geworfen und will Charlotte Knobloch ablösen. Ist das nur ein PR-Gag oder wirklich ernst zu nehmen? Er behauptet es und dazu, daß drei jüdische Gemeinden seine Kandidatur schon unterstützen würden. Er verbindet seine Absicht mit scharfer Kritik an der Arbeit des Zentralrats, seiner bürokratischen Erstarrung, hält die Präsidentin für überfordert und läßt sich auch davon nicht abschrecken, daß ihr Stellvertreter, Dieter Graumann, Broders Ankündigung als »lustige Phantasie« bezeichnet. Retourkutsche des potentiellen Zentralratspräsidenten: Die jetzige Führung sei viel zu vergangenheitsfixiert. Statt sich um neue Holocaustgedenkstätten zu kümmern, die »Reueentgegennahmeinstanz« zu mimen und der deutschen Mehrheit Unbedenklichkeitserklärungen auszustellen, solle sich der Zentralrat doch lieber um aktuelle Völkermorde und Menschenrechtsverletzungen wie etwa in China oder im Iran kümmern.

Das ist starker Tobak und nicht so spaßig, wie auf den ersten Blick zu vermuten.

Ich kenne Broder jetzt über dreißig Jahre, an Scharfzüngigkeit und Denkpenetranz kommt ihm keiner gleich. Er polarisiert und befördert die Dinge unverblümt zutage. Ich kenne niemanden, der seine Unabhängigkeit so kühn auslebt wie er, stehe aber dieser öffentlich ausgetragenen innerjüdischen Auseinandersetzung irgendwie hilflos gegenüber. Ist das nötig? Lauert jenseits unseres blauen Planeten und seinem zerstörbaren Atemvorrat nicht ein kalter Kosmos, der all unsere Zwistigkeiten zu einer Nichtigkeit degradiert? Die Wahrheit ist: Ich scheue zurück vor dieser öffentlichen Konfrontation. Selbst wenn ich Broders Meinung wäre, würde ich es nicht so äußern. Ich habe offenbar ein ganz anderes Loyalitätsempfinden als er, ohne zu behaupten, das meine sei das richtige. Gleichzeitig verspüre ich so etwas wie Neid darauf, daß Henryk M. Broder von meinen Hemmungen völlig frei ist.

Aber öffentlicher Streit unter Juden – das tut mir weh, ich gebe es zu. Und wenn es dann auch noch um die höchste jüdische Interesseninstanz in Deutschland geht, noch mehr. Dabei bin ich doch selbst einer, der dauernd irgendwo aneckt. Aber nicht hier, nicht bei diesem Thema. Da entdecke ich eine weiche Stelle.

Der Zentralrat der Juden in Deutschland begleitet mich und ich ihn seit 1950, also seit sechzig Jahren. Sein erster Generalsekretär, der legendäre Hendrik George van Dam, ein großer Jurist und Publizist, war mein väterlicher Freund, wie Karl Marx, der charismatische Herausgeber der »Allgemeinen Jüdischen Wochenzeitung« – beide von mir liebevoll »Deutschlands Oberjuden« genannt. Dazu mein Freund Paul Spiegel, viel zu früh davongegangen – wie hätte er reagiert?

Diese durchaus sentimentale »Altlast« macht mich befangen gegenüber öffentlichen innerjüdischen Auseinandersetzungen. Ich weiß, daß das nicht richtig ist, kann aber nicht anders. Also soll Broder weiter das Messer wetzen.

Nur eines soll er nicht: Präsident des Zentralrates der Juden in Deutschland werden!

3. November 2009, Berlin
Herta Müller hat vorgestern den *Franz-Werfel-Menschenrechtspreis* von der Stiftung *Zentrum gegen Vertreibungen* bekommen. Dessen Vorsitzende Erika Steinbach sagte, der Beschluß, ihr den Preis für »Atemschaukel« zu verleihen, sei schon vor der Entscheidung des Stockholmer Komitees gefallen.

Wie zu erwarten, nahm die Nobelpreisträgerin auch diesmal kein Blatt vor den Mund, sondern startete in ihrer Dankesrede heftige Angriff gegen Ceauşescus Mörderbanden und das verdrängungsgezeichnete Rumänien der Gegenwart. Die deutsche Landsmannschaft habe ihre Verstrickung in das Regime sowenig aufgearbeitet wie die Geschichte der Juden, mit Folgen, die »laut und frech« bis heute zu spüren seien. Der Haß ihrer Landsleute und der Haß der Regierung seien Hand in Hand gegangen. Allen voran die feige evangelische Kirche, die sie und ihren Mann 1989 vom Deutschen Kirchentag ausgeladen hatte – aus Furcht, »Ceauşescu-Land« könnte auf dem »Forum Rumänien« als das angeprangert werden, was es war – eine der finstersten Diktaturen der Welt. Jetzt nahm Herta Müller die Gelegenheit wahr, die Securitate-Schergen von gestern und Rentner von heute mit der Waffe des Wortes und ohne Tabus zu attackieren: »Die gealterten Mörder pflücken Pflaumen in ihren Sommergärten.«

Herrlich – was ist da alles in acht Worten zusammengefaßt! Das ist die richtige Sprache. Keine falsche Versöhnlichkeit. So auch Herta Müllers kongenialer Laudator Ilija Trojanow:

»Vergebung, das wird oft übersehen, ist eine beliebte rhetorische Strategie der Schuldigen: Laßt das Vergangene ruhen, beschwören meist jene, die im Vergangenen ihre Leichen verbuddelt wissen.«

Nein, Versöhnung ist kein Allheilmittel. Und Trojanow weiter: »Es gibt Zeiten, in denen allein dem unversöhnlichen Blick zu trauen ist. (...) Die Würde des Menschen ist unantastbar, behauptet unser Grundgesetz. Doch diese Würde atrophiert, wenn eine diskriminierende Vergangenheitspolitik herrscht, wenn die Einflußreichen von heute mit den Tätern von gestern kollaborieren. Dagegen kann sich und muß sich Literatur auflehnen. Dagegen schreibt Herta Müller an, mit der Beharrlichkeit eines Schmieds beim Dengeln. (...) Zumal die Täter, die Nachfolger der Täter und all jene, denen mit Friedhofsruhe gedient ist, für andauerndes Schweigen sorgen, für Verschweigen. Mord ist der schlimmste Maulkorb; Massenmord das Herausschneiden einer gemeinschaftlichen Zunge. Bis jemand wie Herta Müller daherkommt, jemand, die sich unbeugsam die Aufgabe gestellt hat, die Verstummten zum Wort zu erwecken.«

Da könnte ich auf die Knie gehen, das geht mir durch und durch, das ist Verwandtes aus gleich oder ähnlich Erlebtem. Das läuft synchron mit meiner Biographie, wenn es in der Laudatio über Herta Müller heißt: »Sie hat sich durch die Angst hindurchgeschrieben ...«

O ja, die Angst, da stockt mir der Atem. Die Angst vor dem jederzeit möglichen Gewalttod, die in mir hochkeimte, als ich vierzehn, fünfzehn war, und die als Erinnerung in mir geblieben ist und bleiben wird, selbst wenn ich die biblischen Hundertzwanzig erreichen würde.

Herta Müller – welch persönliche Schande, sie so spät entdeckt zu haben.

Alles drängt auf den 9. November 1989 zu – zwanzig Jahre Mauerfall …

Den Preis, den das damalige Politbüromitglied Günter Schabowski bekommen müßte, den gibt es noch gar nicht.

Rückblick.

Am Nachmittag jenes Tages in der Pressekonferenz auf die Frage, wann denn ausgereist werden könne, Schabowski: »Ja – wann?« Mühsames Suchen in einem Bündel von Drucksachen nach einem bestimmten Blatt, das schließlich mit Hilfe eines Nebenmannes gefunden wird. Dann Schabowski: »Das tritt nach meiner Kenntnis … ist das sofort, unverzüglich« – und die Mauer war gefallen, der politische Zeitzünder detoniert. Eine Falschmeldung wird zur Weltgeschichte, Deutschland »aus Versehen« wiedervereinigt.

Am Berliner Grenzübergang Bornholmer Platz ist an jenem Abend Stasi-Oberstleutnant Harald Jäger der diensthabende Offizier.

Als der Druck immer größer wird, die Situation immer explosiver, öffnet er den Schlagbaum – und die Sturmflut geht ab. Johlend, schreiend, lachend, weinend fallen sich Leute, die sich vorher nie gesehen haben, in die Arme und rufen: »Wahnsinn! Wahnsinn!« Und ich in meinem Kölner Domizil wie mitten unter ihnen, so schien es mir jedenfalls. Denn ich tanzte im Zimmer vor dem Bildschirm ebenfalls herum, kniff mich dauernd in den Arm, wie immer, wenn ich nicht weiß, ob ich wache oder träume, und ließ mich schließlich von der Wirklichkeit überzeugen.

Vor dem Brandenburger Tor gab es übrigens noch einen letzten Widerstand der Uniformierten. Das erschütterndste Bild dieses erschütternden Tages: Eine Frau in mittleren Jahren schreit gegen die sture Phalanx der Grenzpolizei an, eine »Frau aus dem Volk«, speichelsprühend im Scheinwerferlicht, brüllend, mit aufgerissenen Augen, ein einziger Aufruhr: »Ich wollte immer durch dieses Tor, solange ich denken kann, und jetzt darf ich nicht? Jetzt steht ihr da und laßt mich nicht durch? Könnt ihr das verantworten? Seid ihr wirklich so?«

Ich werde Zeuge eines antiken Dramas. Mir schießen die Tränen hoch bei der Erinnerung daran. Und das erst recht, als einer der Grenzpolizisten die Frau schließlich am Arm zum Brandenburger Tor geleitete. Da war es ganz aus.

Heute sagt der einstige Stasi-Oberstleutnant Harald Jäger: »Bei allen Widersprüchen, die diese neue Gesellschaftsordnung für mich darstellt, bin ich froh, daß es den 9. November gegeben hat. Denn wer die DDR so kennengelernt hat, wie ich sie habe kennenlernen müssen, vom ersten Jahr an bis zum bitteren Ende, der ist froh, daß die DDR nicht mehr existiert. Und ich möchte sie nicht wiederhaben.«

Wieviel man da zwischen den Zeilen lesen kann …

Schabowski ist heute von schwerer Krankheit gezeichnet, Maybrit Illner konnte ihn für ihre Sendung »20 Jahre Mauerfall – Einheit ja, Gerechtigkeit nein« nur im Krankenhaus interviewen. Was sie lieber nicht hätte tun sollen, denn der Anblick seines Verfalls war schauerlich. Aber er steht zu seiner Wandlung, ohne Wenn und Aber, der einzige aus der Politbüroriege, dem ich das glaube.

Was wäre ohne »Schabowskis Zettel« geworden?

Der Fall der Mauer, das Ende der DDR, sie wären auch sonst gekommen, wenn die Sowjetregierung unter Gorbatschow stillhielt – schließlich war ja immer noch eine halbe Million Rotarmisten zwischen Oder und Elbe stationiert.

Aber wie auch immer – so, wie es gekommen ist, so ist und bleibt es für mich ein Wunder, unabnutzbar und einmalig, die Quelle einer Freude, die mich bis zu meinem letzten Atemzug begleiten wird.

Nur daß der Fall der Mauer schon zwanzig Jahre her ist, das will ich nicht kapieren. Kommt es mir doch so vor, als wäre heute der 10. November 1989.

Der Leo-Baeck-Preis des Zentralrats der Juden in Deutschland geht 2009 an Theo Zwanziger, Präsident des Deutschen Fußball-Bundes.

Ich gestehe, daß ich den Namen des Preisträgers nie gehört habe, jedenfalls nicht bewußt, und ich mir deshalb auch keine Vorstellung von der Person machen konnte. Aber nun, nach der Zeremonie im Berliner Adlon-Palais, kann ich es.

Ich bin kein Fußballfan, wenngleich ich mir mit schöner Regelmäßigkeit hochrangige Spiele sehr wohl anschaue, von der Bundes- über die Europa- bis zur WM-Ebene. Aber die Dankesrede war ein richtig gutes Erlebnis, und die Vertiefung meiner Kenntnisse über die Personalie im Internet tut das ihre zu weiterer Wertschätzung.

Theo Zwanziger wird mir im Gedächtnis bleiben, hier hat ein Würdiger den hohen Preis erhalten. Da steht ein Mann in wichtiger Position wie eine Eins gegen die Gefahr von rechts, hellwach für alle Mißtöne von Rassismus und Antisemitismus, auch wenn sie von links kommen. Niemand hat sich so offen gegen Gewalt in den Stadien gekehrt wie er, keiner ist dagegen schärfer vorgegangen. Tatsächlich hat die Gewalt ein Ausmaß angenommen, daß der Bundesgerichtshof entschied, Stadionverbote schon dann auszusprechen, wenn jemand nur unter dem Verdacht der Gewaltbereitschaft steht. Es geht darum, friedliche Zuschauer vor gewaltbereiten Hooligans zu schützen. In Deutschland gibt es jährlich an die 5000 Straftaten im Zusammenhang mit Fußball.

Da war es gut, einen Mann wie diesen zu hören und auszuzeichnen.

Die Laudatio hielt Wolfgang Schäuble. Ich hatte 2008 mit ihm für die »Frankfurter Allgemeine Sonntagszeitung« in den Räumen des Innenministeriums einen kontroversen Disput über das Thema Migration / Integration. Jetzt schien er mir aber viel erschöpfter als damals. Was könnte man denn auch anderes auf diesem Stuhl sein?

Ein kleines P. S.: Als mir aus der Hand Paul Spiegels 2003 der Leo-Baeck-Preis verliehen wurde, habe ich mir am Ende meiner Dankesrede eine freche Pointe erlaubt. Nämlich all die, die lebhaft bekundeten, ich hätte die hohe Ehrung allemal verdient, mit einem einzigen Wort bestätigt: »Stimmt!«

Die Kanzlerin in den USA.

Private Töne bei Besuch und Ansprache vor beiden Kammern des US-Kongresses: »Ich lebte mit meinen Eltern in Brandenburg, einer Region, die zur DDR, dem unfreien Teil Deutschlands, gehörte. Mein Vater arbeitete als evangelischer Pastor. Meine Mutter, die Englisch und Latein studiert hatte, um Lehrerin zu werden, durfte ihren Beruf in der ehemaligen DDR nicht ausüben.«

Dann weiter: »Ich habe mich, wie viele andere Teenager auch, begeistert für Jeans einer bestimmten Marke, die es in der DDR nicht gab und die mir meine Tante aus dem Westen regelmäßig geschickt hat.«

Und auf den 9. November 1938 kommend, dieses deutsche Schicksalsdatum: »An diesem Tag verwüsteten die Nationalsozialisten Synagogen, setzten sie in Brand, ermordeten Unzählige. Es war der Beginn dessen, was später in den Zivilisationsbruch der Shoah mündete. Ich kann heute hier nicht vor Ihnen stehen, ohne der Opfer dieses Tages und der Shoah zu gedenken.«

Schließlich: »Meine Damen und Herren, lassen Sie es mich in einem Satz sagen: Ich weiß, wir Deutschen wissen, wieviel wir Ihnen, unseren amerikanischen Freunden, verdanken. Niemals werden wir, niemals werde ich Ihnen ganz persönlich das vergessen.«

Senatoren und Abgeordnete haben den persönlichen Tenor der Kanzlerin mit mehrmaligem Erheben von ihren Sitzen honoriert.

Mir wird ganz schlecht, wenn ich an Gerhard Schröder und sein Verhältnis zu den USA denke …

9. November 2009, Köln

Seitdem ich aus meinen Büchern lese, also seit den »Bertinis« im Jahre 1982, mache ich die Erfahrung von stets vollen Häusern, ohne Ausnahme. Das ist also eine Erfahrung von fast dreißig Jahren.

Sie ändert nichts an meiner Furcht jedesmal wieder, vor einen leeren oder nur schwach gefüllten Saal zu treten.

So auch am 6. November, als ich in Köln-Rodenkirchen aus meinem Buch »Sizilien, Sizilien! Eine Heimkehr« gelesen habe (volles Haus), und heute, wo ich an der Volkhochschule Essen einen Vortrag über »Es begann nicht am 9. November 1938 – Gedanken zu einem deutschen Schicksalsdatum« gehalten habe (der Saal bis auf den letzten Stuhl besetzt).

Davor – die alte Beklemmung. Wieso? Was ist da los mit mir? Ist es Furcht vor technischem Versagen? Ich habe doch sprechen gelernt durch Radio und Fernsehen. Habe mich doch korrigiert, wo wir Hanseaten nuschelig werden, Silben verschlucken oder das A nicht rein, sondern mit einer O-Tönung aussprechen? Habe ich nicht sogar Schluß gemacht mit der norddeutschen Unsitte, das Ä in ein E zu verfälschen, so daß Außenstehende wissen, ob nun die »Säle« oder die »Seele« gemeint ist? Und ist meine Stimme nicht so kräftig, daß ich sogar beim Ausfall von Mikrophonen noch verstanden worden bin? Wer gut schreiben kann, braucht noch lange nicht gut sprechen können. Ich jedenfalls habe mich mehr als einmal kräftig darüber gewundert oder geärgert, daß manche Kolleginnen und Kollegen überhaupt kein Gespür für den Kontakt zum Publikum haben, weil sie entweder zu leise oder zu undeutlich sprechen, ja, sogar flüstern oder wispern und sich auch durch Zurufe nicht korrigieren lassen. Wie können Menschen, die sensibel genug sind, großartige Texte zu verfassen, rhetorisch nur so total versagen?

All das trifft auf mich nicht zu, ich habe mich damit nicht abzurackern. Aber wie kommt es dann zu dieser Pathologie, dieser Furcht vor leeren Stühlen, und das sogar dann, wenn mir angekündigt worden ist: »Karten ausverkauft«? Was ist los mit mir, kann das ein überkandidelter Stolz sein, der mich da reitet? Fürchterlicherweise will ich doch nach meinen bereits festgezurrten Plänen noch bis in mein neunzigstes Lebensjahr unterwegs sein.

Bleibt nur die Hoffnung, daß diese Art von Lampenfieber eines Tages oder Nachts schlagartig vorbei sein könnte. Aber dann bitte gleich eingeschlossen auch mein Tinnitus, der mich seit fünfzehn Jahren auf dem linken Ohr heimsucht, ohne daß ich den Glauben ganz verloren hätte, daß er eines Tages oder Nachts plötzlich schrill verstummen wird.

In Sachen Thilo Sarrazin hat sich der Philosoph Peter Sloterdijk im »Cicero« vom November unter dem Titel »Aufbruch der Leistungsträger« eingemischt, und das so treffend, daß ich es in meinem Tagebuch festhalten will:

Denken wir an den entlarvenden Vorgang, der sich vor wenigen Wochen anläßlich einiger kantiger Formulierungen des ehemaligen Berliner Finanzsenators Thilo Sarrazin entwickelt hat. Weil er so unvorsichtig war, auf die unleugbar vorhandene Integrationsscheu gewisser türkischer und arabischer Milieus in Berlin hinzuweisen, ging die ganze Szene deutscher Berufsempörer auf die Barrikaden, um ihm zu signalisieren: Solche Deutlichkeiten sind unerwünscht. Man möchte meinen, die deutsche Meinungs-Besitzer-Szene habe sich in einen Käfig voller Feiglinge verwandelt, die gegen jede Abweichung von den Käfigstandards keifen und hetzen. Sobald einmal ein scharfes Wort aus einem anderen Narrenkäfig laut wird, bricht auf der Stelle eine abgekartete Gruppendynamik los. Dabei geht es zu, als gelte es, einen Wettbewerb in Empörungsdarstellung zu gewinnen. Wer schafft es, seine Konkurrenten an Würdelosigkeit beim Eifern und Geifern zu übertreffen? Einigermaßen fassungslos sieht man mit an, wie dann die Mechanismen der Trivialmoral in endlosen Schleifen abgespult werden – bis hinauf in die Spitzen der »Gesellschaft«.

Eine schallende Ohrfeige für die bundesdeutsche Political Correctness, der nichts hinzuzufügen ist.

Heute im Taxi zum Kölner Hauptbahnhof, um den Zug nach Essen zu nehmen.

Der Chauffeur, 35 Jahre alt und Iraner, wie sich herausstellt, bricht ohne äußeren Anlaß los und schimpft. Schimpft auf die Mullahs, auf Allah, auf den Islam. Es strömt aus ihm heraus, ein Wasserfall an Worten, in gebrochenem, aber verständlichem Deutsch, der mich zum Statisten, zu einem stummen Zuhörer macht. Dabei kommt es zu lebensgefährlichen Situationen, da er sich dauernd nach hinten zu mir umdreht, um sich zu vergewissern, daß ich ihm auch zuhöre. Tue ich. Er sagt, nein, schreit: Der Islam sei das Problem, die »verdammte Religion«, die das Menschliche kaputtmache wie jede Religion. Eine These, die er variiert, bis wir am Bahnhof angelangt sind, wo er mich nur widerwillig ziehen läßt.

Ich habe dagesessen und kein Wort erwidert. Nun füge ich dem Großthema, das mich seit zehn, zwölf Jahren beschäftigt, hinzu: »Solche Stimmen gibt es also auch in der islamischen Welt.«

Das Thema ist allgegenwärtig.

Vorgestern, am 7. November, ist in Köln-Ehrenfeld der Grundstein für die neue Großmoschee gelegt worden – unter der Beteiligung der urbanen Honoratiorenschaft und angeführt von Altoberbürgermeister Fritz Schramma und seinem Nachfolger im Amt, Jürgen Rother.

Der Rohbau soll Ende 2010 fertig sein: Platz für mehr als 1000 Gläubige, die Kuppel 36 Meter, die beiden Minarette je 50 Meter hoch, muslimisches Gemeindezentrum und Deutschlandzentrale der DITIB in einem. Kosten rund 20 Millionen Euro.

Dabei hoher Besuch – Ali Bardakoğlu, Präsident des Amtes für religiöse Angelegenheiten (Diyanet) der türkischen Republik – der eigentliche Geldgeber.

Es hieß, mit dem Grundstein für die Moschee sei auch der Grundstein für ein gemeinsames friedliches Leben von Muslimen und Christen gelegt. »Wenn doch nur«, höre ich mich flüstern, »wenn doch nur.« Und denke dabei an Ayşe und Bassam, die längst zu meinen inneren Schützlingen geworden sind.

Das schärft meine Zweifel. Es bleiben zu viele Fragezeichen von der Finanzierung bis zum Muezzinruf über Lautsprecher. Da gibt es zwar eine Übereinkunft: keine Beschallung nach außen. Aber ähnliche Zusicherungen sind gerade gebrochen worden in Rendsburg, Rheinfelden und Esslingen. Wann ist Köln-Ehrenfeld dran? Und was ist mit den an die zweihundert weiter geplanten Gotteshäusern unter der Fahne des Propheten? Wieviel Takyia ist hier im Spiel, also die koransanktionierte Erlaubnis für Allahs Anhänger, bei der Auseinandersetzung mit Ungläubigen zu täuschen, sich zu verbergen und mit der Lüge zu operieren?

Einer war ehrlich – der türkische Ministerpräsident Recep Tayyip Erdoğan. Unvergessen sein Auftritt in der Kölnarena März 2008, eine Kriegserklärung an die Integration und die Mehrheitsgesellschaft: »Lernt Deutsch, aber bleibt Türken« und »Bildet einen Staat im Staat, nennt es aber nicht so« – so der Klartext, dem 18 000 in der Kölnarena frenetisch zugejubelt haben.

Die Großmoschee – das Symptom; der Islam – das Problem.

11. November 2009, Köln
Der Film »Romy« in der ARD ...

Bewegende, tragische Momente, von denen es im Leben der Ikone nur allzu viele gab. Anerkennenswert die Bemühungen ihres Alter ego, der Schauspielerin Jessica Schwarz, in die Haut der Nachgeahmten zu schlüpfen.

Und doch alles vergebens – dieses Gesicht, Romy Schneiders Gesicht, ist nicht zu doubeln.

Da kommt in mir die grandiose Passage in Thomas Manns »Der Zauberberg« hoch, die markerschütternde Klage Wehsals, der Madame Chauchat bis zum Wahnsinn begehrt und dabei aufstöhnt: »Wenn in ihrem Angesicht auch nur ein kleines Etwas anders gestaltet wäre, siehe, so verlangte mich's möglicherweise nach ihrem Leibe gar nicht ...«

Sic!

Aber hier, in »Romy«, war nicht nur ein »kleines Etwas« anders gestaltet – hier war die physiognomische Quadratur des Kreises versucht worden.

Das Gesicht der Romy Schneider läßt sich nicht klonen.

12. November 2009, Berlin

Verleihung des Großen Verdienstkreuzes des Verdienstordens der Bundesrepublik Deutschland durch Bundespräsident Horst Köhler an Prof. Dr. h. c. Arno Lustiger im Schloß Bellevue.

Arno Lustiger, Überlebender des Holocausts, ist *der* Chronist des jüdischen Widerstandes im deutsch besetzten Europa während des Zweiten Weltkrieges. Seine akribisch recherchierten Bücher weisen aus, daß überall da, wo jüdischer Widerstand möglich war, er auch geleistet wurde.

Damit ist Arno Lustiger zum Antipoden jener unsäglichen, aber weitverbreiteten These geworden, »die Juden hätten sich wie Schafe zur Schlachtbank treiben lassen«. Auch dafür wird er hier ausgezeichnet, das personifizierte Gegengewicht zu einer ebenso begrifflosen wie infamen Formel.

Waren die Todgeweihten doch bereits tausend Tode gestorben, bevor sie im Gas erstickten! Waren sie doch, als sie den Deportationsbefehl in Händen hielten, durch jahrelange Entrechtungen, Demütigungen, Mißhandlungen, »Arisierungen«, KZ-Haft und die unerschöpfliche Phantasie der Rassengesetze nur noch Schatten ihrer selbst! Waren sie doch, eingepfercht wie die Sardinen in wasser-, nahrungs- und lichtlosen Viehwaggons und endlich an den Exekutionsstätten des industriellen Serien-, Massen- und Völkermords angekommen, nur noch Karikaturen der Spezies Mensch!

Wie die Schafe zur Schlachtbank?

Es wäre die verdammte Pflicht der Nation gewesen, sich schützend vor die bedrohte jüdische Minderheit zu stellen. Doch was höre ich seit fünfzig Jahren auf diese Vorhaltung? »Aber das wäre doch ganz unmöglich gewesen und hätte die sofortige Verbringung ins KZ bedeutet.«

Aha, so war das also, jetzt wissen wir's. Die Mehrheit der »arischen« Volksgenossen konnte sich gegen die »Judenpolitik« nicht wehren, weil es ihr sonst an den Kragen gegangen wäre. Aber die verfolgte, gequälte, ausgeraubte jüdische Minderheit, die sollte sich wehren!

Wie die Schafe zur Schlachtbank?

Es gibt keinen dümmeren, gemeineren, ignoranteren Kommentar zum Holocaust als diesen.

Und so ist es denn auch in dieser Berliner Stunde von mir gesagt worden. Arno Lustiger hat sich verdient gemacht um die Aufklärung über den Nationalsozialismus, Spezialgebiet jüdischer Widerstand. Ein Mann, der seinen polnischen Akzent nicht abgelegt hat und bescheiden geblieben ist, Vater von Gila, einer wunderschönen Tochter, die in Paris lebt, aber heute hier ist.

Wolf Biermann hielt die Laudatio, gewohntermaßen im Proletenlook, mit erwartet ironisierendem Duktus, aber sichtlich bewegt von einer Freundschaft, die lange währt und durch gemeinsame Arbeit über den jüdischen Dichter Jizchak Katzenelson bis in die Unkündbarkeit vertieft wurde.

Danach gab es: Kürbiskraftbrühe, Brust vom mainfränkischen Fasan, Crème brûlée, Kuchen und Eis.

Anderthalb Stunden Gespräche über den Tisch hinweg, zwölf Personen, darunter Eva Luise Köhler neben ihrem Mann. Sehr zwanglos, das Ganze, wie im Flug vergehend und immer ein wenig bedroht von Biermanns darstellerischem Überschwang.

Ich wie immer bei feierlichen Anlässen im hanseatischen Dreß, also dunkelblauer Blazer, graue Hose, rote Krawatte und roter Schal. Diesmal dazu mein Großes Verdienstkreuz des Verdienstordens der Bundesrepublik Deutschland um den Hals, das erste und vielleicht einzige Mal, damit Freund Arno nicht so allein damit herumsteht. Ich konnte es mir nicht selbst anlegen, sondern mußte eine Dame an der Rezeption des Hotels Savoy darum bitten.

Danach mit der Bahn zurück nach Köln, wie immer auch diesmal wieder darüber verwundert, daß das heute unter fünf Stunden möglich ist.

13. November 2009, Köln

SWR, »Literatur« im Foyer – Thea Dorn hat Tilman Jens vor der Kamera, Sohn von Walter Jens und Autor des Buches »Demenz: Abschied von meinem Vater«.

Ich sehe den Sohn zum erstenmal und bin erstaunt, wie sehr er in Gestik, Mimik, Sprache dem Vater ähnelt, bis in die letzte Nuance.

Es geht um meinen Mitschüler auf dem Johanneum 1933 bis 1940, einen Freund, der es in jenen Jahren des Freundschafts- und Liebesverlustes auch immer geblieben ist.

Jetzt die Eröffnung des Sohnes, daß für Walter Jens die Möglichkeit aktiver Sterbehilfe im eigenen Fall ein Trostgedanke war. Der Vater hatte ihn zu dem Arzt geschickt, der ihm aktive Sterbehilfe zugesagt hatte, wenn es denn soweit sein sollte. Als Tilman Jens zurückkam und dem Vater die Zusage bestätigte, »strahlte er förmlich«.

Nun ist es anders gekommen. Aber mich rührt das an, denn meine Frau, Helga Giordano, ist 1984 mit aktiver Sterbehilfe gestorben. Nicht auszudenken, was die Alternative gewesen wäre.

Daß aktive Sterbehilfe möglich wäre, ist auch für mich ein großer Trost.

Ich höre aus diesem Interview keinen falschen Ton heraus.

14. November 2009, Köln

Micha Brumlik, Frankfurter Erziehungswissenschaftler und Jude, hat eine regelrechte Fatwa gegen mich erlassen.

Sie steht in dem gerade erschienenen Sammelband »Islamfeindlichkeit: Wenn die Grenzen der Kritik verschwimmen«, trägt den Titel »Das halbierte Humanum. Wie Ralph Giordano zum Ausländerfeind wurde« und ist der bisher massivste Versuch, im

Gewand der Wissenschaftlichkeit Kritik am Islam und seinen orthodoxen Akteuren grundsätzlich zu delegitimieren. Herausgeber ist Thorsten Gerald Schneiders (Verlag für Sozialwissenschaften, Wiesbaden).

In Brumliks Beitrag werde ich zu einem Zeitgenossen erklärt, der so gut wie alle Übel dieser Welt in sich vereinigt: von Ressentiments und Vorurteilen getrieben, in Untergangsahnungen verstrickt, der Mahner von einst verkommen zum Propheten der deutschen Rechten. Dazu ein selbststilisierter und selbstgerechter Siegelbewahrer westlicher Freiheit, das Ganze jedoch keineswegs nur als Ausrutscher, sondern als das Ergebnis einer zielstrebigen politischen und charakterlichen Entwicklung – vom Aufklärer zum Stammtischpolitiker.

Und so kommt Brumlik endlich zu dem Schluß, eine Schmähung meiner ganzen Biographie:

Die Erfahrungen der NS-Verfolgung lassen sich im Falle Giordano offenbar nur dadurch ertragen, daß er diesen Feind immer weiter bekämpft, auch wenn er die Gestalt gewechselt hat. Derzeit hat er die Gestalt der Türken in Köln-Ehrenfeld angenommen.

Wenngleich Micha Brumlik in seinem Text nicht umhinkommt, meinen Beitrag zur Rettung meiner Familie vor dem Holocaust widerwillig zu würdigen, wie auch meinen Versuch, den Völkermord an den Armeniern 1915/16 im türkisch-osmanischen Reich in das Bewußtsein der Öffentlichkeit zu bringen – ich kenne keinen Angriff auf mich, der toxischer wäre als dieser.

Er ist das natürliche Ergebnis einer pathologischen Islamophilie, die alle antiemanzipatorischen und menschenrechtsfeindlichen Ausdrucksebenen des Islams ausblendet und jede kritische Einstellung irrationalisiert und ins Zwielicht rückt. Mit diesem Mechanismus werden Kritiker zu Schreibtischtätern erklärt und wird rufmörderisch gegen sie zu Felde gezogen. Daß Gewalt dabei enttabuisiert wird, ist das Wesen der Fatwa.

Damit ist es Micha Brumlik vorbehalten geblieben, der schwarzen Liste der professionellen Haßprediger einen neuen Namen hinzuzufügen.

Ich werde mich dennoch nicht davon abbringen lassen, auch weiterhin die objektive Beschaffenheit der islamischen Herrschaftskultur zu studieren, sowenig wie davon, alle mir in die Quere kommenden integrationsfeindlichen Bestrebungen zu bekämpfen.

Dazu gehören auch und vor allem die islamophilen Kritikabstinenzler deutscher und muslimischer Herkunft. Ihre Schwachstelle ist der »Krieg gegen die Empirie«, wie es einmal ein kluger Kollege von der F. A. Z. artikuliert hat, also der »Krieg gegen die Wirklichkeit«: Es kann nicht sein, was nicht sein darf. Es klingt so banal, ist aber Essenz des tagtäglichen Streites – kritische Fragen dürfen nicht gestellt werden. Zum Beispiel, warum immer mehr Mädchen aus muslimischen Familien das Kopftuch tragen und ob das nun ein Zeichen religiöser Selbstbestimmung von Zwölfjährigen sei oder eine von den Eltern verordnete Zwangsmaßnahme. Wer so fragt, der betreibt nach Brumlik antiislamische Hetze. Wie auch der, der die Abmeldung von Schülerinnen beim Sportunterricht rügt, fehlende Deutschkenntnisse, die häufige Betroffenheit türkischer Frauen durch Gewalt in den Paarbeziehungen, Zwangsehen oder die unsägliche Perversität der »Ehrenmorde«. Jede Kritik eine Provokation und ein Bekenntnis zu Neonazismus und Rassismus. So etwa Feridun Zaimoglu, Schriftsteller und Kriegsberichterstatter an Deutschlands Migrations- und Integrationsfront: »Es tobt in Deutschland ein Kulturkampf, ein Krieg der Provokateure, die Metzgern mit stumpfen Ausbeinmessern gleichen, sie schneiden und stechen, sie reißen und zerren.« So werden wir von diesem Prototypen verfolgter Muslime in der Bundesrepublik wieder und wieder belehrt, ein Wirklichkeitsverweigerer par excellence.

Es ist die stumpfe Waffe einer reflexhaften Schutzreaktion auf grundgesetzwidrige Interna, die aus den Parallelgesellschaften nicht nach außen dringen sollen, eine Attitüde, die unweigerlich in die Sackgasse führt, Meinungen in Tatsachen zu verwandeln.

Das Ziel: Deutschland – ein kritikgeräumtes Schußfeld der Islamophilie. Doch dazu wird es nicht kommen, und nach Micha Brumliks Fatwa erst recht nicht.

Selbst werde ich mich dazu aber nicht weiter äußern. Vielmehr habe ich das Gefühl einer bösartigen Injektion, gegen deren Wirkung nicht ich, sondern andere für mich auftreten müßten.

Einer hat sich allerdings gerade davon ausgeklinkt, obwohl es mir gerade auf ihn angekommen wäre – Henryk M. Broder.

Ich erwischte ihn auf dem Handy in Indien, fragte, ob er seine Stimme gegen Brumlik und Co. mit einbringen würde, und erhielt sogleich ein pistolenschußartiges »Nein!« ins Ohr geschmettert. Wörtlich: »Ich verehre dich, wie du weißt, verzeihe dir aber nicht, daß du in Sachen Felicia Langer dein Verdienstkreuz nicht zurückgegeben hast.«

Das trifft mich wie ein Keulenschlag, darüber werde ich nicht so leicht hinwegkommen.

Manchmal kommt es knüppeldick.

Erst Brumliks giftiger Anschlag, dann die *Bulle* des alten Freundes, und zu allem die nächtlichen Drohungen …

Die letzte vor wenigen Tagen, drei Uhr früh, drei Anrufe nach dem gleichen Muster, aber nicht von der gleichen Stimme. In gebrochenem, doch verständlichem Deutsch wurde mir angekündigt, daß der Anrufer mir den Kopf vom Halse trennen und ich keine ruhige Minute mehr haben würde. Das dreimal, verbal gleichlautend, doch in verschiedener Stimmlage und bei »Allah! Allah«! rhythmisch auf- und abschwellend.

Sosehr ich mich an die Drohungen gewöhnt habe – an diese »Anrufung« nicht.

Ich bin dann doch eingeschlafen und um sieben Uhr aufgewacht. Mit der deutlichen Zäsur: Die Ära der Routinereaktion ist vorbei. Dies ist eine andere Drohung als die von rechts seit über fünfzig Jahren. Da ist ein neues Element eingezogen, eine religiös-fanatische Note, die bei den Attacken von rechts völlig fehlte. Ich entdecke denn auch eine höhere Alarmstufe in mir, das Bedürfnis nach einem schwer auffindbaren Refugium. Keiner der drei Anrufe dauerte länger als dreißig Sekunden, aber der Haß der ganzen Welt war darin, schäumend, gellend, wie ein physischer Schlag.

Erst diese Drohungen, dann der Anschlag von Micha Brumlik, dann die »Bulle«, das »Nein!« des alten Freundes Broder ... Manchmal kommt's wirklich knüppeldick.

20. November 2009

Auf einer Bank im Wohnpark Köln-Bayenthal, die Beine von mir gestreckt und den Vögeln zugeschaut. Blauer Himmel mit Wolkenstreifen. Dabei ein bißchen eingeschlafen, ein paar Minuten eingenickt. Aufwachend sehe ich mich um und denke: »Wie schön das Leben sein kann.«

Dann ein Blick in die Zeitung – und schon ist die Stimmung dahin:

»Der Iran und die Bombe«.

Die Internationale Atomenergieorganisation weiß über den militärischen Charakter des iranischen Atomprogramms mehr, als sie in ihren offiziellen Berichten zugegeben und mitgeteilt hat. Nach Erkenntnissen der Geheimdienste ist sogar schon ein atomarer Gefechtskopf getestet worden, Fakten, die sich auf die Dauer nicht bestreiten lassen. Damit ist der Weg zur Bombe nicht mehr weit. Irgendwann wird der UNO-Sicherheitsbeirat nicht umhinkönnen, das einzugestehen. Dann, so heißt es hier, könnten schärfere Sanktionen verhängt oder geeignete Maßnahmen, auch militärische, beschlossen werden, um die Störung der internationalen Ordnung zu beseitigen. Und dann kommt ein Satz, der mich umwirft:

»Oder will man etwa auf die Israelis warten?«

Was heißt das? Daß sie den Anfang machen sollen, im Alleingang, und zerstören, was die gesamte Menschheit bedroht – die Bombe in den Händen der Mullahs? Daß Israel ein Feuer löschen soll, das die ganze Welt entflammen könnte?

»Oder will man etwa auf die Israelis warten?«

Da krampft sich mein Herz zusammen, da möchte ich ganz plötzlich ins Nichts verschwinden, nicht mehr nachdenken müssen, einfach nicht mehr da sein.

Hier, an diesem Novembertag des Jahres 2009, getraue ich mich zu dem definitiven Eingeständnis: Gegen Ende des Lebens ist nicht Deutschland zu meiner Schicksalsfrage geworden, die eigentliche, die wahre, die zentrale Wunde meiner späten Tage heißt Israel.

Wo wirst du bleiben, mein Mutterland, wo?

Ich werde da nicht mehr hinkommen, meiner aus der Nazizeit stammenden Klaustrophobie wegen, die mir nicht mehr zu fliegen erlaubt. Und den Anstrengungen, auf dem See- und Landweg dorthin zu gelangen, wie für mein Buch »Israel, um Himmels willen, Israel« vor zwanzig Jahren, diesen Anstrengungen fühle ich mich nicht mehr gewachsen.

Ich werde Israel nicht wiedersehen und dennoch Tag und Nacht bei ihm sein, bis zuletzt.

23. November 2009, Köln
Achtung!

Von gewerkschaftlicher Seite – ver.di Hamburg – wird meine Position zu Thilo Sarrazin kritisiert. Der Ton ist achtungsvoll, beunruhigt mich aber doch. Attackiert wird das Wie von Sarrazin, also seine Formulierungen, nicht das Was, seine inhaltsschwere Analyse, und das mit dem Hinweis, hier werde Wasser auf die Mühlen des Rechtsextremismus gegossen.

Diese Sorge ist natürlich auch die meine und die Abgrenzung zu dieser Pest selbstverständlich. Das kann und darf aber nicht dazu führen, sich mundtot machen zu lassen, wo Kritik angebracht ist. Das erkläre ich in einem Antwortbrief. An den lauteren Motiven der Hamburger Gewerkschafter habe ich nicht den leisesten Zweifel. Dennoch bleibt Trennendes.

Und da wird mir nun heiß und kalt, weil ich aus dem Brief erfahre, daß ver.di ein Sponsor des Bertini-Preises ist. Und der läßt es mich also gerade wissen, wenn auch eher mit dem Unterton, daß zwischen dem Geist des Bertini-Preises und meiner Haltung zu Sarrazin, oder überhaupt zum Migranten- und Integrationsproblem, ein Gegensatz bestehe.

Den gibt es nicht! Es gibt keinen Bruch zwischen meinem lebenslangen Kampf für Demokratie, Menschenrechte, Meinungsvielfalt, Pluralismus, Gleichstellung der Frau und meiner Kritik an antiemanzipatorischen und menschenrechtsfeindlichen Erscheinungen der muslimischen Gesellschaft. Alles, was ich dazu gesagt habe und noch sagen werde, ist keine plötzliche Neuorientierung, sondern die Fortsetzung dieses Kampfes.

Hier droht also etwas angetastet zu werden, das zum Kostbarsten meines Lebens zählt – nämlich seine ethische Kontinuität.

Was ich jetzt sage, bezieht sich nicht so sehr auf die aktuelle Korrespondenz mit ver.di Hamburg, denn dort entdecke ich trotz der Meinungsverschiedenheit Achtung und Diskussionsbereitschaft. Es bezieht sich auf die Political Correctness überhaupt.

Wenn es tatsächlich gelänge, einen Gegensatz zu konstruieren zwischen meiner Kritik am Islam und dem Geist des Bertini-Preises, dann stellte sich meinem Verhältnis zu Deutschland die Kabinettsfrage, dann wüßte ich nicht, ob ich in diesem Land bleiben, ob ich es hier noch aushalten würde.

Das ist so eindeutig gemeint, wie es hier steht.

28. November 2009, Köln

Erich Böhme, »Spiegel«-Mann und Talkmaster über die Jahrzehnte, ist gestorben.

Da gibt es manche Erinnerungen.

Unter Böhmes Leitung in Berlin, mit von der Partie Gregor Gysi, Stefan Heym, Markus Wolf, ein illustres Trio. Wolf, ohne jedes Unrechtsbewußtsein: »Ich verbitte mir alle Gleichstellungen der DDR mit Hitlerdeutschland!« Ich: »Das Kriminalgewicht des Holocauststaates war ungleich höher als das der DDR, richtig. Aber wird ein so scheußliches System wie das des real existierenden Sozialismus etwa weniger scheußlich dadurch, daß es ein noch scheußlicheres gab?«

Ein anderes Mal: Böhme, auch in Berlin und nachdem wir uns zwanzig Jahre kannten: »Herr Giordan*i* ...« Darauf ich: »Giordan*o*, Herr Behme, Giordan*o*.«

Dann der TV-Abend, als telefonisch bei mir eingegangene und auf Band festgehaltene Morddrohungen abgespielt wurden, darunter eine mit überschlagendem Diskant: »Giordano, ich werde dich töten, töten, töten!« Böhme, schreckensstarr: »Nein, bitte nicht, bitte nicht!«

Ein anderes Mal, wieder in Berlin, war Jörg Haider mit dabei. Nach einer Dreiviertelstunde verließ ich die Runde. Nicht Haiders wegen, sondern weil Böhme die Sendung zu einem Dialog mit dem österreichischen Rechtsaußen hatte verkommen lassen. Trotzdem – Friede seiner Asche. Erich Böhme war ein imponierender Mann und eindrucksvoller Kollege.

30. November 2009, Köln

Der Prozeß gegen John Demjanjuk simmert so vor sich hin.

Der Angeklagte wird in den Gerichtssaal geschoben, unter einem weißen Laken, die Augen geschlossen, die Lippen gebläht, auf dem Kopf eine Mütze – mitleiderregend ...

Der Andrang des Publikums ist groß.

Thomas Blatt, 82, ein Überlebender von Sobibór, den man auf der »Himmelfahrtsstraße« gefilmt hat, bedeckt das Gesicht mit den Händen, als der Verteidiger von »Befehlsnotstand« spricht. Und davon, daß auch Demjanjuk unter Todesdrohungen gepreßt worden sei zu einem Dienst, der ihn wie die Juden zum Opfer der Deutschen gemacht habe. Dabei geht ein Raunen durch den Saal.

Dann steht Thomas Blatt auf und verläßt den Raum.

Richter Ralph Alt hat ein schweres Amt, das er aber souverän ausübt. Auf die Zumutung des Verteidigers, die milden Urteile früherer Verfahren sollten auch auf Demjanjuk ausstrahlen, Alt:

»Wenn es Unterlassungen der deutschen Justiz in solchen Verfahren gegeben hat – wieso sollte man diese Fehler nun wiederholen?«

Nun hat also auch die Schweiz ihren Thilo Sarrazin.

Er heißt Roger Köppel, ist Chefredakteur und Verleger der Züricher »Weltwoche« und begrüßt das Resultat der gestrigen Volksabstimmung: 57 Prozent der Eidgenossinnen und Eidgenossen haben auf die Frage, ob der Bau von Minaretten in der Schweiz verboten werden solle, mit Ja geantwortet. Jetzt muß der Satz: »Der Bau von Minaretten ist verboten« in den Artikel 72 der Schweizer Bundesverfassung aufgenommen werden.

Zustande gekommen ist das Plebiszit durch die sogenannte Anti-Minarett-Initiative der rechtspopulistischen Splitterpartei Eidgenössische Demokratische Union, die jedoch einen mächtigen Verbündeten hatte, die rechtspopulistische Schweizerische Volkspartei (SVP), die stärkste des Landes. Das Nachsehen hatten die Etablierten, das sind die Sozialdemokraten, die Freidemokraten, vor allem aber die Christdemokraten.

Die Regierung in Bern hatte sich eindeutig gegen die Initiative ausgesprochen.

Entsprechend heftig fällt die Medienschelte des Establishments und der veröffentlichten Meinung aus, und das, wie zu erwarten, synchron mit der in Deutschland: Das Abstimmungsergebnis sei eine Schande für die Schweiz und ein Zeichen von Angst.

Darauf Roger Köppel: Das Gegenteil sei der Fall, das Ergebnis sei ein Zeichen von Mut. Die Schweizer hätten sich »gegen alle Bevormundungen die Freiheit herausgenommen, eine andere Meinung zu vertreten, als die von den Politikern und Intellektuellen gewünschte.« Und weiter: »Der Islam ist eine problematische Religion, weil er die Trennung zwischen Kirche und Staat bis heute nicht zustande bekommen hat. Indem sich eine Mehrheit der Schweizer gegen Minarette aussprach, legte sie ein beeindruckendes Votum ab für europäische Grundwerte.«

Hier liege eine klare demokratische Entscheidung vor.

Unter Hinweis darauf greift Roger Köppel dann die Europäische Union scharf an: »Gerade die EU hat sich unter der Ambition ihrer Staatswerdung zu einem Instrument der Demokratieverhinderung entwickelt. Viele Brüsseler Institutionen sind auf der Grundlage eines massiven Mißtrauens gegenüber der eigenen Bevölkerung von oben nach unten errichtet worden. In der Schweiz ist es genau umgekehrt. Hier hat sich die Demokratie als Staatsform des institutionalisierten Mißtrauens von unten nach oben verfestigt. Die Initiative und das Referendum, diese elementaren Volksrechte, sind das Damoklesschwert der Bürger gegen die politische Klasse.« Und zum Schluß: »Selten war der Abstand zwischen den Eliten und den gewöhnlichen Bürgern in der Schweiz so groß wie heute.«

Da blüht mein republikanisches Herz auf, da werde ich munter, da frage ich: Und wie stehen die Deutschen zum Ergebnis der Volksbefragung? Unmißverständlich: Publikumsumfragen von »Spiegel« und »Bild« ergeben eine 78- bis 87prozentige Zustimmung zum Schweizer Minarettverbot.

Die Werbung der Initiative gegen den Bau von Minaretten zeigte übrigens eine schwarzverhüllte Frau vor Minaretten in Form von Raketen. In zahlreichen Gemeinden soll es verboten gewesen sein, die Plakate als zu »hetzerisch und fremdenfeindlich« aufzustellen. Das ist in einer Demokratie möglich. Ebenso möglich aber ist es, gegen die Verhüllung der Frau zu protestieren und sich schärfstens zu wehren.

Ich werde seit Tagen angerufen: Was ich denn von alldem halte. Das meiste davon wimmle ich mir ab, um nicht den Alleswisser zu mimen, mehr aber noch, weil sich in mir ein ganz starkes Bedürfnis artikuliert: »Slow down, old chap, slow down.« Beziehe Stellung, aber mach die Hysterie von Pro und Kontra nicht mit, sondern wäge, was da im Spiele ist.

Von den 7,7 Millionen Einwohnern der Schweiz bekennen sich kaum fünf Prozent zum Islam. Und Minarette gibt es gerade mal vier – in Genf, Wangen, Winterthur und Zürich. Aber: Die muslimische Minderheit ist innerhalb weniger Jahre auf rund

400 000 angewachsen, und das mit großen und sichtbaren Defiziten an Integrationsbereitschaft. Unter diesem Aspekt wird also weniger die Gegenwart als die Zukunft gefürchtet. Das gilt auch für das übergeordnete Problem, nämlich den Anteil von Ausländern in der Schweiz – er beträgt heute 22 Prozent.

In diesem Spektrum werden die Muslime als besonders fremd empfunden. Man täte gut daran, das nicht automatisch mit Rassismus gleichzusetzen, sondern die Ursache für das Befremden in der anderen Kultur und ihren Ausdrucksformen zu sehen. Daß es natürlich auch Rassisten gibt und weiter geben wird, erhöht aber nur die Notwendigkeit, sich von ihnen klar abzugrenzen, ohne sich mundtot machen zu lassen.

Muammar al-Gaddafis exzentrische Laune, zwei Schweizer Bürger als Geiseln zu nehmen, weil die Polizei in Genf gegen einen seiner Söhne wegen Gewalttätigkeit ermittelt hat, trägt nicht gerade zur Harmonisierung der gegenseitigen Beziehungen bei. Sowenig wie die Versuche des Diktators, die Schweiz mit unsinnigen Forderungen und höhnischen Bemerkungen weltweit vorzuführen.

Ich denke, der Protest der muslimischen Minderheit in einem Gastland gegen Provokationen der Regierung eines Herkunftslandes wäre ein Zeichen sichtbarer Loyalität und würde erheblich zur Verbesserung der Beziehungen zwischen Mehrheitsgesellschaft und Minorität beitragen. Leider aber sind solche integrationsfördernden Schritte eher selten, besonders was die Türkei betrifft.

Das gilt natürlich erst recht für Terroranschläge.

Am Abend dann, spät, im NDR die Sendung »Deutschland süßsauer. Ein Streifzug durch das Einwanderungsland Deutschland«. Orientierungslose Jugendliche der dritten Migrantengeneration, die sich ausgeschlossen fühlen und sich entsprechend gebärden. Viel Großtuerei, um Schwäche zu verbergen, rüpelhaftes Benehmen, um Einsamkeit zu überwinden, mal Arbeit, mal keine, zu Hause der Prinz und auf der Straße nichts.

Ich sitze vor der Glotze und fühle nichts als Sympathien mit den Jugendlichen, eine natürliche Solidarität, die mich ganz selbstverständlich auf ihre Seite stellt – *weil sie die Schwächeren sind, denen mein Herz gehört und für die es geschlagen hat, seit ich Kind war. Ich möchte ihnen helfen und sonst nichts, gar nichts sonst.*

Ayşe und Bassam – wo seid ihr?

So schaue ich mir die Bilder an, gegen Mitternacht, drinnen zerrissen, und denke: Hier steigt dir das Wasser in die Augen, und draußen bist du als Türkenschreck verschrien.

Was ist da los, Giordano, was um Himmels willen ist da los mit dir und der Welt?

10. Dezember 2009, Köln

Herta Müller bekommt den Literaturnobelpreis in Stockholm, Barack Obama den Friedensnobelpreis in Oslo.

Er sagt, gegen die Pazifisten vom Dienst: »Auch wenn man sich für den Frieden einsetzt, es wird Kriege geben. Krieg kann auch Frieden schaffen. Hitler war nur militärisch zu besiegen.«

Ja, da darf ich ein Wörtchen mitreden.

Dann die Klimakonferenz in Kopenhagen …

Was wird obsiegen: Egoismus oder Vernunft? Was?

11. Dezember 2009, Köln

Heute früh ist Tanja gestorben, meine Lebensgefährtin.

Die Nachricht kam von der Neurologieabteilung des Kölner Universitätskrankenhauses: Gehirnblutung.

Ich war gestern abend noch bei ihr gewesen, hatte ihr Obst und Zeitungen gebracht, und nichts hatte darauf hingedeutet, daß dies ihr letzter Tag sein würde. Sie hatte seit einiger Zeit Schwierigkeiten mit der Bewegungsfähigkeit des linken Beines, und dem sollte nun auf den Grund gegangen werden.

Wir kannten uns seit 1967, da war Tanja neunzehn. 1987, drei Jahre nach dem Tod meiner ersten Frau, Helga, haben wir geheiratet, uns aber 1992 in Übereinkunft scheiden lassen, weil es der falsche Status war. Danach hat sich eine unverbrüchliche Verbindung ergeben, die über alle Fährnisse hinaus stabil blieb.

Die Nachricht hat etwas Unglaubwürdiges an sich, sie will nicht in meinen Kopf – Tanja war fast einundsechzig, sah zwanzig Jahre jünger aus, und nichts hatte auf dieses Ende hingedeutet. Wir kannten uns zweiundvierzig Jahre, zwei Drittel ihres Lebens und die Hälfte des meinen.

Ich beweine einen Menschen, der alle Hoffnungen und Ängste dieser Welt in sich versammelt hatte, ein Mädchen, eine Frau von bebender Sehnsucht nach Liebe und Menschlichkeit, gepaart mit äußerer Schönheit. Da drängte etwas ungestüm Innerliches nach außen, etwas, das sie weit reifer erscheinen ließ, als es ihren Jahren entsprach. So empfand ich es von der ersten frühen Begegnung an. Da war etwas Stetiges im Spiel, etwas, das nicht nur alle Wechselfälle des Lebens überdauerte, sondern sich im Laufe der Zeit bis in die Unlösbarkeit vertieft hatte. Das bestätigen viele Briefe von mir an sie, die Zeugnis ablegen von ihrer Anziehungskraft und Empfänglichkeit für das Humane, eine Lektüre, die ausweist, welch starke und bleibende Gefühle sie auszulösen vermochte.

Ich schreibe dies in Liebe, Trauer und Schmerz.

»Ein Mensch auf der Suche«, so hat sie gelebt, romantisch und realistisch zugleich, realitätsfern und höchst diesseitig. Eine Tierliebhaberin mit großem Herzen für die Befellten, oft voller Überschwang für Geschöpfe, von denen sie wußte, daß ihre Zuneigung ehrlich und dauerhaft war. Ihr am nahesten Katzen und entsprechend dann der Kummer, wenn sie starben oder spurlos verschwanden.

Diese Zuneigung einte uns, wie auch, daß ihr Puls auf seiten der Schwachen schlug, eine natürliche, selbstverständliche Allianz und Empathie – mit Leid über die eigene Begrenztheit, nicht stärker helfen zu können.

Ich darf Tanja auch eine Künstlerin nennen, denn das war sie, als Malerin. Ein großformatiges Gemälde hängt in meiner Wohnung – von dominierendem Rot und hingefetzter Unruhe, blitz-durchzuckt und erwartungsgeladen. Ich kenne keinen gefühlvolleren Menschen als sie.

Ihr kalendarischer Rhythmus: im Sommer das Chianti der Toskana, noch florenznah, im Winter ihr schönes Refugium in Leverkusen, nahe den Eltern, Juri und Alla, beide an die Neunzig und wie vernichtet durch den Tod der Tochter.

Ich kann hier nur skizzenartig andeuten, was mich heute morgen bewegt und bis an mein Ende bewegen wird. Dieses Tagebuch kann nicht mehr zeigen als eine Momentaufnahme aus fast einem halben Jahrhundert miteinander.

Gestern abend, also vor wenigen Stunden, nachdem ich ihr brachte, worum sie gebeten hatte, habe ich ihr von zu Hause noch gesimst, wie gut sie ausgesehen habe.

Sie hat sich auch nach der amtlichen Trennung immer ausgewiesen und gezeichnet als »Tanja Pawlowski-Giordano«.

15. Dezember 2009, Köln
Alles steht im Zeichen von Tanjas Tod.

Der Anblick der neunzigjährigen Eltern, Alla und Juri, ist herzzerreißend, ihnen ist das Schlimmste passiert, was passieren konnte – der Tod der Tochter vor dem eigenen Tod.

Ich habe jetzt meine drei Ehefrauen überlebt – Helga starb 1984, Röschen 2002 und nun Tanja. Ich habe sie unterschiedlich geliebt, spüre aber, wie sich etwas gemeinsam aufsummen will – ein blanker, schutzloser Kummer, der für *ein* Leben eigentlich zuviel ist, einfach zuviel.

Vor dieser biographischen Kulisse und ihrem Fazit hatte ich in diesen Tagen zum erstenmal die Furcht, daß der Tod von Tanja mich überfordern und zu einer unheilvollen Zäsur führen könnte: zum Stillstand des kreativen Kreisels in mir, zum Ende meiner schöpferischen Fähigkeiten – eine Horrorvorstellung ohnegleichen.

Aber so kam es nicht – ich kann weiterarbeiten. Wie damals,

als Helga starb und ich mit einer Sendung über Korsika beschäftigt war. Wie auch bei Röschens Tod, der mich auf den letzten Seiten meines Buches über Sizilien traf, das ich dennoch fristgerecht beenden konnte. Da gibt es irgendwo tief in mir eine Schutzschicht, einen ehernen Vorhang, der mich vor Verzweiflung bewahrt und mir erlaubt, weiterzuarbeiten.

Die gefürchtete Lähmung blieb aus, auch diesmal.

Dennoch, manchmal ist es zuviel, ist es einfach zuviel.

17. Dezember 2009, Köln
Ich werde die Grabrede halten, fürchte mich aber davor.

19. Dezember 2009, Köln
Die Klimakonferenz in Kopenhagen ist heute nacht zu Ende gegangen. 193 Nationenvertreter waren zusammengekommen, um die Erderwärmung auf zwei Grad zu begrenzen – wie bescheiden. Aber selbst das scheint noch zuviel …

Ein Bild zum Verzagen. Ich mag gar nicht auf die Einzelheiten eingehen, es zeigt sich nur wieder das alte Muster: Um eines akuten Vorteils willen wird ein langer, in diesem Fall sogar irreparabler Nachteil in Kauf genommen. China, die USA, die Europäische Union – jeder macht den andern verantwortlich dafür, daß das Ergebnis der Konferenz kläglich ist, zum Bangewerden.

Bis zum Schluß war ungewiß, wie viele der 120 Staats- und Regierungschefs zum Galadiner mit der dänischen Königin Margrethe II. in das Schloß Christiansborg kommen und wie man sie placieren würde. Zimbabwes desaströser Robert Mugabe jedenfalls, dienstältester Regierungschef unter den Teilnehmern, fand keinen Platz am Tisch der Königin, wohl aber Angela Merkel. Zwei Greenpeace-Aktivisten in Smoking und Kleid schafften es übrigens, an allen Sicherheitsvorkehrungen vorbei bis in den Saal vorzudringen, wo sie ihr Banner für wenige Sekunden entfalten konnten.

Wird das symbolisch sein, wenn man nach hundert Jahren in einer sauerstoffarmen Welt nach den Ursachen des globalen Asthmas forschen wird?

22. Dezember 2009, Leverkusen
Heute war die Beerdigung von Tanja auf dem Friedhof Manfort in Leverkusen.

Dabei nur die Eltern, Bruder Georg, Freund Alessandro aus Florenz und Freunde der Familie.

Neben den Kränzen ein wunderbares Foto von Tanja – in ihm tut sich für den, der sie kannte, die ganze Skala zwischen Hoffnung und Angst auf, die so typisch war für sie.

Ich habe die Grabrede gehalten. Sie endete mit einem Zitat, den drei Sätzen, die Tanja mir am Vorabend ihres Todes auf mein Handy gesimst hatte:

»Du wirst immer ein Teil von mir sein, mein Ein-und-Alles. Du wärmst meine Seele. Ich habe Dich so lieb.«

Diese SMS wird nicht gelöscht werden.

24. Dezember 2009, Leverkusen
Ich war bei Tanjas Eltern.

Ihr Leid ist nicht mit anzusehen. Beiden widerfährt der Tod der Tochter nach einem dauerhaft belasteten Leben.

Juri, georgischer Abstammung mit armenischem Einschlag, Alla, Ukrainerin, beide waren »Fremdarbeiter« in Hitlerdeutschland, beide mit der festen Absicht, nach dem Sieg über die Wehrmacht nicht in die Sowjetunion zurückzukehren. So war es aber in einem interalliierten Abkommen vorgesehen. Was zu zahlreichen Tragödien führte, als mit westalliierter Hilfe Jagd auf die Rückkehrunwilligen gemacht wurde.

Beide konnten den Häschern zwar gerade noch entkommen und der Dr. und Wissenschaftler Juri in einem großen Chemieunternehmen eine hochgeachtete Karriere starten. Was sie aber nicht konnten, war, sich ganz frei zu machen von der Vorstellung eines unerlaubten Aufenthalts, und das auch dann noch, als keinerlei Gefahr einer Auslieferung mehr bestand und es realitätsfern war, sie zu fürchten. Ein lebenslanges Trauma.

Ich fühle mich zurückversetzt in die Zeit schwärzester Seelennot um Menschen, die ich liebe.

27. Dezember 2009, Köln

Der Eurostar Paris–London unter dem Ärmelkanal fährt wieder.

Bedingt von Kurzschlüssen durch Temperaturunterschiede im Tunnel und draußen, waren Hunderte von Fahrgästen stundenlang in der Röhre zwischen Frankreich und England im Dunkeln und ohne Informationen eingeschlossen gewesen. Keine Ersatzloks zur Stelle, keine Notpläne, keine Evakuierungsmaßnahmen.

Mir wird nachträglich noch ganz schlecht, war ich doch trotz klaustrophobischer Bedenken auch einmal Fahrgast im Eurostar – mit dem Landrover auf dem Wege nach Irland. *Fähre*, wie stets bisher bei Ärmelkanal-Überquerungen, oder *Schiene*? Im letzten Moment hatte ich mich für den auf jeden Fall weniger beschwerlichen Weg entschieden und, wenn auch mit einem komischen Gefühl, den *Tunnel* gewählt.

Es kam anders.

Ich las damals gerade ein Buch über Gaius Iulius Cäsar, ein hinreißendes Werk über Leben und Sterben des großen Römers. Davon in meinem Auto ganz gefesselt, als der Zug abfuhr, erwachte ich aus der Lektüre erst, als der Himmel über dem Eurostar schon englisch war. Das Ganze hatte 35 Minuten gedauert und war ohne jede Mühseligkeit vonstatten gegangen

Dennoch würde ich auf dem Rückweg wieder den Wasserweg nehmen. Und das nicht nur meiner Klaustrophobie wegen, sondern auch weil ich einen Anblick vermißt hatte, auf den es mir sehr, sehr ankommt: die weißen Klippen von Dover!

Noch jedesmal seit sechzig Jahren warte ich am Bug der Fähre darauf, wann sie sichtbar wird, die schimmernde Kreidemauer im Westen, die tröstliche Gestalt Englands, das mir einst soviel, soviel bedeutet hatte, weil auf ihm meine ganzen Hoffnungen beruhten: »Halte stand, trotze dem ›Blitz‹, der deutschen Luftwaffe, und den Invasionsvorbereitungen. Werde nicht neutral und beuge dich nicht der Hakenkreuzdrohung von jenseits des Kanals.«

So klang es in mir 1940/41, dem damals Sechzehn-, Siebzehnjährigen, als alles, aber auch alles auf dem Spiel stand: Hitler Herr über weite Teile Europas, im Rücken frei durch einen Nichtangriffspakt mit der Sowjetunion, und Amerika, die Vereinigten Staaten, trotz Hilfslieferungen noch kein Kriegsgegner des Dritten Reiches. Die ganze Last des Zeitalters, das Schicksal der Demokratien, ja, der Menschheit, ruhten auf den Schultern dieser kleinen Insel zwischen Nordsee und Atlantik – England.

Und die Kliffs von Dover, ihre schimmernden Höhen, sie waren sein Symbol, sein Wappen, seine Wehr und Rüstung!

Wehe, wenn es unter den Bombenteppichen auf London und Coventry weich, wenn England neutral geworden wäre. Dann hätte Hitler seine Divisionen von der Westfront abziehen und gegen Stalin werfen können, dann wäre Moskau, so verstärkt bestürmt, trotz der arktischen Temperaturen gefallen und der Sieg über Deutschland um lange Jahre aufgeschoben worden. Was auch die Verlängerung von Holocaust und Vernichtungspolitik bedeutet hätte.

Nur England, dem tapferen, allen voran seiner Bulldogge Winston Churchill, war es zu verdanken, daß die Geschichte nicht diesen Verlauf nahm, sondern den zum 8. Mai 1945, dem Ende des Zweiten Weltkrieges in Europa.

Das ich und die Meinen ganz knapp erreichten.

Das sind Gedanken, die mich beim Anblick der Cliffs of Dover noch jedesmal ankommen, diesmal aber ausgelöst durch eine Panne des Eurostar, weil sich bei Temperaturen von 17 Grad minus draußen und 25 Grad plus im Tunnel große Mengen Kondenswasser gebildet und die Elektronik der Lokomotive beschädigt hatten.

28. Dezember 2009, Köln
Die Oppositionsbewegung im Iran dauert an – und die Ereignisse um die Trauerfeier für den verstorbenen Großajatollah Hossein Ali Montaseri in Teheran und der Theologenstadt Ghom bestätigen es. Hunderttausende gingen wieder auf die Straße, eine gewaltige Protestaktion, mit schweren Zusammenstößen zwischen Demonstranten und Sicherheitskräften.

Montaseri war der ranghöchste schiitische Geistliche und ein scharfer, nein, der schärfste Kritiker der Islamischen Republik Iran. Einst Stellvertreter des Revolutionsführers Ajatollah Chomeini, war er lange ein williger Vollstrecker der menschenverachtenden Ideologie des sogenannten Gottesstaates gewesen, bis er sich entschloß, sich nicht mehr an Massenmord und Folter zu beteiligen. Seit 1997 unter Hausarrest, hat sich dennoch niemand überzeugender und leidenschaftlicher öffentlich gegen die Tyrannei der Mullahs gekehrt als dieser »Vater der Menschenrechte«, wie die Friedensnobelpreisträgerin Schirin Ebadi den am 20. Dezember im Alter von 87 Jahren verstorbenen Montaseri gewürdigt hat.

Es sind mutige Menschen, die da auf die Straße gehen, eine Auflehnung, die mit dem Tod bestraft werden kann. Den akkreditierten Journalisten ist jede Berichterstattung für ausländische Medien streng untersagt.

Dennoch gibt es, wie früher schon, heimlich gefilmte Szenen, und da steigt in mir ein innerer Jubel auf, wenn ich die Massen sehe, Tausende, Zehntausende, die den Sarg in Ghom begleitet haben. Und Rufe aufkommen wie »Mörder, Mörder!« und »Nieder mit der Diktatur!«. Die iranische Opposition lebt, der Widerstand lebt. Die Mächtigen von heute werden die Verlierer von morgen sein.

Nur – wieviel Zeit, wieviel Leben, wieviel Glück, wieviel Freude wollen sie der Nation und vor allem ihrer Jugend noch rauben?

30. Dezember 2009, Köln

Wie geht das Jahr aus?

Dissident Liu Xiabao, vierundfünfzig, Mitverfasser der Menschenrechts-Charta 08, ist vom Pekinger Volksgericht Nr. 1 wegen »Anstiftung zur Untergrabung der Staatsgewalt« zu elf Jahren Haft verurteilt worden.

Wie weit, weit weg das klingt ... Aber wie nah rückt es, wenn Lius Frau, Liu Xia, sagt: »Ich fühle nichts mehr« und Pekings Außenministerium die Empörung über das Urteil »eine grobe Einmischung in die inneren Angelegenheiten Chinas« nennt.

Na klar! Was denn sonst?

»Es muß ein Ende haben, daß Wörter Verbrechen sind«, so Liu Xiabao.

Ja und tausendmal ja!

Denn die *Kraft des Wortes*, das ist es, was sie alle fürchten, die *Kraft des Wortes*: die klerikalen Ajatollahgreise von Teheran und die roten Mandarine von Peking; die Fundamentalisten jeglicher Couleur und alle Gegenaufklärer; die Weltbedroher, selbsternannten Fatwa-Verkünder, die politischen, ideologischen, religiösen Gewalttäter und die Besitzer ewiger Wahrheiten. Sie haben einen Feind, an den sie sich nie gewöhnen werden: Öffentlichkeit!

Und das sind wir – mit der *Kraft des Wortes*.

31. Dezember 2009, Köln

Kurz vor Mitternacht. Ich bin allein in meiner Wohnung.

Jetzt blitzt es, ein Leuchtgewitter nach Norden hin, zum Dom, von der einen Terrasse. Von der anderen, nach Süden, fast noch mehr zerspringendes Feuer, platzende Sterne, schwere Kanonenschläge, flammende Horizonte. Was wird das neue Jahr bringen?

Ich kann arbeiten, trotz allem.

IV. *»Mein Leben ist so sündhaft lang«*

Januar–März 2010

6. Januar 2010, Köln
Heute ist die »Bertini«-Ausgabe des »Hamburger Abendblatts«
angekommen, mit Vorwort von Hellmuth Karasek, das ich eher
als Inhaltsangabe empfinde. Das hätte jemand schreiben sollen,
der das Buch gerade gelesen hat.

Das wird wettgemacht durch einen großen, fast ganzseitigen
Zeitungsartikel von Hans-Jürgen Fink, eine Rezension, nein, ein
Bekenntnis zu dem Buch, so verständnistief, wie ich es selten ge-
lesen habe. Mich hat's geschaudert bei der Lektüre.

Es ist das siebzehnte von zwanzig Büchern, die die »Ham-
burger-Abendblatt-Bibliothek« herausgibt und die alle etwas mit
der Nazizeit zu tun haben – darunter Autoren wie Siegfried
Lenz, Hans Fallada, Michael Degen, Walter Kempowski und
Uwe Timm.

Auf der nördlichen Erdkugel ist ein Winter ausgebrochen wie
lange nicht. Davon betroffen ist auch Deutschland – Straße,
Schiene, Luftfahrt. Ich bin lange nicht so vorsichtig über das
vereiste Pflaster getappelt wie jetzt, vermeide es aber möglichst
überhaupt.

Es ist aber noch ein anderes Problem hinzugetreten – die
Kälte. Sie schreckt mich diesmal, mit Gedanken, die plötzlich
da sind und mich bis in die Träume verfolgen. Gedanken an die
Kälte in dem Verlies, in das wir nach dem Deportationsbefehl für
die Mutter im Februar 1945 geflohen waren, Eltern und drei Brüder, und wo wir schließlich im Mai 1945 durch den Einmarsch
der 8. britischen Armee befreit worden waren, kurz vor dem
Hungertod.

Aber nicht der Hunger war unser Hauptfeind, nicht die er-
zwungene Stummheit hörbarer Nachbarn wegen, selbst die Rat-

ten nicht, die in dem Maße aggressiver wurden wie wir immer schwächer. Unser Hauptfeind, unser persönlicher Hauptfeind war – die Kälte.

Ich habe noch unser Zähneklappern im Ohr, sosehr wir es auch voreinander zu unterdrücken suchten. Ein Bild ist mir wieder hochgekommen, nicht verpflanzbar, als wäre es eingestanzt vor meinem inneren Auge: meine Mutter, die Wolldecke über den Kopf gezogen und darunter zitternd und am ganzen Körper so geschüttelt, als wenn sie Fieber hätte oder von einem Veitstanz befallen wäre. Das waren Stunden, in denen ich zweifelte, ob es richtig war, geflohen, untergetaucht zu sein. Konnte es etwas Furchtbareres geben als den Anblick meiner schlotternden Mutter? War das nicht schlimmer als der Tod, wenn er rasch käme? Wir wußten doch nicht, wann die Hölle beendet sein würde. Die Situation war so unvorstellbar, daß ich mich immer wieder in die Lüge eines Traums zu versetzen suchte, um ihr zu entkommen. Aber es war die Kälte, die mich in die Wirklichkeit zurückholte, die Kälte.

Und jetzt, in diesem gerade begonnenen Jahr, in diesen Stunden holt mich die Erinnerung daran wieder ein. Natürlich habe ich in all den vergangenen Jahrzehnten an den Keller gedacht, an dieses grauenvolle Finale unseres Daseins unter Hitler. Aber so punktuell wie nun, so fühlbar, so dicht mir unter der Haut und so gezielt auf die Kälte – das ist neu.

Ich habe keine größere Sehnsucht, als mich von den Bildern zu befreien, ihnen ein Ende zu setzen; sie liegen Äonen zurück – und sind dennoch so gegenwärtig geblieben.

Warum heilt die Zeit nichts, warum wird der Schrecken von einst immer plastischer, das Empfinden von Vergeblichkeit immer stärker?

Irgendwo, irgendwie sind wir Überlebenden lebende Tote mit einem abgestorbenen Teil, der den ganzen Organismus vergiftet hat. Manchmal verstehe ich nicht, daß ich meinen Verstand behalten habe und über all die Höllen in mir nicht verrückt geworden bin.

Aber unbeschädigt bin ich nicht. Wenn ich für diese Versehrungen eine Medaille bekäme – die wäre die schwerste von allen.

10. Januar 2010, Köln
Der Streit in der schwarz-gelben Koalition über den Beitritt der Türkei zur EU geht weiter.
Während Stimmen aus CDU und CSU den Abbruch der Beitrittsverhandlungen fordern und der Türkei höchstens eine privilegierte Partnerschaft konzedieren, spricht Außenminister Westerwelle in Ankara von fairen Verhandlungen, nennt die Türkei einen zuverlässigen Partner und zollt ihr Respekt und ausdrückliche Anerkennung der bisher geleisteten Reformen.
Man liest das und fragt sich:
»Wann, Europa, hörst du endlich auf, die Türkei zu belügen?«
Die Türkei war nicht Europa, ist nicht Europa und wird nie Europa sein! Sie ist ein großes islamgeprägtes Land mit einem marginalen europäischen Rand und einer demographischen Expansion, die es in absehbarer Zeit zum bevölkerungsstärksten Staat der EU machen würde.
Was soll also dieses zähe Täuschungsmanöver? Es wird sich niemals eine Einstimmigkeit in der EU für eine türkische Vollmitgliedschaft finden, es genügte schon das Nein eines einzigen EU-Mitglieds, um die zu verhindern. Es würde aber nicht bei dieser einen Gegenstimme bleiben, darf gesagt werden, ohne den Propheten zu spielen. Selbst eine »privilegierte Partnerschaft« aber würde immer noch bedeuten, daß Europa, in Sonderheit Deutschland, über seine starke türkische Minderheit von den Eruptionen des Herkunftslandes (Kurden, Zypern, erstarkender Fundamentalismus) schwer geschüttelt werden würde.
Daß diese Täuschung wider besseres Wissen von Brüssel aufrechterhalten und ständig verlängert wird, ist ein schreiendes Unrecht auch gegenüber der Türkei. Und eine Gefahr dazu, werden doch in dem Maße, wie sich die Lüge immer offener entpuppen wird, die radikalen Kräfte gestärkt.

Das ganze Beitrittsprojekt war von vornherein verfehlt. Immer waren es strategische (NATO-Mitglied Türkei!), taktische und wahltaktische, außen- und innenpolitische Komponenten, auf denen das Projekt basierte, immer waren Hinhaltungen und Vertröstungen im Spiele. Die Grundkatastrophe aber ist die Koppelung türkischer Reformen mit dem EU-Beitritt. Auch ohne Vollmitgliedschaft oder privilegierte Partnerschaft, auch ohne die Aussicht darauf hat der Kampf um Menschenrechte und Demokratie in der Türkei voranzuschreiten! Was ist das für eine Erpresserpose: Entweder ihr laßt uns in die EU oder?

Ich wiederhole: Die Türkei war nicht Europa, ist nicht Europa und wird nie Europa sein – auch eine reformierte, eine demokratische Türkei wäre es nicht! Was tut sie sich also den Tort an, sich um den Preis wirtschaftlicher Prosperität der eigenen Identität zu begeben?

Natürlich haben die Türkei und ihre Ethnien jeden Anspruch auf wirtschaftliches Wohlergehen. Aber der kann und darf nicht abhängig sein von Distanz oder Nähe zur EU.

Sie war von Anfang an nicht gut beraten, sich eine Vollmitgliedschaft in der EU soufflieren zu lassen. Ein Fehltritt, eine Sache, die von vornherein zum Scheitern verdammt war. Die Frage: Türkei – EU – ja oder nein? war nie »ergebnisoffen«, sondern vom ersten Tag an entschieden. Jede Fortsetzung der bisherigen Politik schadet beiden.

An Europa deshalb den Appell: »Hör endlich auf, die Türkei zu belügen!«

Ein arktischer Winter. Es rieselt herab, Milliarden Flöckchen. Unglaublich, daß keines dem andern ähneln soll, daß sie alle unterschiedliche Formen haben.

Die Natur – das große Wunder.

12. Januar 2010, Köln

Ich drohe auf meine alten Tage ausschweifend und gleichzeitig auch noch zuckerkrank zu werden.

Was ist geschehen?

Zum erstenmal in meinem Leben habe ich, ein berüchtigter Nichtalkoholiker, Geld für Alkoholisches ausgegeben – ich habe eine Flasche Baileys erstanden *(With a Hint of Crème Caramel)*. Ein herrliches Gesöff, süß wie Eierlikör oder Amaretto (mögen gestandene Trinkfeste jetzt auch aufstöhnen). Das heißt, für mich ist Alkoholisches nur dann trinkbar, wenn von seinem spezifisch bitteren Geschmack nichts oder so gut wie nichts mehr zu schmecken ist.

Es mag damit zusammenhängen, daß ich meinen ersten Liebeskummer in Bier mit Kümmel ersäuft habe. Das Mädchen hieß Elli, war sechzehn, wie ich, und hatte mich lieb, wie ich sie. Das durfte damals nicht sein, da gab es Gesetze, die ein unbefangenes Verhältnis zwischen »Ariern« und »Nichtariern« verboten. Und so ging es denn aus, wie es ausgehen mußte – unter Tränen. Aber der Feind war stärker.

Danach schüttete ich denn im Café König am Barmbeker Bahnhof einen Kümmel in mein Bierglas – und das mit grausamen Folgen. Noch heute, wenn ich nur in die Nähe eines solchen Cocktails komme, habe ich das Bedürfnis, schreiend davonzujagen.

Säufer wäre ich auch ohne diese Erfahrung nicht geworden, ich mag Alkohol einfach nicht. Es ist also keinerlei Verdienst oder irgendeine heldische Überwindung im Spiel. Über ein ganzes Leben lang habe ich selbst Wein, wenn auch höflich, abgelehnt und an Gebotenem nur dann genippt, wenn es süß war.

Was mich dann doch verwunderte, war der energische Zugriff, als ich Baileys dunkle Glätte da so im Regal stehen sah, mit dem gleichzeitigen starken Drang, die Flasche zu öffnen und einen kleinen Schluck zu nehmen, noch ehe ich sie an der Kasse bezahlt hatte.

Dieser kriminelle Impetus beunruhigt mich aber nicht so sehr wie der ebenfalls plötzliche Wunsch, mir eine Pfeife zuzulegen, und das nach gut sechzigjähriger Pause. Denn ich war so um die fünfundzwanzig herum, als ich den letzten Zug tat. Die Pfeife kann damals allerdings kaum mehr als ein Dekorum gewesen sein, wohl in der Annahme, daß es männlich aussah, eine Pose von nicht allzu langer Dauer und kein wirkliches Bedürfnis.

Um so erstaunlicher, was mich nun anweht, der Wunsch nach einer neuen Pfeife, vor allem aber nach einem Tabak, der mir bis heute in der Nase ist, schwer, süß und das eigentliche Vergnügen bei der Sache.

Da will eine friedliche und deshalb etwas unheimliche Vision in mir aufsteigen; Ich, nach einem Tee mit Zitrone und Rosinenbrötchen, pfeiferauchend und mir einen, vielleicht sogar zwei »Baileys« *(With a hint of Crème Caramel)* gestattend.

Abstruse Neuerungen, die darauf schließen lassen, daß der Mensch nach einem langen Leben nicht weise, sondern eher wunderlich wird.

13. Januar 2010, Köln
Der dänische Zeichner Kurt Westergaard ist samt seiner Enkelin knapp dem Tode entronnen. Ihnen gelang gerade noch rechtzeitig die Flucht in das zum Schutzraum umgebaute Badezimmer mit verstärkten Türen, Panzerglas, Sicherheitsschlössern und einem sogenannten Panikknopf, einer Direktverbindung zur Polizei.

Die kam dann auch und setzte einen mit Axt und Messer bewaffneten Angreifer außer Gefecht – einen achtundzwanzigjährigen Somalier, der unter Rufen wie »Rache!« und »Blut!« wie wild auf die Türen eingeschlagen hatte, ehe er durch zwei Schüsse kampfunfähig gemacht wurde.

»Es war knapp«, so der Kommentar von Kurt Westergaard, vierundsiebzig, wohnhaft in der Nähe von Åhus und Karikaturist der dänischen Zeitung »Jyllands-Posten«. Darin hatte er im September 2005 gewagt, den Propheten Mohammed mit einer

Bombe im Turban zu karikieren. Was ja nicht ganz abwegig war angesichts der Tatsache, daß zwar nicht alle Muslime Terroristen, wohl aber derzeit alle Terroristen Muslime sind.

Ganz anders sah das ein großer Teil der Umma, also der islamischen Weltgemeinschaft. Es kam zu Aufruhr, Zusammenstößen und Anschlägen auf skandinavische diplomatische Vertretungen, Tumulte, bei denen fünfzig Menschen umkamen und Botschaften in Brand gesteckt wurden von Leuten, die nicht wußten, ob sie es bei »Dänemark« mit einem Land oder einer Käsesorte zu tun hatten. Dafür rundeten dann noch ein Boykott dänischer Waren und ein Kopfgeld aus Pakistan die aufgeregte Szenerie ab.

Nun wird Kurt Westergaard seit zwei Jahren von der Polizei bewacht, wenn auch nicht flächendeckend. Haben der Karikaturist und seine Enkelin doch ihr Leben nicht der Polizei zu verdanken, sondern dem Zufall, daß sie sich, als der potentielle Mörder axt- und messerschwingend in das Haus eindrang, in der Nähe des Schutzraums befunden hatten und sich darin noch rechtzeitig verbarrikadieren konnten: »Es war knapp«, so der Entronnene.

Wo sind wir eigentlich, daß wir uns mitten in Europa vor amoklaufenden Muslimen fürchten müssen? Der dänische Ministerpräsident Lars Løkke Rasmussen hatte ganz recht, als er von einem Angriff auf die Gesellschaft und die Demokratie sprach. Jetzt nachgeben und sich erpressen lassen?

Kurt Westergaard, der Nachfahr alter Wikinger, denkt jedenfalls nicht daran – bravo! Er sei, so gibt er zu, zu alt und starrköpfig, um sich zu beugen. Und außerdem voller Wut – gut. Gut auch, daß er sich gegen alles und alle verwahrt, die ihn vereinnahmen wollen, vor allem gegen die in Dänemark starken Rechtspopulisten. Sich von denen mundtot machen zu lassen hieße, vor ihnen zu kapitulieren.

Geschildert wird Westergaard als ein »liebenswert umgänglicher Herr mit blondgrauem Vollbart«, roten Hosen, Socken, Halstuch, Lederhosen, hochgewachsen. Und den wollten sie umbringen.

Nun muß er in seiner eigenen Heimat ständig umziehen, zu Freunden oder in Sommerhütten. In dem Haus, das ihm gehört und wo der Überfall stattgefunden hat, ist er nur ausnahmsweise gewesen, wegen des Neujahrstags.

Die wichtigste Nachricht: Für »Jyllands-Posten« schreibt er weiter.

14. Januar 2010, Köln

In der »Jüdischen Allgemeinen« (Nr. 1/2010) steht auf Seite 3 ein Artikel, der mich in Unruhe versetzt.

Er ist betitelt »Frau Schreiber von der NPD«, trägt den klärenden Untertitel »Die Partei möchte sich ein bürgerliches Image geben« und schildert, wie erfolgreich die gelernte Krankenschwester dabei ist.

Ihr Mann Peter Schreiber gehört zum engsten Kreis um Holger Apfel, Chef der NPD-Fraktion im sächsischen Landtag und zugleich Vorsitzender des Landesverbandes, des politisch schlagkräftigsten in ganz Deutschland. In Sachsen haben die Stammwähler die Partei 2004 und 2009 über die Fünfprozenthürde in den Landtag gehievt.

Schauplatz ist Strehla, eine Kleinstadt im Landkreis Meißen, Hochburg der NPD. Frau Schreiber ist Hilfsschöffin am Amtsgericht im nahen Riesa. Erhöht das doch ebenso wie ihre Mitgliedschaft in manchen Ehrenämtern und im Elternbeirat ihren zivilgesellschaftlichen Rang. Und genau darauf kommt es ihr an – auf den »Normalisierungseffekt«. Deshalb ist sie mit dem Titel »Hilfsschöffin« in den Wahlkampf für die NPD gezogen, deshalb prangte auf einem Wahlkampffaltblatt »Wir für Euch« ein Porträt des Ehepaars Schreiber (wobei ihre Hände so auf der Schulter ihres Mannes ruhen, daß der Ehering zu sehen ist). Ein Bild, das mit dem Klischee gewaltbereiter Skins nichts gemein hat. Und tatsächlich hat sich da, wo die NPD in Parlamente eingezogen ist, das Verhältnis zu ihr »normalisiert«.

Dann und wann wird die demonstrierte Bravheit jedoch durchlöchert, etwa wenn Gesinnungsgenossen aufgerufen werden, sich ebenfalls als Schöffen zu bewerben, damit »in Strafprozessen das gesunde Volksempfinden in die Urteile einfließt« und um »ein höheres Strafmaß gegen kriminelle Ausländer und linksradikale Gewalttäter durchzusetzen«. Zur Wiedereinführung der Todesstrafe, zum Beispiel für Kinderschänder, wird auch mal zu einer Veränderung der Verfassung aufgerufen, zu der man sich, falls opportun, bekennt.

Die Wahrheit: Ines Schreiber will keine andere, sie will gar keine Republik.

Sie will die Demokratie abschaffen und einen »völkischen Staat« errichten. Ihre Strategie dabei: mitzuhelfen, der Partei ein Gesicht zu geben, hinter dessen Bürgerlichkeit sich die wahren antidemokratischen, antihumanen und rassistischen Ansichten und Absichten verbergen. Es ist eine Politik, die ständig schwankt zwischen Maskierung und Demaskierung des wahren Kerns.

Meine Unruhe beginnt da, wo das Manöver angeblicher Verbürgerlichung und Normalisierung nicht erkannt oder gar begrüßt wird. Mit jedem Amt, jeder öffentlichen Funktion wird eine vorgetäuschte Verfassungstreue zementiert, die in Wahrheit nichts als Tarnung ist.

Einer hat es offen ausgesprochen:

Wir gehen in den Reichstag hinein, um uns im Waffenarsenal der Demokratie mit deren eigenen Waffen zu versorgen. (…) Wenn die Demokratie so dumm ist, uns für diesen Bärendienst Freifahrkarten und Diäten zu geben, so ist das ihre Sache. (…) Uns ist jedes gesetzliche Mittel recht, den Zustand von heute zu revolutionieren. (…) Wir kommen als Feinde! Wie der Wolf in die Schafherde einbricht, so kommen wir.

So Joseph Goebbels, späterer Reichspropagandaminister, in der Berliner NSDAP-Zeitung »Der Angriff« am 30. April 1928.

Natürlich, das hat wenig Aussicht, noch einmal zu obsiegen. Die Situation von heute hat keinerlei Ähnlichkeit mit der da-

223

maligen, liegen zwischen diesem Zitat und der Gegenwart doch der Leichenhimalaya des Zweiten Weltkrieges und sechzig Jahre deutscher Demokratie. Trotzdem gruselt's mich. Es gruselt mich, weil die Grundansichten der Ines Schreiber sich mit denen von Joseph Goebbels völlig decken.

Ich nenne ihre Partei deshalb die »zeitgenössische Variante des Nationalsozialismus«.

Ihrer sächsischen Landtagsfraktion stehen übrigens allein in dieser Legislaturperiode mehr als zwölf Millionen Euro zu – eine von vielen Folgen des katastrophalen Karlsruher Fehlurteils, der NPD die Legalität erhalten zu haben.

Ich lasse mich auch durch Mikroziffern der antidemokratischen Rechten bei den meisten Landtags- und Bundestagswahlen nicht darüber hinwegtäuschen, daß manche ihrer Ideen bis hinein in die Mitte der Gesellschaft auf Zustimmung treffen und ich keinen Grund habe, meinen Kopf beruhigt auf das Kissen eines behüteten Alltags zu betten.

»Der Prinz auf der Erbse«? – wie mich jüngst ein nicht sehr wohlwollender Zeitgenosse typisierte, übrigens ohne Fragezeichen.

In der Tat, die Existenz der Ines Schreiber und ihres Umfelds halten mich wach. Ich kenne keine Kleinigkeiten auf diesem Gebiet.

16. Januar 2010, Köln

Miep Gies, die Frau, der die Welt »*Das Tagebuch der Anne Frank*« zu verdanken hat, ist am 11. Januar gestorben.

Sie gehörte zu jenen vier Helfern, die die jüdischen Familien Frank – Vater Otto, Mutter Edith und die Schwestern Margot und Anne –, van Pels – Eltern und Sohn – sowie den Zahnarzt Fritz Pfeffer auf dem Dachboden des Amsterdamer Hinterhauses Prinsengracht 263 von 1942 an versteckt und mit Lebensmitteln und Zuspruch versorgt haben.

Bis zu jenem 4. August 1944, an dem die Untergetauchten

durch Verrat entdeckt und abgeführt wurden. Wenige Stunden danach, selbst nur knapp einer Verhaftung entkommen, fand Miep Gies in den nun leeren Räumen lose Blätter, orangerot und engbeschrieben, das »Tagebuch« der Anne Frank.

Nicht ahnend, daß sie damit ein Stück Weltliteratur bewahrte, nahm sie die Papiere an sich und übergab sie 1945 an Otto Frank, dem einzigen Überlebenden aus dem *Achterhuis* der Prinsengracht.

»Miep schleppt sich ab wie ein Packesel. Fast jeden Tag treibt sie irgendwo Gemüse auf. Sie ist es auch, die jeden Samstag fünf Bücher aus der Bibliothek bringt. Sehnsüchtig warten wir immer auf den Samstag, weil dann die Bücher kommen, wie kleine Kinder auf ein Geschenk« – so kann man im »Tagebuch« aus der Feder des todgeweihten Mädchens lesen. Wie wir heute wissen, ist Anne Frank zusammen mit ihrer Schwester Margot, beide zu Skeletten abgemagert, kurz vor der Befreiung des Lagers Bergen-Belsen durch die 8. britische Armee gestorben.

Der Verräter wurde übrigens nie überführt.

Die Frau, der wir die Rettung des *document humaine* zu verdanken haben, Miep Gies, wurde 1909 in Wien als Hermine Santrouschitz geboren, kam nach Holland, wurde von einer Familie in Leiden adoptiert und schließlich Sekretärin in der von Otto Frank geleiteten niederländischen Filiale der Kölner Firma Opekta.

Mehr als die Hälfte ihres langen Lebens hat Miep Gies damit verbracht, vom Schicksal des jüdischen Mädchens zu künden, überall auf der Welt, vor allem vor Schülerinnen und Schülern – ein Muster an Glaubwürdigkeit. Ihre Devise: »Du kommst so weit mit deiner Wut, daß du tust, was getan werden muß.«

Der Verlauf der Geschichte sorgte dafür, daß das Motto aktuell geblieben ist.

Seit 1960 ist *Het Achterhuis* Museum, das »Anne-Frank-Haus«, und Miep Gies war sein guter Geist.

Otto Frank hatte übrigens große Schwierigkeiten, einen Verleger für das »Tagebuch der Anne Frank« zu finden. Heute beträgt die Weltauflage des Buches zirka 25 Millionen Exemplare.

Ich war zum erstenmal 1971 dort und erinnere mich noch genau, mit welchen Hemmungen ich das Haus und sein Versteck betrat. Wie ich die Treppen hochstieg und glaubte, umkehren zu müssen, weil ich den Ort nicht ertragen könnte. Weil ich wieder nahe, viel zu nahe war an dem, was ich selbst in jenem ewig feuchten, ewig kalten und rattenverseuchten Kellerloch erlebt hatte.

Wegen dieser Vorbelastungen hatte ich den Besuch des Frankschen Verstecks über Jahrzehnte aufgeschoben, um ihn nun doch nur wieder zu bereuen. Aber ein Zurück gab es nicht mehr – ich stand davor, endlich.

Und was war mein erster Gedanke, was meine erste Reaktion auf die Stätte selbst?

Dies: »Wieviel Raum, wieviel Platz!« Und: »Wieviel Licht, wieviel Helligkeit!« Ich schäme mich, das heute hier zu bekennen, aber es ist die Wahrheit – das war die erste, die allererste Reaktion beim Vergleich der Örtlichkeiten zwischen diesem Versteck und dem unseren.

Die Räson kehrte allerdings umgehend zurück. Denn welche äußeren Unterschiede auch immer zwischen beiden Verstecken bestanden, der entscheidende war der innere: Die Franks kamen, bis auf den Vater, mit den anderen Versteckten um. Wir überlebten.

Vielleicht kann man aber trotzdem meine erste Reflexion beim Anblick des Verstecks in der Prinsengracht 263 aus den Umständen heraus verstehen.

Jetzt starb Miep Gies, einen Monat vor ihrem 101. Geburtstag, in Westfriesland. Sie konnte Anne Frank nicht retten, wohl aber ihre Geschichte.

Und die wird Menschen rühren, solange es Menschen gibt.

17. Januar 2010, Köln

Schweres Erdbeben in Haiti, die Hauptstadt Port-au-Prince in Trümmern. Es ist die Rede von Hunderttausenden von Toten, Millionen von Obdachlosen – Bilder, die einem das Blut in den Adern erstarren lassen.

Der alte, uralte Unglücksmagnetismus der Armen, der vielen …

Haiti, eines der ärmsten Länder der Welt, heimgesucht von solchen Schreckensgestalten wie »Papa Doc« und »Baby Doc«, Monster der Selbstbereicherung, denen es an Nachfolgern nicht gefehlt hat in diesem Land der sieben Plagen. Säuglings- und Kindersterblichkeit, Kindersklaven, Hunger, kein fließendes Wasser, keine Arbeit. Und nun auch noch kein Dach über dem Kopf und unter den zusammengestürzten Stein- und Betonmassen die verwesenden Toten.

Proteste der Bevölkerung verpuffen, zersplittern an der Mauer einer unbesiegbaren Korruption, historische Kontinuitäten mit der Folge schwächender Dauerverzweiflung.

Die meine ist nicht fern nach jahrzehntelanger Begegnung mit ihr auf allen Kontinenten außer Australien. Wie viele Energien, wieviel Aufwand, um nicht zum Pessimisten, zum Fatalisten zu werden über ein ganzes Leben hin … Wieso wirkt die globale Hilfe, die da anläuft und zeigt, daß Mitgefühl und Helferdrang nicht gestorben sind, auf mich wie der Tropfen auf den heißen Stein?

Haiti – das ist der Schlund der Hölle.

Kann es angesichts ihrer Bilder etwas Absurderes geben, als an Gott zu glauben?

Wann endlich kommt ein Gesetz, das Richter verantwortlich macht für Fehlurteile, denen körperliche Schäden oder gar der Tod folgen? Wann werden Richter, deren Urteile sich als täterbegünstigend herausstellen, selbst vor Gericht gestellt, wann Robenträger zur Rechenschaft gezogen, deren Sprüche verheerende Folgen für andere Menschen haben?

Aktuelles Beispiel: Karl D. ist ein mehrfach vorbestrafter Sexualverbrecher, ein Wiederholungstäter. Er hat in den achtziger Jahren ein Mädchen vergewaltigt und dafür sechseinhalb Jahre Haft abgesessen. Nach seiner Entlassung hat er zwei Schülerinnen vergewaltigt und schwer mißhandelt – vierzehn Jahre Gefängnis. Die sind abgegolten, Karl D. ist entlassen und frei, ohne Sicherungsverwahrung – auf Veranlassung des Bundesgerichtshofs. Die hätte nur erfolgen können, so das Gericht, wenn im letzten Urteil solche Verwahrung einbegriffen gewesen wäre. Da das aber versäumt worden sei, gäbe es keinen anderen Weg – Karl D. muß auf freiem Fuß bleiben.

»Bis zum nächsten Rückfall?« So die erbitterte Frage in Heinsberg, einer Kreisstadt in Nordrhein-Westfalen mit gut 41 000 Einwohnern, wo Karl D. lebt.

Einige ihrer Bürger waren zur Urteilsverkündung nach Karlsruhe gefahren. Bei der Verlesung sollen Tränen geflossen sein.

Angst geht um in Heinsberg. Die Türen der Grundschule sind während des Unterrichts geschlossen. Der Bürgermeister Wolfgang Dieder bedauert die Entscheidung, erklärt aber, daß auf Grund der geltenden Rechtslage mit dem Spruch habe gerechnet werden müssen. Nun gelte es, Übergriffe aggressiver Demonstranten zu verhindern. Darauf Proteste von Heinsbergern, der Bürgermeister habe damit quasi die Akte Karl D. geschlossen.

Mahnwachen vor Karl D.s Haustür sind angedroht.

Nun werden Rufe, die hohen Hürden für die Sicherungsverwahrung durch Gesetzesänderung zu senken, weit über Heinsberg hinaus laut. So die NRW-Landesjustizministerin Roswitha Müller-Piepenkötter (CDU), die sich dabei auf Gutachter beruft, die die Wahrscheinlichkeit eines Rückfalls bei diesem Täter sehr hoch einschätzen.

Die Kreispolizeibehörde beobachtet Karl D. rund um die Uhr. Das kostet laut Experten Tausende Euro im Monat. Wie lange kann die Bewachung also finanziell durchgehalten werden in diesen Zeiten finanzieller Krise der Kommunen? Der Appell an Karl D., sich in Therapie zu begeben, war vergeblich.

Was Heinsberg in Angst und Schrecken hält, ist eine Gesetzeslücke, die aber nicht nur auf diese Stadt beschränkt ist.

Ein aktuelles Beispiel dafür gibt es in Berlin.

Dort dreht es sich um Uwe K., Wiederholungstäter, der schon einmal elf Jahre im Gefängnis saß, nachdem er neun Mädchen mißbraucht hatte. In Sicherungsverwahrung kam er nach der Entlassung dennoch nicht – wieder durch Einspruch des Bundesgerichtshofs. Zwar hatten die Richter 1997 verfügt, daß Uwe K. nach Verbüßung seiner Strafe eingesperrt bleiben sollte. Der BGH aber hob die angeordnete Sicherungsverwahrung auf – einer Gesetzeslücke wegen: Im DDR-Recht hatte es sie nicht gegeben, der Einigungsvertrag schloß die Sanktion für das Beitrittsgebiet aus. Als Uwe K. 2007 freikam, nannte ihn der brandenburgische Generalstaatsanwalt eine »menschliche Zeitbombe«.

Seither war die Furcht vor einem Rückfall groß und, wie der »Spiegel« berichtet, völlig berechtigt. Wie die Dinge liegen, sind wieder zwei kleine Mädchen Opfer geworden – Uwe K. sitzt in Untersuchungshaft. Die Staatsanwaltschaft ermittelt gegen ihn wegen Vergewaltigung und sexuellen Mißbrauchs eines und sexueller Nötigung eines weiteren Kindes.

Uwe K. hat seit Jahren eine ganze Logistik auf Trab gehalten: Staatsanwälte, Kriminalbeamte, Bewährungshelfer, Psychologen, Therapeuten, das Jugendamt, Eltern. Genützt hat es nichts, der Rückfall trat ein, zwei weitere Menschen sind be- und geschädigt worden.

Jetzt besteht immerhin die Hoffnung, daß Uwe K. nach einem Urteilsspruch in Sicherungsverwahrung kommt – die Gesetzeslücke, die das verhindert hat, ist inzwischen geschlossen worden.

Erledigt ist das Problem dadurch nicht, das Vertrauen in eine Justiz, die Täterschutz vor Opferverständnis stellt, gering.

Vor allem fehlt ein Gesetz, das Richter für Fehlsprüche und ihre Folgen verantwortlich macht. Wenn dazu bemerkt wird, das würde die Unabhängigkeit der Richter aufheben, dann wäre gegen solche Aufhebung nichts einzuwenden: Die Versehrung oder gar Tötung eines Menschen durch die Folgen eines Fehlurteils bleibt allemal eine kriminelle Tat.

Es gibt aber keine kriminelle Tat, die vor dem Gesetz frei ist.

Also endlich her mit solchem Gesetz!

19. Januar 2010, Köln

Für dieses Tagebuch muß ich zum erstenmal in meinem Leben als Schriftsteller den Arbeitsablauf ändern. Sonst war die Reihenfolge stets: erst die Recherche, dann die Reinschrift, in dieser Chronologie und in getrennter Folge. Das geht aber diesmal nicht. Wenn das Buch im Herbst erscheinen soll, muß es im April 2010 druckreif vorliegen. Die Frist zwischen Berichtsende und Erscheinen des Buches wäre aber für die Ausarbeitung der Notizen viel zu kurz. Also mußte ich mit der Reinschrift noch während der Recherche beginnen. Das lief auch bis heute alles gut nebeneinander und miteinander.

Jetzt habe ich nur Angst, daß der Computer abstürzen oder er dem Arsenal seiner Tücke auf andere Weise freien Lauf lassen könnte. Erwies sich doch die Phantasie des technischen Ungeheuers, seit ich mich seiner bediene, also seit gut zwanzig Jahren, als unerschöpflich.

Unvergessen ein Anschlag während der Arbeit an meinem Buch »Israel, um Himmels willen, Israel« – plötzlich waren neunzig Seiten »Negev« verschwunden, ohne von mir technischem Schwachkopf gesichert worden zu sein. Das ganze Buch stand auf dem Spiel, wußte ich doch, daß es unmöglich ist, etwas Geschriebenes bei Verlust in derselben Qualität wiederherzustellen – es kann nur ein Abklatsch davon herauskommen.

Zum Glück fanden sich die Seiten wieder, aber nicht durch mich, sondern durch einen kundigen Freund und Kollegen. Er kommt heute übrigens zu mir, um über das vorliegende Projekt zu sprechen. Das beruhigt mich, denn falls bis dahin etwas passierte, dessen ich natürlich nicht Herr werden könnte – auf ihn, auf Lutz D. vom Verlag Kiepenheuer & Witsch, ist Verlaß.

»Schindlers Liste«, dieses Epos einer Errettung von zwölfhundert Juden durch einen deutschen Unternehmer, ist noch einmal zu später Stunde ausgestrahlt worden.

Die Bedeutung des Films liegt darin, daß nach authentischen Berichten von Überlebenden gezeigt wird, was nie gefilmt worden ist: die Binnenseite des Holocausts. Das Regime war nicht daran interessiert, auf Zelluloid festzuhalten, wie SS-Männer schreienden Müttern Kinder wegrissen, um sie zu den Gaskammern zu bringen. Oder wie ein SS-Mann einen vor ihm knienden, von Todesangst geschüttelten Juden erschießen will, seine Pistole dabei aber nicht funktioniert – zweimal, dreimal, viermal. Oder wie der Kommandant des Lagers Płaszów von der Empore seiner Kommandantur aus Juden wie Hasen abknallt, nur mal so, zu seinem Vergnügen. Oder wie es Schindler unglaublicherweise gelingt, bereits nach Auschwitz eingelieferte Frauen zurückzuholen. Unvergeßlich, wie sie vorher zitternd eine Kammer betreten, überzeugt, vergast zu werden, bis Wasser kommt – in diesem Fall.

Ich sah die Szene zum erstenmal während der deutschen Uraufführung in Frankfurt am Main und war einer Ohnmacht nahe. War die Furcht vor dem Gastod doch unser ständiger Begleiter, seit wir im Herbst 1944, wenn auch ohne technische Einzelheiten, davon erfahren hatten.

Dann der endlose, endlose Abspann des Films …

Während der Kinobesucher sonst den lästigen Appendix möglichst rasch hinter sich bringen möchte oder schon dem Ausgang zustrebt, noch während das Anhängsel läuft – diesmal war man froh, daß man sitzen bleiben konnte und das Licht nicht anging nach der letzten Szene: wie die alt gewordenen »Schindler-Juden« Steine auf das Grab ihres Retters legten und das Bild plötzlich farbig wurde nach dem Schwarzweiß bis dahin.

Ich habe mich rasch von Spielberg und von Weizsäcker verabschiedet, mit dem einzigen Wunsch, allein zu sein, und unfähig zu sprechen. Außer daß ich den Reportern am Ausgang auf die Frage, welchen Eindruck der Film auf mich gemacht habe, antwortete: »Schindlers Liste‹ entzieht sich jeder Kritik.«

24. Januar 2010, Leverkusen

Ich bin bei Juri und Alla, den Eltern – Tanja wäre heute zweiund-
sechzig geworden.

Aus Florenz war Freund Alessandro gekommen und hatte ge-
kocht. Spaghetti, mit einer wunderbaren Sauce, und Gulasch.

Es wurde unter den drei Männern viel gesprochen, unter anderem über russische Geschichte und darüber, was wohl geschehen wäre, wenn Amerika zweihundert Jahre später »entdeckt«
worden wäre.

Worte der Trauer fielen nicht, und doch war sie überall, war
alles von ihr verschattet.

Ich saß dann neben Alla und hielt ihre Hand. Sie wimmerte
leise vor sich hin. So verging der Abend, stumm.

Für mich hat Tanjas Tod nach wie vor etwas Unwirkliches an
sich. Zu der Fülle dessen, was mein Leben schwermacht, ist er
dazugekommen.

27. Januar 2010, Hamburg

Heute ist im Ernst Deutsch Theater der Bertini-Preis 2009 verliehen worden – es war das zwölfte Mal. Sein Motto: »Laß dich
nicht einschüchtern«, seine Direktive: »Mit Zivilcourage gegen
das Vergessen und für ein gleichberechtigtes Miteinander«. Er
wird vergeben an Hamburger Schülerinnen und Schüler, die im
Vorjahr eine humane Tat begangen haben.

Die Verleihung findet immer am 27. Januar statt, dem Tag der
Befreiung von Auschwitz.

Der Preis ist benannt nach meiner Hamburger Familien-und-
Verfolgten-Saga »Die Bertinis«, und sein Initiator ist der Hamburger Pädagoge Michael Magunna.

Mittlerweile sind über tausend Schülerinnen und Schüler ausgezeichnet worden, heute wurden sechs Schülergruppen geehrt.
Jede und jeder von ihnen bekommt eine Urkunde und das Buch
(dank der Großzügigkeit des S. Fischer Verlags und seiner Prin-
zipalin Monika Schoeller nunmehr zum zwölften Mal kostenlos).

Fünf von den sechs geehrten Eingaben befassen sich mit der Nazizeit, wie überhaupt diese Periode deutscher Geschichte im Mittelpunkt der Arbeit für den Bertini-Preis steht. Ob es sich um das Schicksal Hamburger Sinti und Roma handelt und deren Leidensweg bis zu den Stätten ihrer Vernichtung, ob um Kampagnen gegen den Rechtsextremismus, ob um Probleme der jüdischen Gemeinschaft in Deutschland, ob um Konflikte wegen Hautfarbe und Herkunft – immer steckt dahinter der Wunsch, etwas Mitmenschliches zu tun, aus der Vergangenheit zu lernen und die Zukunft mitzubestimmen.

Getragen wird der Preis von einem Verein, in dem sich ganz unterschiedliche ideelle und materielle Förderer zusammengefunden haben. Er ist dotiert mit 10 000 Euro, die auf die Preisträger verteilt werden, in der Regel jeweils 1250 Euro.

Als Ehrenvorsitzender des Vereins halte ich stets die Schlußrede, und dabei habe ich bei der elften Verleihung, dem Bertini-Preis 2008, gesagt: Er sei »das Glück meiner späten Jahre«.

Das kann ich hier nur aus tiefstem Herzen wiederholen, aber schwer schildern, was in diesen jeweils zwei bis zweieinhalb Stunden in mir vorgeht: das Gewusel Hunderter junger Menschen vor Beginn im Foyer des Ernst Deutsch Theaters, fröhlich, laut, erwartungsvoll; vor dem vollbesetzten Haus dann auf der Bühne die Übergabe der Urkunden; die Gespräche mit den Ausgezeichneten; die furiosen Auftritte bejubelter Schülerbands; endlich die Schlußrede (der dann doch noch das Blitzlichtgewitter der Presse folgt). Es sind das »Hamburger Abendblatt« und sein Kärrner Hans-Jürgen Fink, die wie kein anderes Organ den Bertini-Preis in das öffentliche Bewußtsein gebracht haben.

Für mich tut sich da ein biographisches Wunder auf. Wie könnte ich bei solcher Feier denn nicht an die Zeiten denken, als ich in des Wortes bildlicher und buchstäblicher Bedeutung wie ein geprügelter Hund durch die Straßen dieser Stadt geschlichen bin und mit jedem Atemzug Angst, Angst und nochmals Angst inhaliert habe? Wie könnte ich denn vergessen, daß ich hier als Fünfzehnjähriger vor den Attacken eines judenhassenden Lehrers in den Tod flüchten wollte? Und wie könnte ich die Erinnerung verlieren an das schlimmste von allem: die Furcht um die geliebte Mutter?

Für den Bertini-Preis 2009 waren übrigens zum ersten Mal Schüler meiner alten Schule, des Johanneums, mit dabei und ich ihr Pate bei der Übergabe der Urkunden und des Buches. Sie hatten sich auf die Spuren von fünf NS-verfolgten Musikerinnen und Musikern gemacht und die Ergebnisse ihrer Forschung zusammengefaßt in einer Ausstellung, die vom Museum of Tolerance in Los Angeles gezeigt wurde.

Noch einmal: Wie konnte ich dabei nicht an den Tag, an die Stunde denken, in der ich mit Schimpf und Schande vom Johanneum verjagt worden und, noch im Anblick der Schule, an der Ecke Maria-Louisen-Straße / Dorotheenstraße zusammengebrochen bin, als hätte ich mit einer Eisenstange einen Schlag vor den Leib bekommen? Kann man verstehen, daß mir Tränen in den Augen standen bei der Übergabe an die Schüler? Aber das nun nicht nur dieser schrecklichen Erinnerungen wegen, sondern auch weil sich längst herzliche Beziehungen zwischen dem heute so ganz anderen Johanneum und mir spinnen und ich seinen Direktor im Auditorium erspäht hatte, bevor wir uns begrüßten.

Es war ein guter Tag – wie oft werde ich ihn noch erleben?

Aber auch danach soll der Bertini-Preis weiter verliehen werden.

Auf dem Rückweg zum Hotel blicke ich aus dem Taxi über die vereiste Außenalster und erschrecke: Sie ist voller Menschen. Mir wird ganz merkwürdig zumute – hält das Eis? Sehr dick kann es nicht sein, und so ist es ungewiß, ob das traditionelle Alstervergnügen stattfinden wird. Dann werden Stände und Buden auf die weiße Fläche gesetzt, man kann Würstchen essen und Grog trinken oder auf dem Eis nur spazierengehen. Das müßte aber, habe ich gehört, mindestens fünfzehn Zentimeter dick sein, bevor behördlicherseits die Erlaubnis für das Spektakel erteilt werde.

Ich jedenfalls würde mich nicht aufs Eis wagen, doch manche

Leute sind offenbar mutiger. Ich erinnere mich an ein Bild, das mir den Atem verschlug, in einem härteren Winter, Ende der neunziger Jahre: Da fuhr ein Auto von der Harvestehuder Seite quer über die vereiste Fläche zur Uhlenhorst hin, und das in hohem Tempo, unter lautem Hupen und mitten durch die vielen Menschen, die wie kleine Spielzeugfiguren aussahen – mir war, als würde der Spuk in Zeitlupe abrollen, ein unerhörter, beklemmender Anblick.

Jetzt hat das Taxi die Neue Lombardsbrücke hinter sich gebracht und damit auch die herrliche Aussicht auf die Außenalster, dieses wunderbare nasse Auge mitten in der Stadt, ein Panorama, wie es großartiger keine andere in Deutschland aufweisen kann.

Hoffentlich wird nichts passieren.

28. Januar 2010, Hamburg
Erich Friedler, ein junger Kollege vom NDR Hamburg, hat mir im Marriot Hotel auf dem Laptop »Aghet – ein Völkermord« vorgeführt, einen Film über den Völkermord an den Armeniern 1915/16 im türkisch-osmanischen Reich – ich bin wie erschlagen. Die Neunzig-Minuten-Dokumentation vertieft meine WDR-Sendung »Die armenische Frage existiert nicht mehr. Tragödie eines Volkes« von 1986 und ist das Eindrucksvollste, was ich filmisch je über den Genozid gesehen habe. Wenn meine Arbeit ein Pionierstück war, so öffnet diese den Weg in eine neue Publizität.

Geheimpapiere, verfaßt und gesammelt von Verbündeten der Türkei im Ersten Weltkrieg, Schilderungen deutscher Konsuln, schweizerischer, dänischer und schwedischer Missionare, Lehrer, Korrespondenten und Krankenschwestern, die in der Türkei lebten und ihre Beobachtungen festhielten: »Sie gingen in Scharen hinaus und aßen das Gras von den Feldern ab. Wenn irgendwo ein Kamel oder ein Lasttier verendete, stürzten sie sich darauf und schlugen sich darum wie um eine Kostbarkeit.«

Die optischen und gedruckten Beweise, daß hier eines der größten Menschheitsverbrechen stattgefunden hat, sind so überwältigend, daß alle Zweifel ausgeschlossen sind. So verkehrt es ist, die Völkermorde des 20. Jahrhunderts als Meßmodelle aneinanderzuhalten, so dachte ich doch angesichts der Leichenhaufen: Wenn etwas an den Holocaust heranreicht, wenn es überhaupt etwas gibt, das darangehalten werden kann, dann dieses Mordgeschehen, das die offizielle Türkei nach wie vor bestreitet.

Allerdings wird der öffentliche Druck auf sie immer stärker. Als Reaktion tut sie das Infamste, was sie tun kann: über die Definition, ob die Vernichtung der Armenier »Völkermord« genannt werden könne oder nicht, den Genozid selbst in den Hintergrund zu drängen.

Mit Erich Friedler, einem jungen deutschen Juden, ist die Fakkel für die Sache der Armenier in gute Hände weitergegeben.

Ich mache mich heute noch an die Arbeit für meine Gedenkrede zum 95. Jahrestag des Völkermords in der Frankfurter Paulskirche am 24. April 2010 vor der armenischen Gemeinschaft und am 26. April in der Wiener Karlskirche.

1. Februar 2010, Köln
In Deutschland Schnee, Schnee, Schnee.

Seltsam, daß ich bis heute »Weihnachten« damit assoziiere.

6. Februar 2010, Köln
Was hat »Recht« mit »Gerechtigkeit« zu tun?

Große Aufregung um die »Hehler-Affäre«: Da hat jemand deutschen Behörden angeboten, ihnen die auf einer CD gespeicherten Daten von 1500 Steuerhinterziehern für 2,5 Millionen Euro zu verkaufen. Erwartete Größenordnung der Nachzahlungen: Hunderte von Millionen Euro. Die Gesamtsumme der Schwarzgelder von Deutschen auf Schweizer Konten wird auf 100 Milliarden Euro geschätzt.

In der Bundesrepublik geht es nun zu wie in einem Hühnerstall bei Fuchsnähe: Die einen, 57 Prozent, sind für den Ankauf, die anderen, 43 Prozent, dagegen. Und so hat sich Deutschland denn nicht ohne weltanschauliches Getöse in zwei Gruppen geteilt: die einen pochen auf das formale Recht – Hehlerei ist strafbar –, die anderen auf Gerechtigkeit. Und so wogt es denn auch im Fernsehen hin und her.

Und wo stehe ich? Eher im Zwielicht, mit Schlagseite für den Ankauf.

Da gibt es einen wiederholt auf dem Bildschirm auftauchenden Professor Klaus K., der mir eine schnelle Entscheidung leichtmacht. Bläht er sich doch unter der Fahne der Ankaufsgegner vor der Kamera ganz besonders gesetzestreu auf, mit bebender Unterlippe und jenem gefährlichen Augenglitzern, wie man es von Besitzern der alleinseligmachenden Wahrheit kennt: Er pocht hermetisch auf das Recht – Hehler bleibt Hehler!

Es ist sein Beispiel hühnerbrüstiger Entrüstung, die mich auf der Stelle an die Seite der Ankaufsbefürworter drängt. Denn natürlich soll den Steuerhinterziehern die Leviten gelesen, sollen sie enttarnt und zur Verantwortung gezogen werden, klar! Was ist Professor K.s Gespreize denn anderes als ein Plädoyer für die Straffreiheit von Hochkriminellen? Es ist sein totales Empörungsdefizit gegenüber Rechtsbrechern à la Zumwinkel, das mir bitter aufstößt.

Aber ganz so leicht ist es natürlich doch nicht. Denn ist der Ankauf durch die Regierung nicht so etwas wie eine Einladung für clevere Nachfolger? Stehen nicht schon andere CD-Verkäufer hufescharrend in den Startlöchern? Haben die Datendiebe darauf nicht geradezu gelauert? Und kündigt sich dieser inflationäre Ansturm nicht schon an?

Neuland tut sich hier allerdings nicht auf. Hat es doch schon einmal einen solchen Hehlerfall gegeben – bei der ähnlich gelagerten »Liechtenstein-Affäre« von 2008. In den fast 200 Verfahren seither hat kein einziges deutsches Gericht die gekauften Beweismittel verworfen. Eine Dominogefahr hatte sich dabei allerdings nicht eingestellt, es sei denn, man wertet den akuten Fall als solche.

Was nun die vielzitierte Güterabwägung betrifft: Wird durch die Akzeptanz des unsittlichen CD-Angebots nicht einer viel größeren Unsittlichkeit das Handwerk gelegt? Und sind die Unsittlichsten der Unsittlichen nicht die Schweizer Banken, also ein Finanzsystem, das der eigentliche Motor ist für den Milliardentransfer ins Unsichtbare? Endlich: Ist der wahre Minotaurus über allem in diesem Labyrinth des großen Geldes nicht der Schweizer Staat selbst, dessen Jurisprudenz den ganzen Riesenschwindel überhaupt erst ermöglicht?

So brütet der laienhafte Zeitgenosse denn gespalten vor sich hin, verwirrten Gemütes zwar, aber doch ziemlich sicher, daß der Rechtsstaat durch die Entscheidung für den Ankauf der 2,5-Millionen-CD nicht zugrunde gehen würde, wie die Spezies des Professors K. düster raunt.

Daß wir jedoch erst einen Anfang erleben, hinter dem es richtig vertrackt wird – das soll nicht bestritten werden.

Doch über diesen Fall hinaus: Daß »Recht« und »Gerechtigkeit« so häufig miteinander kollidieren, ja, daß der Konflikt justitieller Alltag ist, kann ich nicht sprachlos hinnehmen. Und das schon gar nicht, wenn der Fall so klar ist wie hier, wo jeder unschwer erkennen kann, was Gerechtigkeit wäre.

Wenn ihre Durchsetzung mit dem Recht erschlagen werden soll, ist Aufruhr angesagt.

7. Februar 2010, Köln

Immer neue Fälle von Mißbrauchsopfern durch »Fummelpriester« der katholischen Kirche. Die meisten liegen lange zurück, sind aber bei den Geschädigten ganz offenbar unvergessen. Da der Mißbrauch institutionalisiert ist, kann davon ausgegangen werden, daß er heute noch in Internaten, Schulen und kirchlichen Sportvereinen ausgeübt wird, wenngleich von derzeit wohl deutlich höher alarmierten Tätern, besonders, wenn es sich um Jesuiten handelt.

Denn ihr Orden sieht sich geradezu inflationär angeprangert, in Berlin, St. Blasien, Hamburg und Bonn. Daß dabei viele Opfer weiter um Verschwiegenheit bitten, läßt die Frage stellen: Wo sind wir denn eigentlich, was passiert denn hier? Ist nicht lange genug geschwiegen worden, vertuscht, verdeckt, versteckt? Wo der Mißbrauch in deutschen Bistümern kartographiert ist, sieht sich die Bundesrepublik übersät von Markierungen wie »Verdächtige«, »aktuell Verdächtige« und »juristisch geahndete Fälle« (diese deutlich geringer).

Schwappt da jetzt etwas herüber aus den USA, deren katholische Kirche erst jüngst geradezu überrollt worden ist von einem der größten Skandale der nationalen Geschichte, mit Zehntausenden von Opfern? Und, nächstes Stadium, mit Entschädigungsforderungen, von denen allein die Erzdiözese Los Angeles 660 Millionen Dollar an Hunderte von Betroffenen gezahlt hat. Was wiederum nur ein Teil der über zwei Milliarden Dollar ist, die die US-Kirche zwischenzeitlich insgesamt aufbringen mußte. So steht es im »Spiegel«. Was durchaus glaubwürdig ist angesichts der von den US-Bischöfen selbst im Zuge einer Art Flucht nach vorn erarbeiteten Bilanz: Demnach haben seit 1950 mehr als 5000 Priester etwa 12 000 Heranwachsende mißbraucht.

Werden solche Dimensionen auch bei uns erreicht? Dann ginge es wohl unvermeidlich ans Tafelsilber der katholischen Kirche, da selbst ihr Reichtum nicht genügen würde, um diese Schulden in klingender Münze zu begleichen. Die seelischen Schäden sind ohnehin irreparabel.

Die christliche Welt hat es hier mit einer Epidemie zu tun, allerdings einer, die länger wütet, als Epidemien es gewöhnlich tun – grassiert diese doch seit Jahrhunderten.

Wie geht es nun weiter? Sollen auch künftig Tausende, Zehntausende von Jugendlichen geschändet werden durch diese Sonderform der »Nächstenliebe«? Wann wird es endlich einer der großen Ursachen des sexuellen Mißbrauchs im Kirchenbereich an den Kragen gehen, dem *Zölibat*, dieser gegen die menschliche Natur gerichteten Perversität?

Ich glaube nicht an eine Selbstreinigung der katholischen Kirche, und schon gar nicht durch ihre Kurie. Der Sumpf kann nur durch äußere Umstände ausgetrocknet werden, und das hat an seinen Rändern schon begonnen: durch den Priestermangel.

Nun bin ich nicht so leichtgläubig, das Problem des Mißbrauchs damit etwa für gelöst zu halten, wohl aber naiv genug, um zu fragen: Da nach christlicher Lehre der Sexualtrieb wie alles Menschliche doch auch von Gott kommt – was hat die Kirche eigentlich seit Jahrtausenden immer wieder daran herumzumekkern?

11. Februar 2010, Köln
»Habent sua fata libelli« – so der Lateiner: »Bücher haben ihre Schicksale.«

Heute, am fünfzigsten Todestag des großen Philologen, schlage ich nach fast zwei Jahren wohldosierter, aber doch kontinuierlicher Lektüre die letzte der 1693 Seiten von Victor Klemperers Tagebüchern 1933–1945 »Ich will Zeugnis ablegen bis zum letzten« um.

Ich kenne nichts, das die Entrechtung der Juden im Dritten Reich quälend genauer auflistet als dieses gigantische Werk aus der Feder eines Mannes, wie er sich äußerlich unscheinbarer kaum denken ließ – klein, verhuscht, aber armiert mit den wachsten Augen der Welt.

Wer diese Chronik der Ausgrenzung liest, Zeile um Zeile, Millionen von Wörtern, wird darunter kein einziges überflüssiges entdecken. Daß sie überkommen sind, dieses Konvolut loser Blätter, und nicht im Magma des Weltenbrandes zu Asche verglühten, das wird ein geistesgeschichtliches Wunder sondergleichen bleiben: Ein Intellektueller jüdischer Herkunft berichtet, was ihm und seinesgleichen widerfährt – unter Hitler und seinem Ambiente. Wer die Lektüre durchhält, tut es um den Preis, eingespannt zu werden in die Garotte, das Halseisen eines Chirurgen, der sich selbst gnadenlos unter das Messer der eigenen Erfahrungen begibt. Was ihm das Gefühl eines Aufschubs gibt, ist seine

Ehefrau Eva, die als »arisch« gilt nach der Rassenarithmetik der sogenannten Nürnberger Gesetze zum »Schutz des deutschen Blutes und der deutschen Ehre«. Daß das ein trügerischer Schutz ist, wird Victor Klemperer immer bewußter. Wie auch, daß ihm seine lange vor 1933 erfolgte Konversion zum Protestantismus nichts nützen wird. Bestand für die Visionäre des Holocausts der Unterschied zwischen den volljüdischen und den »Mischehen« doch ohnehin in nichts anderem, als deren jüdische Partner für die Gaskammer später zu terminieren.

Diesen Wettlauf zwischen der »Endlösung« der Judenfrage und dem »Endsieg« der Alliierten gewann Victor Klemperer nur durch den Untergang Dresdens in der Nacht vom 13. auf den 14. Februar 1945. Das Datum für seine Deportation war ihm, wie Dresdens anderen jüdischen Partnern in »Mischehen«, kurz vorher von der Gestapo zugestellt worden – 16. Februar 1945.

Es war jene letzte reichsweite Aktion, in die auch meine Mutter einbegriffen war und der wir uns dann durch die Flucht in die Illegalität entzogen haben. So, wie Klemperer und seine Frau durch Sachsen und Bayern flüchteten und im Chaos des Kriegsendes unentdeckt blieben. Wie wir hat auch er überlebt.

Ich weiß nicht, wie oft ich das Buch zugeschlagen, die Lektüre unterbrochen habe angesichts von Schilderungen, die sich völlig mit den selbsterlebten decken. Die Ängste, die Demütigungen, die verschämten Hoffnungen, die Gefühle von Rache und Vergeltung, aber auch die Freude und Dankbarkeit gegenüber Menschen, die uns ihre Anteilnahme bekundeten. All das widerspiegelt sich in Victor Klemperers Tagebüchern und drohte mich zeitweise zu ersticken. Etwa auf der Hälfte der endlosen Strecke entschied ich, nicht mehr abends, sondern nur noch am Tag zu lesen.

Ich hatte das Privileg, Victor Klemperer noch persönlich kennenzulernen – am Leipziger Literaturinstitut, 1955 (also im Endstadium meines stalinistischen Irrtums). Dort sollte er dozieren über sein berühmtes Buch »LTI – Notizbuch eines Philologen«, in dem es um die Lingua tertii imperii: die Sprache des Dritten Reiches geht. Ich kannte dieses Buch und war hingerissen von seinen scharfsinnigen Forschungsergebnissen und zugleich erschreckt, tief verschreckt von der »Sprache des Unmenschen« und ihren linguistischen wie mentalen Verheerungen.

Wer dann in die Schwägrichenstraße kam, war ein kleiner Mann, von auffallender Ähnlichkeit mit den einschlägigen Karikaturen in antisemitischen Gazetten. Einer, den man, obschon seiner heftigen Abwehr gewiß, gleich hätte umhalsen mögen, die Güte in Person. So war dieser Victor Klemperer, damals vierundsiebzig. Nach dem Vortrag gab es stehende Ovationen.

Vorher hatte das Auditorium allerdings zeitweise Mühe, kein Schmunzeln, ja, nicht noch deutlichere Zeichen einer vergnüglichen Reaktion von sich zu geben.

Der kleine Professor sprach nämlich an einem Stehpult, das vorn offen war, man also die ganze Gestalt bis zu den Schuhen sehen konnte. Und so war zu erkennen, wie der gelehrte Dozent in ziemlich regelmäßigen Abständen mit seinem rechten Schuh die Wade des linken Beines scheuerte, ja, hingebungsvoll und ausdauernd wetzte – nun wahrlich ein Bild für die Götter! Was Wunder, daß wir, bei aller Verehrung, stark an uns halten mußten, um nicht laut aufzulachen. Das ist tunlichst unterlassen worden, wobei ich ziemlich sicher bin, daß Victor Klemperer in unser Lachen eingestimmt hätte. Und ebenso sicher übrigens, daß die Pflege des rechten Schuhs zum Schaden des linken Hosenbeins ein völlig unbewußter Vorgang war. Später habe ich mir überlegt, ob es nicht doch besser gewesen wäre, den etwas Versponnenen darauf aufmerksam zu machen, da sicher nicht alle Augenzeugen mit dem nötigen Feingefühl auf das seltsame Bild reagierten.

Ich habe mich gleich nach Erscheinen der Tagebücher 1995 im Berliner Aufbau-Verlag über sie hergemacht, immer wieder angetan von dem selbstkritischen und von Selbstzweifeln befallenen Beobachter, der dennoch keine Sekunde seinen Kompaß verliert: »Ich will Zeugnis ablegen bis zum letzten«. Das hat er dann auch wahrlich getan.

Daß Victor Klemperer ein Kind seiner Zeit war und keineswegs frei von manchen ihrer Vorurteile und Irrtümer, das soll unbestritten sein. Hier tritt das Lebensgefühl einer bürgerlichen Vita auf, das erst langsam dahinterkommt, wie brüchig die Fassade ist.

Zu einem politischen Kämpfer hat das Leben ihn nicht geformt. Klemperer ist in der DDR geblieben, erst Mitglied der KPD, dann der SED. Er hat Preise entgegengenommen, und von Aufsässigkeit des Sprachprofessors an den Universitäten von Greifswald, Halle, Berlin oder gar von Dissidententum ist nichts bekannt. Von einer inneren Vereinnahmung durch das Regime kann dennoch nicht die Rede sein. Dazwischen sind Welten. Entscheidend bleibt die Zeit unterm Hakenkreuz, alles andere hält Abstand davon.

Eva Klemperer, ohne die ihr jüdischer Mann ermordet worden wäre, starb am 8. Juli 1951. Er hat noch einmal geheiratet, Hartwig Kirchner, fünfundvierzig Jahre jünger und die Frau, die aktiv an der Herausgabe seiner Tagebücher mitgewirkt hat. Klemperer starb am 11. Februar 1960, mit achtundsiebzig.

Er hat einmal kokett geklagt: »Mein Leben ist so sündhaft lang.« Was, um Himmels willen, soll ich erst mit meinen siebenundachtzig sagen?

Ich schließe mich ihm einfach an, und das ganz ohne Vorbehalte gegen das Adjektiv »sündhaft«, gibt es doch so manches, so manches, das ich, wenn ich könnte, heute ungeschehen machen würde. Welche Parallelen, wieviel gemeinsame Angst ...

»Mein Leben ist so sündhaft lang« – einen treffenderen Titel kann es für mein Buch nicht geben. Danke, Victor Klemperer.

13. Februar 2010, Köln
Wie ich schon vorgestern eintrug: In dieser Nacht vor fünfundsechzig Jahren, dem 13. auf den 14. Februar 1945, sind wir, Eltern und drei Brüder, vor dem Deportationsbefehl der Gestapo für meine Mutter in die Illegalität geflüchtet. Der galt für alle im deutschen Machtbereich verbliebenen Juden, die letzte große Aktion des Holocausts vor dem Ende Hitlerdeutschlands.

Tatsächlich fand hier, weit über das Persönliche hinaus, etwas historisch überaus Kennzeichnendes statt: Das Kriegsende war abzusehen, die alliierten Armeen hatten in Ost und West die deutschen Grenzen erreicht oder bereits überschritten; Chaos, Flüchtlingsströme, nichts ging mehr, nur eines funktionierte, nur eines arbeitete immer noch: *Eichmanns Deportationsmaschine!*

In der gleichen Nacht verglühte Dresden.

Nachdem ich das Licht ausgemacht habe, in der ersten Stunde des 14. Februar 2010, stelle ich das Radio noch einmal an – Karneval. Ich werde es bereuen.

Da macht sich jemand lustig über den filmischen Untergang der »Titanic«, jene Szene gegen Ende, bevor Leonardo DiCaprio vor den Augen seiner Liebsten im eiskalten Wasser versinkt. Von Ertrinkungslauten unterbrochen, geht es dem Komödianten darum, wie unterschiedlich ein deutscher und ein englischer Schauspieler die Entsetzensszene textlich – »blubb-blubb, blubb-blubb« – »verarbeitet« hätten – das Publikum brüllt vor Lachen.

Gleich darauf macht sich der Humorist über öffentliche Hinrichtungen her, darunter die größte in den USA mit dem elektrischen Stuhl, und fragt, ob es denn »rare, medium oder well done« gewesen sei (blutig, mittel oder durchgebraten) – das Publikum kriegt sich nicht ein vor Vergnügen.

Und ich kann nicht schlafen in dieser Nacht.

14. Februar 2010, Köln

Weil hier morgen Rosenmontag ist, ist der »Spiegel« schon gestern eingetroffen. Leider, möchte ich sagen, hat mich diesmal darin doch etwas wirklich aufgebracht: der Versuch, Dominik Brunner zu demontieren.

Man erinnert sich: Am 12. September 2009 hatten zwei Jugendliche in München, Markus und Sebastian, den neunundfünfzigjährigen Dominik Brunner zu Tode geprügelt, weil der eine

Gruppe von Kindern vor Gelderpressern in Schutz genommen hatte.

Die Nation war geschockt, es gab für den Mann, den seine Zivilcourage das Leben gekostet hatte, Auszeichnungen, sogar den Bayerischen Verdienstorden, den höchsten.

Das soll nun plötzlich alles für die Katz gewesen sein, denn nun wird Dominik Brunner bezichtigt, auf dem Bahnsteig München-Solln den ersten Schlag getan zu haben. Was das Tatgeschehen nun, laut »Spiegel« – »Risse im Denkmal« –, angeblich in ein völlig anderes Licht rückt. Das kann doch nicht wahr sein!

Nachdem ich vergeblich versucht habe, meinen Ärger zu beschwichtigen, faxe ich folgenden Brief an die Redaktion »Leserbriefe« des »Spiegels«:

Und wenn es wirklich so gewesen wäre, wenn Dominik Brunner auf dem Bahnsteig München-Solln tatsächlich zuerst geschlagen haben soll, wird das Totschlagofer Brunner dadurch nun zum Täter, während die Totschläger zu Opfern mutieren? Was kriecht mit dieser Umkehrung so deutschverdächtig nach oben? Was versucht da, Brunner zum eigentlich Verantwortlichen für die 22fache Gewalteinwirkung mit Todesfolge zu stempeln? Schließlich der arme, arme Markus, der »heißen Schmerz an seinem Kopf gefühlt haben muß« und dem, so Beobachter, »Tränen über die Wangen liefen«. Wie poetisch, das ist ja nicht zum Aushalten! Und dazu dann noch das Foto von dem Kickboxfan Brunner, in Sportdreß und mit erhobenen Fäusten – nun sind die Rippenbrecher und Kopftreter Markus und Sebastian gänzlich exkulpiert. Und der »Spiegel« tutet kräftig in dieses Horn. Es ist, verdammt noch mal, der allzu täterverständliche Tenor des Autorenkollektivs von »Risse im Denkmal«, der mich auf die Palme bringt. Und das sagt einer, der im Impressum der ersten »Spiegel«-Ausgabe vom Januar 1947 steht und der bei jeder passenden und unpassenden Gelegenheit davon tönt, daß er sich die Republik ohne den »Spiegel« nicht vorstellen kann.

Aber diesmal hat es wirklich weh getan, und das soll er wissen.

Bin gespannt, ob das veröffentlicht wird.

15. Februar 2010, Köln
Verabredung mit Ayşe Aydin (M. A.), »Referentin für Presse-
und Öffentlichkeitsarbeit der Türkisch-Islamischen Union der
Anstalt für Religion e. V.«. Schauplatz: die Aushilfsmoschee Subbelrather Straße 27, nahe dem Platz, wo die neue Köln-Ehrenfelder Großmoschee entstehen soll, eine Baustelle für Jahre.

Es ist die zweite Berührung mit der DITIB.

Die erste war an diesem verhängnisvollen 11. Mai 2007, als
ich unter dem Dach des »Kölner Stadt-Anzeigers« vor laufender
Kamera in einem Gespräch mit dem DITIB-Vorsitzenden Bekir
Alboga den Bau der Großmoschee in Köln-Ehrenfeld kritisierte
und hinterfragte – Machtanspruch? Landnahme? Schleichende
Islamisierung? Finanzierung? Mit der Conclusio: »Stoppt den
Bau der Großmoschee!«

Heftigster Widerspruch von Bekir Alboga.

Am 16. Mai wird das Streitgespräch ins Internet gestellt – mit
phänomenaler Wirkung.

Was der Initialstreit vom Mai 2007 auf jeden Fall erreicht hat, ist
ein neues Zeitalter des öffentlichen Diskurses über das schick-
salsentscheidende Migrations- und Integrationsproblem. Es ist
zum Dauerthema der Medien geworden.

Inzwischen von bestimmten Kreisen als Türkenschreck und
Antimuslimguru stigmatisiert, der zum ausländerfeindlichen Bürgerkrieg aufgerufen hat, bleibe ich bei meinem Kompaß *Ayşe und
Bassam*: all das bekämpfen, was ihrer Integration schaden, und all
das fördern, was ihr nützen kann.

Dabei möchte ich Berührungsängste abbauen, und das ist die
Vorgeschichte meines Stelldicheins mit Ayşe Aydin.

Sie ist eine junge Frau, von sprühender Eloquenz, intelligent,
nicht ohne Humor, hier geboren, unverheiratet und vollinte-
griert.

Es wurde ein Gespräch von fast drei Stunden, zivil, unaggres-
siv von beiden Seiten, aber mit einer sonderbaren Erfahrung
meinerseits.

Sowie die Rede auf Mißstände in der türkischen Minderheit kam, wie sie fast tagtäglich in den Medien behandelt und kommentiert werden, erfuhr ich von meiner Gesprächspartnerin eine geradezu automatische Reaktion: »Das ist anderswo genauso.« Ob überdurchschnittlich viele Gewalttaten in muslimischen Paarbeziehungen, instituierte Demütigungen von Frauen, Beschneidungen, Zwangsehen, Machoverhalten, überproportionaler Anteil von Migranten an der Jugendkriminalität – sofort gab es diesen Reflex von ihr: »Das ist anderswo genauso.« Keine Billigung der kritischen Punkte, aber ihre Relativierung. Was zwangsläufig jede Vertiefung in die Mißstände und Schlimmeres erstickt – eine Blockade.

Es blieb nicht dabei, denn hinzu kam ein junger Mann, der sich als bekennender Muslim gab, aber Kritik gegenüber weit aufgeschlossener war als die Pressereferentin. Ich weiß nicht, was in ihr vorging, als er sagte: »Wir haben Ihnen auch etwas zu verdanken, haben Sie doch mit Ihrer Kritik etwas losgetreten, wovon auch wir Muslime profitieren.« Jedenfalls gibt es Differenzierungen, unterschiedliche Stimmen. Das Gespräch mit dem Neuankömmling dauerte über eine Stunde und bleibt in meinem Gedächtnis als hochinteressant und spannend. Diesen Mann möchte ich mir als Gesprächspartner erhalten, wie auch Ayşe Aydin.

Der Zufall wollte es, daß sie den Vornamen trägt, den ich meinem virtuellen Patenkind gegeben, aber falsch ausgesprochen habe: Ayşe statt, wie ich nun erfahre, Aysche.

Die Zusammenkunft hat aber mehr hergegeben als nur diese Korrektur. Ich möchte das Gespräch fortsetzen – und andere knüpfen.

Mein nächstes Ziel ist die Großmoschee in Duisburg, die prächtigste und monumentalste auf deutschem Boden. Ihre Eröffnung ging ohne öffentliche Auseinandersetzung vor sich, inzwischen sollen sich aber auch Spannungen hergestellt haben. Wir werden sehen. Ich habe den Betraum in der behelfsmäßigen Moschee in der Kölner Subbelrather Straße nicht betreten. Irgend etwas hat mich daran gehindert, die Schuhe auszuziehen und vor der Tür zu lassen. Ich habe es versucht, mehrere Male, aber es wollte mir nicht gelingen.

In Duisburg aber würde es nicht daran scheitern.

16. Februar 2010, Köln

Angestachelt durch seinen Tod, habe ich mir J. D. Salingers Roman »Der Fänger im Roggen« zugelegt.

Schwieriges Einlesen, bis plötzlich eine innere Tür aufgestoßen wird durch den Stil, dieses immer wiederkehrende »… und so«, hingenuschelt, hingehauen, ständig wiederholt bis zur letzten Seite und ergänzt durch »so Kram« und »so Mist«.

Das ist eine Art Esperanto, eine Straßenlingua, die sogleich und überall auf der Welt verstanden wurde. Der Autor war sofort auf du und du mit der Leserschaft, und das durchgängig in diesem Megamonstermonolog ohne Pause und Intervall, stoßatmig und ohne Verschnaufen, ein wahnsinniger Egotrip und ein Riesenauflagenerfolg, und das natürlich auch dank des englischen Originals und seines internationalen Leserpotentials. Für lange Lesepassagen ist das anstrengend, sehr, deshalb Unterbrechungen, aber im Stoff bleibend und nachgesonnen über diesen seltsamen Kollegen, der hier sein Opus Magnum vorgelegt und Erwartungen geweckt hatte. Die wurden vom Autor nicht bedient, es blieb bei dieser eher schmalen Produktion, schmal jedenfalls gemessen daran, daß Salinger bis ins einundneunzigste Jahr gelebt hat.

Aber welch gigantische Leistung dieses Buch, an das ich beschämenderweise erst jetzt gerate, nachdem ich selbst zum Methusalem geworden bin.

22. Februar 2010, Hamburg
200. Geburtstag meines Lieblingskomponisten Frédéric Chopin.
Rachmaninov, Tschaikowsky, Chatschaturjan, Schumann, von
Wagner auch »Isoldes Liebestod«, dazu gewiß Gershwin und
manch anderer noch – ja, ja, ja!

Aber Chopin – Chopin …

Mich hat er schon verzaubert als Kind, mit Empfindungen
weit über meine Jahre hinaus.

Wie alt war ich, Jahrgang 1923, denn schon zwischen 1929 und
1936?

Das war die Spanne, als mein Vater erwerbslos war. Musikalischer Begleiter von Stummfilmen, hatte der Tonfilm ihm sozusagen über Nacht die berufliche Existenz geraubt. Das dauerte
über sechs Jahre an, und in dieser Zeit »übte« Alfons Giordano
auf dem häuslichen Klavier in der Hamburg-Barmbeker Hufnerstraße 113. Er »übte« Tag für Tag, und das so ausdauernd und
laut, daß ich, heute der Geräuschempfindlichsten einer, mich nur
konsterniert fragen kann, wieso unsere Nachbarn uns nicht unter Schmährufen aus der Wohnung vertrieben haben, mußte es
für sie doch unerträglich gewesen sein. Ein paar Tage, gut, meinetwegen auch ein paar Wochen oder sogar Monate. Aber Jahr
um Jahr?

Immerhin bekam ich damals das gesamte Klassikerrepertoire
zu Gehör, von Beethoven über Händel bis zu Bach und Mozart.
Aber niemand, keiner von ihnen, reichte für mich an den einen
heran, den einzigen, den Titan vor allen anderen – Chopin. Er
war mein Seelenfreund, und alles, was er komponiert hatte, das
hatte er nach meiner Auffassung nur für mich in Millionen von
Noten eingefangen. So war mir, noch ehe ich zu schreiben gelernt hatte. Schon wenn die ersten Akkorde anklangen, die un-
verwechselbaren, verfiel ich in eine Art Starre, um bloß keinen
Ton zu überhören. So verharrte ich, und das sozusagen von Kindesbeinen an.

Wie jede wahre Liebe, so hat auch diese ihren Höhepunkt, nur
das als Dauerzustand über ein ganzes Leben hin, also bis zur

Stunde dieser Niederschrift und ganz gewiß auch darüber hinaus (was diese Liebe dann vielleicht doch von den meisten anderen unterscheidet).

Zur Klimax: Wenn mein Vater nach all den Mazurken, Grand Polonaisen, Nocturnen und Sonaten endlich – Opus 10 – die *Etüden* erreicht hatte, dann hob ich ab, war ich nicht mehr von dieser Welt, sondern ein einziges erwartungsvolles Zuhören auf das Ende hin, auf die 12., den Diamanten in dieser Perlenkette – die »Revolutionsetüde«!

Danach Rückkehr auf die Erde, mühsame Einfindung ins Gewohnte, tiefstes Bedürfnis, allein zu sein und nicht angesprochen zu werden.

Von da an gerechnet, habe ich inzwischen das Zehnfache an Lebenszeit hinter mich gebracht. Doch was sich seither auch immer geändert hat, wie oft ich mich inzwischen auch häutete und wie sicher keine einzige Zelle mehr dieselbe ist wie damals: Die »Revolutionsetüde« zaubert in mir auch heute noch das Kind von einst vor Augen, seine Gefühle, sein Glück und seine Ohnmacht vor dem Ansturm der Gefühle, ehe die Töne dann auslaufen, leiser und leiser werden und schließlich ganz ersterben ... Vor dem wuchtigen Finale, das mich zusammenfahren läßt und den kreativen Kreisel in mir aktiviert, damals wie heute.

Großer Zauberer, sei gesegnet.

Im Wettbewerb der Berlinale läuft auch »Jud Süß – Film ohne Gewissen« von Oskar Roehler. Es geht um das Machwerk, an dem Ferdinand Marian zugrunde ging, was aber absolut sekundär ist, gemessen an der Funktion, die der Film hatte – den Holocaust mental vorzubereiten.

Die Kritiken sind eher negativ, es fallen in den Feuilletons Wertungen wie »klamottenhaft« und »Nazistaffage«. Besonders schlecht kommt Goebbels-Darsteller Moritz Bleibtreu weg. Ich fürchte, das Ganze ist gut gemeint, also das Gegenteil von Kunst, wie Gottfried Benn es apostrophierte.

Bei mir schießen sofort die Erinnerungen hoch.

Hamburg-Barmbek, 1940, »Europa-Palast«, Abendvorstellung. Bei mir Fiete.

Fiete war ein Gefährte von Kindesbeinen an, Blondschopf, einen halben Kopf höher als ich, Volksschüler, brennend interessiert an Büchern, neugierig und voller Fragen. Daß meine Mutter Jüdin war, wußte er von früh an, ohne daß das zwischen uns je eine Rolle gespielt hat oder erwähnt worden ist. An Jungvolk und Hitlerjugend hatte er sich irgendwie vorbeigemogelt, jedenfalls habe ich ihn nie in Uniform gesehen. Er war technischer Zeichner bei Blohm & Voss und das, was ich seit Jahren »meinen besten Freund« nannte.

Als die Kinofront in unser Blickfeld geriet, wollte ich umkehren und fliehen, eine vegetative Reaktion: über dem Portal auf einem großen Plakat, grell beleuchtet, das Porträt von Ferdinand Marian, mit Krummnase, Glubschaugen, Schläfenlocken und Kraushaar, schlimmste »Stürmer«-Karikatur. Doch Fiete hatte schon die Karten gelöst. Elementares Fluchtbedürfnis, als im großen Saal das Licht verlosch.

Während der Film lief, vereiste ich mehr und mehr, Grad um Grad, schwollen mein Entsetzen und Wut darüber, daß große Namen in perfide Rollen schlüpften: Eugen Klöpfer, Heinrich George, Werner Krauß, der als besonders übler »Multijude«, die schöne Lil Dagover. Bei der Folterszene, in der Jud Süß den Beischlaf mit der Frau des Gefolterten erzwingt (wobei er sich zum Zeichen des Abbruchs oder der Fortsetzung der Tortur eines Taschentuchs bedient), bei diesem perversen Zentrum eines perversen Films drohten mir die Sinne zu schwinden. Dabei merkte ich, daß sich auch in Fiete, rechts neben mir, etwas bewegte. Ich konnte nicht sagen, was, aber es war fühlbar. Erkannte er, was hier vorging, mit welcher List der Regisseur Veit Harlan dabei war, Abscheu und Widerwillen gegen Juden zu erzeugen und zu lenken, und wie diese Absicht gefördert wurde durch Schauspieler ersten Ranges? Lange bevor das Licht wieder anging, wußte ich: Die Wirkung des Films wird verheerend sein.

Aber wie auf den Freund?

251

Nach Hause waren es etwa zehn Minuten. In dieser Zeit, die mir wie Stunden vorkamen, fiel von seiner Seite kein Wort, nur war spürbar, daß etwas in ihm arbeitete. Dann beim Abschied, wir wohnten nahe beieinander, sagte er kopfschüttelnd: »Irgend etwas muß doch dran sein.« Und dann, noch einmal: »Irgend etwas muß doch dran sein.«

Kein Handschlag – ich stand starr und stumm. Das ist siebzig Jahre her, aber es tut immer noch weh.

Im Krieg schwer verwundet, hat Fiete sich später dann entschuldigt und sich im ersten Prozeß gegen Veit Harlan 1949 vor dem Hamburger Landgericht als Zeuge gestellt. Kern seiner Aussage: »Wenn der Film ›Jud Süß‹ selbst einen Menschen mit enger Beziehung zu Juden aufbringen konnte gegen Juden, wie dann erst bei denen, die keinerlei Berührung mit ihnen hatten?«

Totenstille im Saal.

Wird es mal einen Tag geben, der mich nicht an die Nazizeit erinnert?

23. Februar 2010, Köln
Wieder Streit ums Kruzifix.

Heiner Blaesing, Präsident des Düsseldorfer Landgerichts, hat es gerade aus den Oberbilker Gerichtssälen verbannt – religiöse Symbole hätten dort nichts verloren …

Nun bin ich zwar kein gläubiger Mensch, fühle ich mich aber doch angesprochen – da will mir etwas nicht gefallen.

Ich glaube dem Motiv des Gerichtspräsidenten, Säkularisierung des deutschen Justizwesens, nämlich nicht so recht, sondern vermute dahinter eher eine Schutzmaßnahme vor der Forderung: Wenn das Kruzifix als christliches Symbol an der Wand erlaubt ist, dann muß auch das Kopftuch für Lehrerinnen in Schulen gestattet sein!

Deshalb: Wenn kein Jesus bei Justitia – dann auch kein Kopftuch bei Pädagoginnen!

Daß diese Prophylaxe das eigentliche Motiv des Düsseldorfer

Gerichtspräsidenten gewesen sein könnte, wird genährt durch den Islamratsvorsitzenden Ali Kizilkaya. Denn der, ein gläubiger Muslim, setzt sich energisch für ein Verbleib des Kreuzes ein, ohne allerdings sein Motiv zu verbergen: »Mit dem Kruzifix als christlichem Symbol in Amtsräumen sind die Chancen für den Einzug muslimischer Symbole höher als ohne es.«

An einer Verbannung des Kreuzes kann Ali Kizilkaya also nicht interessiert sein, und das sagt er klipp und klar und nicht um drei Ecken.

Wieso ist es deutscherseits so schwer, es ihm nachzutun?

25. Februar 2010, Köln
Mißbrauch von Kindern und Jugendlichen durch katholische Priester – und kein Ende.

Jetzt hat der Vorsitzende der Deutschen Bischofskonferenz, Erzbischof Robert Zollitsch, die Flucht nach vorn angetreten und der Bundesjustizministerin Sabine Leutheusser-Schnarrenberger »maßlose Kritik am Umgang der katholischen Kirche mit Mißbrauchsfällen« vorgeworfen. Er könne sich keiner schlimmeren Attacke eines Mitglieds der Bundesregierung gegen die katholische Kirche entsinnen, weshalb er mit einem Ultimatum von vierundzwanzig Stunden erwäge, eine Unterlassungsklage gegen die Ministerin anzustrengen.

Die hatte in der ARD gesagt, was ohnehin nur jeder bestätigen kann: nämlich daß sie bisher nicht den Eindruck gehabt habe, die Verantwortlichen der katholischen Kirche hätten bei der Aufklärung der Mißbrauchsfälle mit den Strafverfolgungsbehörden konstruktiv zusammengearbeitet. Es sei leider nicht ersichtlich, daß ein aktives Interesse an wirklich rückhaltloser und lückenloser Aufklärung bestehe. Sie erwarte, daß sich dies endlich ändere.

Womit die Bundesministerin nichts anderes getan hat, als eine bis zum Überdruß bekannte Wahrheit noch einmal beim Namen zu nennen: daß die Chronik dieser Kirche wie die keiner anderen förmlich stigmatisiert ist von ihren Versuchen, den Skandal sexueller Gewalt gegen ihr anvertraute Kinder und Jugendliche zu vertuschen, ob nun in Deutschland, Irland oder den USA. Mit anderen Worten: daß die katholische Kirche nachweisbar durch die Jahrzehnte und überall, wo Mißbrauch vorkam, weit höhere Energien zu deren Unterschlagung aufgewendet hat als zu ihrer Aufklärung.

Merkt dieser hochrangige Gottesmann eigentlich gar nicht, daß er sich ins eigene Fleisch schneidet, wenn er verkündet, viele der jetzt aufgetauchten Mißbrauchsfälle lägen schon 25, 30 Jahre zurück und seien nicht alle »neu«? Was doch nur unfreiwillig zugibt, daß wir es mit einem kontinuierlichen Kriminaldelikt zu tun haben. Wobei es in bestimmten Kreisen dieser Kirche immer noch so ist, daß nicht die Straftat als die eigentliche Schande empfunden wird, sondern ihre Aufdeckung.

Kindesmißbrauch ist ein Offizialdelikt, die Polizei muß sofort eingeschaltet werden. Tatsächlich aber verhält sich die Kirche nach eigenem Recht, mit Kommissionen, die erst einmal selbst entscheiden, ob ein Mißbrauch vorliegt oder nicht. Das heißt, man macht den Bock zum Gärtner, haben sich doch gerade diese vorjustitiellen Gremien nur allzu häufig als Organe zur Aufklärungsverhinderung entpuppt.

Die Priester und der Sex – es wird einem speiübel, wenn sich personifiziert, was sie angerichtet haben, wenn ein Opfer spricht.

Wie jener Norbert D., der fünfunddreißig Jahre lang geschwiegen hatte, bevor er sich im Kreise der Familie und in Anwesenheit der Täter zu dem Satz »Ich bin sexuell mißbraucht worden« durchringen konnte – und sich damit selbst befreite. Aber welche Hypothek! Das gebrochene Ich ist nicht in der Lage, sich mit dem Geschehen auseinanderzusetzen. »Wenn mir so Böses passiert, dann muß ich etwas Böses getan haben«, so argumentiert eine tief nach innen gezogene Scham. Das Vertrauen des Kindes zerstört, der Täter übermächtig. Eine Qual, die, wie bei Norbert D., bis zum Suizidversuch ging.

Und wieviel Überwindung, vor der Kamera über das eigene Schicksal zu sprechen, noch einmal davon aufgewühlt zu werden und dabei auf hohe Würdenträger der katholischen Kirche zu stoßen, die nur eins im Sinne haben: den Mißbrauch zu relativieren.

Wie jener Weihbischof aus dem Erzbistum Hamburg gestern bei »Hart, aber fair« – immun gegen die Leiden des anwesenden Opfers von einst, völlig unberührt davon und peinlich grimassierend.

Nein, dieser Kirche die Aufklärung des Mißbrauchs zu überlassen hieße, ihn zu perpetuieren. Sie wird von sich aus nicht auf die Opfer zugehen, höchstens kampagnenmäßig, nicht aber dem eigenen Antrieb folgend.

Wem das allzu pauschal klingen sollte – exemplarisch ist das Monierte aber sehr wohl.

Ich denke häufig daran, wie schwer diese Kirche und ihre Führung es vielen ihrer Anhänger macht und welches Stehvermögen nötig ist, nicht zu verzagen. Ohne glauben zu können, kann ich mich doch in ihre Lage versetzen.

Sollte ich eine Bilanz ziehen, so würde ich sagen: Bei all ihren Differenzierungen und unterschiedlichen Strömungen, als Gesamtkörper halte ich die katholische Kirche für nicht reformierbar.

Noch einmal »Der mit dem Wolf tanzt« gesehen – Kevin Costners Meisterwerk, vorsichtiges Epos der Menschlichkeit in einer entmenschten Zeit. »Wie viele Weiße werden kommen?«, fragt der Häuptling der Sioux den zum Freund gewordenen Deserteur der US-Armee John Dunbar. Worauf der antwortet: »So viele wie die Sterne.«

Man kann den Untergang einer ganzen Rasse also auch in fünf Worte fassen.

26. Februar 2010, Köln
War bei Juri und Alla, Tanjas Eltern.

Es ist nicht mit anzusehen, wie die Mutter leidet. Juri kann mit dem Schmerz anders umgehen, intellektueller. Und dennoch ist er auf seine Weise genauso schutzlos. Daß ihnen die Tochter genommen ist, hat sie vernichtet. Es ist wie eine Art Schwebezustand zwischen Leben und Tod.

Alla zeigt mir Fotos, die fünfzig Jahre und mehr zurückreichen, dicke Alben, und kommentiert sie, leise wimmernd. Ich schließe die Augen, so, daß Alla nichts merkt. Aber anders geht es nicht.

Ich habe Tanja 1967 kennengelernt, da war sie neunzehn. Jetzt ist sie kurz vor ihrem einundsechzigsten Geburtstag gestorben. Darüber wird nicht gesprochen.

Gesprochen wird mit Juri über Geschichte, Paläontologie, Astronomie, über Dostojewski, Turgenjew und Boris Pasternak; über Zar Nikolaus II. und den Einfluß des Mondes auf die irdischen Gezeiten – Dr. Juri Pawlowski ist einer der gebildetsten Menschen, die mir begegnet sind.

Ich habe in all den Jahrzehnten bei jedem Gespräch mit Juri immer lernen können und habe es deshalb begierig gesucht. Jetzt aber hat es eine andere Funktion – wir haben Furcht, zu schweigen in einem Haus, das voll ist von einer Trauer, die sich nicht artikulieren läßt.

Alla hat Borschtsch gemacht, eine russische Nationalspeise, die ich assoziierte mit Kohl, Kartoffeln, Roten Beten, Fleisch und Sahne und die nun genauso auf den Tisch kommt. Etwas zu heiß, wie ich finde, ohne es zu äußern, und äußerst schmackhaft.

Alla bleibt wimmernd über den Fotos einer strahlend schönen Tochter, die ihre Jugend nicht verloren hatte, als sie vor zwei Monaten starb. »Ich habe sie geliebt«, habe ich in meiner Trauerrede gesagt, und das ist die Wahrheit.

Ich bin nur drei Jahre jünger als Alla und Juri, aber ich kann im Gegensatz zu ihnen aufrecht gehen. Das suggeriert mir ein schlechtes Gewissen. Deshalb setze ich behutsam einen Fuß vor den anderen, wie sie.

Mein Stammplatz ist auf dem Sofa im Wohnzimmer, wo ich neben Alla sitze, den Arm um ihre Schulter.

Immer wenn ich mich verabschiede, lasse ich ein Haus zurück, in dem alle Trauer dieser Welt nistet, in jeder Ecke und überall.

Welche Bedeutung doch Umarmungen haben können.

Heute, auf der Fahrt zwischen Leverkusen und Köln, habe ich wieder gedacht: Du hast sie alle drei überlebt, Tanja 2009, Röschen 2002 und Helga 1984.

Manchmal ist es zuviel, wirklich zuviel für *ein Leben*.

Eine Hilfe, eine große Hilfe – die Arbeit.

Elf Zwölftel meines Tagebuchs liegen hinter mir, und ich stecke tief in meiner Rede, die ich zum 95. Gedenktag des Völkermords an den Armeniern am 24. April 2010 in der Frankfurter Paulskirche und am 26. April in der Wiener Karlskirche halten werde.

27. Februar 2010, Köln

Nachts bin ich wach geklingelt worden, gegen halb vier, nach längerer Pause, und die Drohungen in türkischer Sprache.

Da habe ich plötzlich Haß in mir gespürt – plötzlich und neu.

Das Leben hat mich, fast daseinslang Subjekt von Haß, nahezu immun gemacht, selbst zu hassen. Aber was mir da aus dem Hörer entgegenschallt, kann selbst einen terrorgewohnten Mann wie mich erstarren lassen. Und dann entdecke ich schaudernd, daß so etwas wie Haß in mir keimen will, ein neues Gefühl, das brennt wie Säure, die langsam hochsteigt, bis dahin, wo keine Schleimhaut mehr mich vor ihm schützt. Der Prozeß ist deshalb so beunruhigend, weil ich ihm bisher erfolgreich getrotzt hatte.

Haben diese Idioten denn den Verstand verloren? Was wissen die von Ayşe, Bassam und mir? Wieso verwechseln sie Kritik mit Beleidigung?

Ich habe den Anrufer sich austoben, habe seine kaum verständliche Suada über mich ergehen lassen, wortlos, und dabei gespürt, wie es immer kälter in mir wurde.

Im tiefsten Grund weiß ich, daß Haß mich nicht überwältigen wird, aber ich habe nicht gewußt, wie schwer er zu unterdrücken ist.

28. Februar 2010, Köln
Man merkt es an einer verbreiteten Unruhe: Der 3. März rückt näher – Einsturz des Kölner Historischen Stadtarchivs vor einem Jahr. Und keine Schuldigen, keine Verantwortlichen weit und breit.

Mit in den Orkus, die Baugrube der völlig überflüssigen Nord-Süd-U-Bahn, wurden nicht nur zwei Tote gerissen, sondern auch eines der bedeutendsten kommunalen Archive Europas, mit 60 000 Urkunden, darunter die älteste aus dem Jahr 922. Ferner eine halbe Million Fotos, Hunderttausende Karten und Zehntausende Handschriften, Tonbänder, Videos sowie zahllose Nachlässe, darunter der Heinrich Bölls.

Es hätte noch viel schlimmer kommen können, wenn Bauarbeiter nicht gewarnt hätten. In dem Gebäude waren vierunddreißig Mitarbeiter und zehn Nutzer. Es konnten sich alle retten bis auf zwei, einen siebzehn- und einen fünfundzwanzigjährigen Mann. Sie wurden von den Trümmern zweier angrenzender Häuser begraben, die vom Archiv mitgerissen wurden. Die Gesamtlänge der Regale betrug dreißig Kilometer. 85 Prozent sind geborgen, was nicht heißt, daß alle Dokumente gerettet worden sind, über drei Viertel davon haben mittelschwere bis schwerste Beschädigungen. Die Restaurierung wird dreißig Jahre in Anspruch nehmen.

Ein paar Tage vor dem Einsturz hatte der Rosenmontagszug 2010 direkt daran vorbeigeführt – es hätte Hunderte von Toten geben können. Wenn sich die Schuttmassen nur ein bißchen weiter nach vorn geschoben hätten, dann hätten sie die Stützpfeiler des Friedrich-Wilhelm-Gymnasiums zerstört und den Trakt D mitsamt fünfzig Oberstufenschülern mit in die Tiefe genommen. Im Fadenkreuz der Empörung: die KVB (Kölner Verkehrs-Betriebe).

Schon vor dem Einsturz des Stadtarchivs hatten Arbeiter davor gewarnt, daß im Erdreich Hohlräume entstehen und der Boden wegsacken könnte. Erstes Warnsignal fünf Monate vor dem Archiveinsturz: Teile eines Schulgebäudes in unmittelbarer Nähe der U-Bahn-Baustelle hatten sich bewegt, und unterirdische Baustellenwände waren so schlampig errichtet worden, daß Ströme von Grundwasser durch Löcher und Risse schossen. Statt die gefährlichen Mängel an die zuständige technische Aufsichtsbehörde in Düsseldorf weiterzugeben und einen Baustop zu verhängen, versuchten die KVB zaghaft, die Baufirmen zu bewegen, wenigstens das Erdreich unmittelbar vor der Schule auf Hohlräume zu überprüfen. Was die Firmen als »zu kostspielig« ablehnten.

Kurze Zeit später stürzte das Stadtarchiv ein. Wahrscheinlichste Ursache: schlampig errichtete Baustellwände, achtzig Prozent der für sie vorgesehenen eisernen Lamellen waren geklaut worden, konnten also nicht eingebaut werden.

Man will nicht glauben, was da ans Tageslicht kommt. Die Kosten für den Bau der Nord-Süd-U-Bahn von 600 Millionen Euro um mehr als das Doppelte erhöht und die Fertigstellung weiter verzögert, vermutlich bis mindestens 2014. Für die Geschäfte an den Baustellen am Heumarkt und am Waidmarkt bedeutet das weitere Leidensjahre, mit der Aussicht, nicht zu überleben.

Wobei Insider argwöhnen, daß dies nur die Spitze eines Eisbergs ist, der volkstümlich »Kölner Klüngel« genannt wird und die Form eines Kraken haben soll.

Das läßt mich einen Augenblick innehalten und anläßlich des aktuellen Skandals fragen, wo ich eigentlich stehe in Köln, allgemein und punktuell.

Ganz sicher ist, daß ich, halten zu Gnaden, nicht zu diesem »Klüngel« gehöre, obwohl hier seit vierzig Jahren wohnhaft, wenn auch mit undurchschnittener Nabelschnur zu Hamburg.

Sollte mein Leben auch so etwas wie eine Erfolgsgeschichte sein, dann begann sie hier, in Köln, als Fernsehautor des Westdeutschen Rundfunks, Anstalt des Öffentlichen Rechts, die mir zwischen 1964 und 1988 Möglichkeiten gab, wie ich sie mir selbst in meinen allerkühnsten Träumen nicht hätte ausmalen können. Hier fand ich so etwas wie eine berufliche Heimat, hier konnte ich zum erstenmal wirklich in die Speichen meiner Begabungen greifen. Und so kam, zum erstenmal, etwas auf wie ein Zugehörigkeitsgefühl, *das* Problem meines Lebens nach der Isolierung aus rassischen Gründen in Hitlerdeutschland.

Es sind diese Fusionen, die vielleicht erklären können, warum ich nach wie vor ein hoffnungslos sentimentales Verhältnis zum WDR habe, obwohl seine äußere Verbindung zu mir in nichts anderem besteht, als daß ich ihm seit zweiundzwanzig Jahren als Pensionär auf der Tasche liege. Aber mag er sich inzwischen auch bis zur Unkenntlichkeit verändert haben – er ist *mein* WDR geblieben.

Eine ähnliche Hauptrolle bei meiner Identitätsfindung spielt auch mein Verlag – Kiepenheuer & Witsch, Bahnhofsvorplatz 1, 50667 Köln.

Er hat nicht nur zwölf Bücher von mir verlegt, das erste 1961, elf weitere seit 1991, sondern mir auch das Gefühl einer von beidseitiger Achtung getragenen Verbundenheit gegeben. Ich erinnere mich an kein getrübtes Wort, in einer Atmosphäre, die von dem Hausherrn bestimmt war, Chef und Mäzen, auch Kollege und Nobelmann dazu – ein Prost auf Reinhold Neven Du Mont!

Er ist »Präsident« geblieben, hat aber die Kanzlerschaft abgegeben an den stillen Dynamiker Helge Malchow, einen Zeitgenossen, der einem klar ins Auge sieht und dem ich vorbehaltlos vertraue. Wie ich mich auch wohl fühle unter denen, die dort arbeiten und von denen ich nie anderes als Freundlichkeit und professionelle Zuverlässigkeit erfahren habe.

Schließlich ist da eine gewisse Nähe zu Kollegen vom »Kölner Stadt-Anzeiger«, nicht immer ungetrübt, aber dennoch dauerhaft, auch in die Redaktion des »Express« zu Freund Robert.

Denn natürlich bedeutet »Köln« auch Freunde, Lebensfreunde, wie der von mir »Bubsche« genannte Kollege Jossi, deutschnaturalisierter Israeli, Kameramann, mit dem zusammen ich Wüsten und Regenwälder durchstreift habe und der an die sechzigtausend Fotos von den Reisen gemacht hat, ohne seine Filmarbeit darüber je vernachlässigt zu haben. Längst pensioniert, gehört es zu seinem wie zu meinem Vergnügen, allmittwochlich mit anderen WDR-Kollegen zum Billardspiel zusammenzutreffen, um unter lästerlichen Reden die gegnerische Partei zu schmähen, so, wie sie an der anderen kein gutes Haar läßt.

Und natürlich ist »Köln« auch Rosemarie, Urgestein der Domstadt und Mutter aller Hühnergemüsesuppen auf der Welt. Denn keine reicht auch nur von weitem an die ihre heran, an ihren göttlichen Duft und ihren unvergleichlichen Geschmack. Nicht ohne Scham gesteht der Konsument, daß der Inhalt des hochgefüllten und von Rosemarie selbst gebrachten Topfes meist bis Mitternacht von ihm verputzt ist. Eine Durchschnittsfamilie würde sich daran drei Tage laben.

Und so gibt es denn hier noch manches Herz, das dem meinen nahesteht, manche Stimme, die ich gern höre, und manches Lachen auch, das sich mit »Köln« verbindet.

Wie aber könnte ich, einmal beim Aufzählen, »Krischan« vergessen, meinen Lektor von vornapoleonischen Zeiten an (»Die zweite Schuld oder Von der Last Deutscher zu sein«, 1987!) – Christian von Ditfurth! Ich habe zum Glück nicht viele Lektoren erlebt, bin aber dennoch sicher, daß es unter ihnen keinen Pedanten gibt wie diesen. Der Alptraum beginnt schon beim Schreiben: Was wird Krischan (so habe ich als Norddeutscher ihn bald getauft) zu diesem Satz, zu dieser Wendung sagen? Ist das Wort fehlerfrei geschrieben, die historische Zahl ordentlich recherchiert, der Akzent richtig gesetzt? Schließlich, steht das Komma an der Stelle, wo es hingehört? Es hat sich während der biblischen Dauer unserer Zusammenarbeit nämlich herausgestellt, daß hier die ernsthafteste Kontroverse zwischen uns beiden besteht. Tempi passati! Denn diesmal habe ich beschlossen, Krischan gewähren zu lassen, sei es aus Altersweisheit oder weil er, zugegeben, ohnehin meistens recht hatte. Hauptsache, unsere Freundschaft wird nicht angetastet.

Ansonsten soll mein Leben bleiben, wie es ist. Wenn es sich aber ändert, dann nur ganz wenig – wie seit kurzem.

Da ist nämlich etwas dazugekommen, und zwar nach Arbeitsschluß um sechzehn Uhr zum obligatorischen schwarzen Tee mit Zitrone, Rosinenbrötchen und einem Glas Baileys – ein Schluck *Disaronno* (»The World's Favourite Italian Liqueur«).

Mehr darf ich nicht, auch wenn es danach schmeckt.

28. Februar 2010, Köln
Schweres Erdbeben in Chile, mit einer Stärke von 8,8 das stärkste seit fünfzig Jahren. Hunderte sollen tot, Tausende verletzt sein. Das Epizentrum lag in der Nähe der Stadt Concepción, die schwer verwüstet ist.

Das Beben zerstörte Autobahnen und Landstraßen, beschädigte Tunnel, löste Erdrutsche aus und sammelte Geröll an in einer Länge von tausend Kilometern – man wird an die Bilder von Haiti erinnert. Aber dieses Beben soll 1,8 Punkte auf der Richterskala stärker gewesen sein.

Die Flutwellen an der südamerikanischen Pazifikküste haben mehr angerichtet als zunächst vermutet und bei der Rückflutung viele Menschen ins Meer gerissen. Unheimlich zu sehen, wie schwere Schiffe weit ins Land hinein getragen worden sind, wo ihnen nichts bleibt, als abgewrackt zu werden.

Wieder dieses Gefühl absoluter Hilflosigkeit. Da gibt es nichts zu kommentieren. Da möchte man einschlafen und nicht wieder aufwachen. Oder erst dann, wenn den Menschen geholfen und das Erdbeben Geschichte ist.

Dazu kommen eigene Erinnerungen hoch.

9. Juli 1971, City von Santiago de Chile, Restaurant »Le due torre«. Auf ein Grummeln sagt Jossi, mein Kameramann: »Ich

habe gar nicht gewußt, daß Santiago eine U-Bahn hat«, und als das Geräusch stärker wurde: »Das muß aber ein mächtiger Lastwagen sein, der da vorbeifährt.«

Dann ging das Licht aus, das geschieht in Chile, wenn die Magnitude die Ziffer 6 überstiegen hat. Raus auf die Straße, wo schwere Werbeständer von den Dächern auf die Straße krachten. Geschrei, Staubwolken und in der Luft ein ungeheures Fauchen – Erdbeben. Olympiareife Hatz auf den nächsten freien Platz – dann, nach ewigen Minuten, war es vorbei. Ein Erlebnis, das man nie vergessen wird.

Im Hotel Hilton-Carrera, wo wir wohnten, war der Swimmingpool übergeschwappt. In den Zimmern lange Risse, auch in meinem, Nachbeben mit schaukelnden Betten und Geräuschen von Bildern, die an den Wänden entlangschrammten.

Bewegt worden war eine Strecke von 1500 Kilometern, mit dem Epizentrum im Pazifik. Zwölf Tote in Santiago, einige hundert im Lande, wie es hieß. Im großen Ganzen, so sachkundige Chilenen zu uns Verstörten, habe das Land Glück gehabt.

Diesmal hatte es kein Glück.

Die offizielle Zahl der Todesopfer durch das Beben und die folgenden Flutwellen ist auf über siebenhundert angestiegen. (Nachtrag: Inzwischen hat die Regierung die Zahl der Toten auf 342 gesenkt, nur ein kleiner Trost.) Plünderungen und Vandalismus greifen um sich, heißt es, und dagegen wird die Armee eingesetzt, Tausende von Soldaten.

Da tut sich plötzlich etwas in mir, bei ihrem Anblick, wie sie da mit hochgestemmten Gewehren von ihren Jeeps abspringen und auf die tobende Menge zulaufen, diesmal nur, um sie in Schach zu halten. Aber die Bilder, die in mir aufsteigen und durch die ganze Welt gingen, liegen siebenunddreißig Jahre zurück: 11. September 1973, Putsch der Armee unter General Augusto Pinochet gegen den gewählten Präsidenten Salvador Allende. Flammen und Rauch aus der Moneda, dem Präsidentenpalast, während Kampfflugzeuge drüber hinbrausten und der Präsident sich das Leben nahm, bevor die Putschisten ihn töten konnten. Was mit

Mord und Folter an Tausenden folgte, war eine jahrzehntelange Juntadiktatur, deren Erbe das Chile des 21. Jahrhunderts noch lange beschäftigen wird.

Die Gefangenen im großen Stadion von Santiago, unter freiem Himmel und schwer bewacht, darunter der große Sänger und Musiker Victor Jara, dem die Soldaten erst die Gitarre, dann die Finger zerbrachen, bevor sie ihn ermordeten.

1971 zu Dreharbeiten für einen Film über »Soldaten« in Santiago, konnte ich aus meinem Zimmer im Hilton-Carrera auf die Moneda sehen, ein erhabenes Gebäude im Kolonialstil, die alte »Münze«, seit dem siegreichen Unabhängigkeitskampf gegen Spanien 1817/18 dann Präsidentenpalast.

Ich habe den Staatsstreich von 1973 nicht vorausgesehen, aber der republikanischen Maske der Armeeführung habe ich schon zwei Jahre vorher nicht getraut.

Ich erinnere mich an befremdliche Begegnungen mit Offizieren einer Armee, die vor dem Ersten Weltkrieg von Kadern der kaiserlich-preußischen Armee ausgebildet worden war (wie die Kolumbiens auch) und einen miefigen Konservatismus vor sich hertrug. Es wurden die haarsträubendsten Ansichten hörbar, eine tiefe Verachtung für das Volk und gleichzeitig eine Lobhudelei auf alles Deutsche, die oft genug ins Komische abglitt. Was sich hier mischte, war ein tiefsitzender Minderwertigkeitskomplex gegenüber Europa mit einer untergründigen Aggression, die diesen Komplex bestätigte.

Es gibt keinen Grund, Salvador Allende zu idealisieren, im Chile von damals mit seinen wahren Kräfteverhältnissen hatte dieser Homme de lettres ohnehin auf die Dauer keine Chance. Aber daß er von den Massen bewundert, geachtet, ja geliebt wurde, davon konnte ich mich selbst überzeugen. Bei einer Großkundgebung in der Kupfermine El Teniente südlich von Santiago. Um ihn zu sehen, hatten die Arbeiter die gefährlichsten Plätze erklommen – auf Bäumen, Telegraphenmasten und Laternenpfählen. Man konnte nicht hinschauen.

Obwohl Allende kein großer Rhetoriker war – seine Aura war

wie die einer Erscheinung, jedenfalls vor diesem grandiosen Auditorium. Soviel stand fest: Damals, 1971, knüpften sich ungeheure Hoffnungen an ihn.

Wir kennen den Ausgang der Geschichte.

Heute, 2010, sehe ich aus Anlaß eines fürchterlichen Erdbe-
bens chilenische Soldaten, unter ganz anderen Umständen also
und in anderer Funktion als damals, aber ich kann die Bilder von
einst nicht vergessen, mein Mißtrauen bleibt.

Eines habe ich damals schwer bedauert: daß ich Pablo Neruda
nicht begegnet bin, wie es geplant war, aber durch unglückliche
Umstände dann doch nicht zustande kam. Es gab eine Zeit, da
habe ich nichts getan, als seinen »Canto General« zu inhalieren,
seinen »Großen Gesang«, 15 000 Verse. Ja, das ist auch Agitation,
diese Geschichte des amerikanischen Kontinents von der Vor-
zeit bis zur Gegenwart, wer will das bestreiten. Aber weit mehr
als das ist es große Poesie, visionäre Deutung. Beim Studium seines Lebens habe ich immer wieder gedacht: Was den Schriftsteller von seiner Umgebung unterscheiden muß, das ist der Radius
und die Intensität seiner Wahrnehmung. Schon der kleine Neruda hat die Dinge und die Menschen um sich herum mit ganz
anderen Augen gesehen als seine Spielgefährten. Dieser Funke
ist in einem – oder nicht. Einblasen kann man ihn nicht. Ob die
Glut dann zur Flamme entfacht wird oder ob sie erstickt – das
macht das Schicksal des einzelnen aus.

Pablo Neruda ist am 23. September 1973 in Santiago gestorben, also zwölf Tage nach Ausbruch des Putsches – ein Tod im
Bett. Soll man ihn deshalb beglückwünschen oder betrauern?
Wer weiß, was Pinochet mit dem »Roten« (der seinem stalinistischen Irrtum längst abgeschworen hatte), was er mit der großen
Stimme Südamerikas gemacht hätte. Daß der General vor No-
belpreisträgern haltgemacht hätte, glaube ich sowenig, wie ich
den Soldaten vertraue, die sich heute chilenischen Plünderern
entgegenstellen.

1. März 2010, Köln
Noch einmal Chopin.

Der Tag seiner Geburt ist nämlich umstritten – 22. Februar oder 1. März 1810? Er selbst stimmte für das Märzdatum und eine große Zahl seiner Bewunderer auch. Deshalb also zum 200. Geburtstag an diesem Tag noch einmal in den Medien Auftritt, Gala der berühmtesten Chopin-Interpreten der Gegenwart – darunter Garrick Ohlsson, Krystian Zimerman, Yvo Pogorelich, Evgeny Kissin (mit einer Sonderzugabe des 1982 verstorbenen Arthur Rubinstein). Höhepunkt: das Festkonzert der Warschauer Philharmonie unter dem Dirigenten Antoni Wit, Klavierkonzert Nr. 2, f-Moll, Solist Evgeny Kissin.

Das ist nicht mehr zu überbieten, das kann man nur stumm hinnehmen, und darum will ich auch gar nichts dazu kommentieren.

Nur dies: daß mir plötzlich ganz wehmütig zumute wurde, weil ich mich wieder in meine Kindheit zurückversetzt sah.

Evgeny Kissin am Flügel.

Das will man nicht glauben, auch wenn man es sieht und hört, Zauberei – zehn Finger schlagen in einer Sekunde zwanzig Tasten an, Millionen an diesem Abend, fehlerlos. Wie geht das, da die weißen doch fugenlos nebeneinanderliegen? Das ist es, was ich nicht begreife. Vertippe ich mich auf meiner Computer-Tastatur doch in jedem Satz dreimal, treffe ich nicht die richtigen Buchstaben, obwohl die Tasten weiter auseinanderliegen als Klaviertasten und ich diesen Job schon fast ein ganzes Leben lang mache.

Dann, gegen Mitternacht, durch nicht endenden Applaus in der Warschauer Philharmonie erzwungen, von Evgeny Kissin die »Revolutionsetüde«.

Das Leben kann schön sein …

Dann, Licht gelöscht, eine Erinnerung.

An Weimar, 9. Mai 1995. Am Vortag hatte ich im Deutschen Nationaltheater eine Rede zum fünfzigsten Jahrestag der Befreiung gehalten.

Nun, an einem sonnigen Vormittag, gehe ich durch ein altes

Viertel der Stadt, kein Mensch auf der Straße, wie durch Zufall sogar kein Auto zu sehen. Und da plötzlich perlt es aus einem geöffneten Fenster in die warme Luft, dringt in die Höhe und in die Weite, nur allzu vertraut, wie ein unvermutetes Geschenk, Klaviermusik – Chopin!

Ich bleibe stehen und rühre mich nicht vom Fleck. Es ist, als wenn ich mich dem 20. Jahrhundert entrückte, zurückeilte in das 19. und seine erste Hälfte. Damals, zu Chopins Lebzeiten, von 1810 bis 1849, standen die Häuser ringsum, stand dieses Viertel genau wie jetzt. Chopin war nie in Weimar, aber die Stadt atmet für mich in dieser Stunde, diesen Minuten den Geist von damals. Es ist, als wenn die Töne sich in Vögel verwandelten, die nichts zu tun haben mit der Moderne, wie die Boten einer Zeit, in der kein Motor lärmte und kein Strom aus Steckdosen kam. Es ist also einer dieser seltenen Augenblicke, in dem man sich wie neben sich selbst gestellt fühlt, als wenn es wahr wäre, was einem die Sinne vorgaukeln, und man selber Attrappe. Eine wunderbare Entwirklichung.

Und das hat Frédéric Chopin mit seiner Musik getan.

Heinrich Heine und er sind sich übrigens in Paris mehrere Male begegnet.

Dann hustete Chopin Blut und starb, am 17. Oktober 1849 – ein riesiges Werk hinterlassend, grad als hätte er um seinen frühen Tod gewußt.

Wie Mozart, wie Gershwin, wie Thomas Wolfe.

2. März 2010, Köln
Es hat geregnet, kurz, aber heftig.

Ich habe Regen immer gern gehabt, von frühester Hamburger Kindheit an. Als ich noch zu klein war, um über die Fensterbank auf die Straße zu schauen, konnte ich dennoch erkennen, ob es regnete oder nicht – an der Dachrinne des gegenüberliegenden Hauses, Hufnerstraße 110, wo meine Großeltern mütterlicherseits im Hochparterre wohnten.

Regen, das ist reinste Natur, reiner geht es nicht – wenn er nicht vom Menschen verschmutzt wird …

Die Güsse im tropischen Regenwald Afrikas und Südamerikas. Die ganze Welt nichts als Regen, Regen, in dem sich alles auflöst. Ich habe mich nie mehr als Teil der Natur empfunden, als wenn es goß. Das sind Wassermassen von oben, die man sich nicht vorstellen kann.

Wie in Kamerun, 1966, an meinem 43. Geburtstag.

Durch das Fenster kann ich den Kamerunberg sehen. Mit seinen über 4000 Metern ist er Westafrikas höchste Erhebung, ein Vulkanriese, der Gipfel meist mit Schnee bedeckt.

Plötzlich war er verschwunden, einfach weg, als wäre das Massiv, der gewaltige Berg von der Erde verschluckt – vom Regen, einer Wand von Regen, einem schweren, undurchdringlichen Vorhang aus Tropfen, so viele, daß es nicht genug Nullen gäbe, sie zu zählen.

Dann, von hier auf jetzt, war er wieder da, der Kamerunberg, aber nun gewaschen, wie die Luft, und viel näher.

Wie sich solch ein Eindruck über ein halbes Jahrhundert hin halten kann.

Samar, mein palästinensisches Patenkind, hat mir geschrieben, über Fax und wie immer auf englisch.

Ich habe sie 1990 auf der Recherchenreise für mein Buch »Israel, um Himmels willen, Israel« kennengelernt, in Beit Sahour bei Bethlehem, ein Ort noch auf israelischem Boden. Die Familie ist christlich, der Vater gestorben.

Damals war Samar neun, heute ist sie neunundzwanzig, verheiratet und Mutter zweier Töchter, eine Frau, die im Rahmen einer deutschen Hilfsorganisation Sozialdienste leistet. Wir korrespondieren seit ihrem fünfzehnten Geburtstag miteinander. Hier ins Deutsche übersetzt der Wortlaut ihres Schreibens an mich:

Lieber Pate, lieber Dad,

sag mir, wie es Dir geht, und entschuldige, daß ich Dir nicht früher schrieb. Aber glaube mir, ich denke an Dich, und Du bist immer in meinem Herzen. Am letzten Montag begann ich einen neuen Kursus mit Peter und Lutz.

Es gibt noch eine gute Nachricht, nämlich, daß ich wieder schwanger bin, ohne bisher zu wissen, ob es ein Junge oder ein Mädchen sein wird.

Meine Töchter Jenan und Nabeel sind bei guter Gesundheit, und ich habe sie sehr lieb. Möge Gott sie segnen wie auch das Baby. Mein Mann Anan läßt Dich grüßen, ebenso die ganze Familie, seine und meine.

Ich vermisse Dich und hab Dich lieb, laß mich bitte wissen, was Du tust. Es soll alles okay sein.

In Liebe und Respekt
Deine Tochter Samar

Und so schrieb ich ihr zurück, auf englisch:

Liebe Samar, liebe Tochter,

Dein Fax war eine große Freude für mich – Glückwünsche zum neuen Baby!

Es ist jetzt genau zwanzig Jahre her, daß wir einander begegneten, in Beit Sahour, dem Haus Deines seligen Vaters Hanna. Das war 1990, und Du warst damals neun Jahre alt. Ich fühlte sogleich, vom ersten Augenblick an, Liebe für das kleine Mädchen, und daran hat sich nie etwas geändert. Seither sind wir miteinander verbunden. Und das ist schön.

Inzwischen hast Du Anan geheiratet, und ich schaue hier auf die Hochzeitsfotos, die Du mir geschickt hast, und wiederhole, was ich Dir gleich damals schrieb: »Eine schönere Braut hat es nie gegeben.« Und wie gut auch Anan, Dein Gatte, aussieht. Nun wirst Du in einigen Monaten zum drittenmal Mutter, und das ist eine wahrhaft glückliche Nachricht. Noch besser wäre es, liebe Samar, wenn Frieden wäre in der Region Nahost, so, wie Friede ist zwischen meinem palästinensischen Patenkind Samar und ihrem deutsch-jüdischen Paten Ralph, der immer hinhorcht auf die Nachrichten von dort, weil er sich Sorgen um Dich macht.

Ich bin stolz auf unsere Freundschaft, die so lange andauert trotz des

Konflikts, und besonders stolz bin ich, wenn Du mich Dad nennst, Vater, das ist wie eine Auszeichnung für mich. Sei sicher, daß mich alles interessiert, was dort geschieht, wie Du lebst mit Anan, den Kindern und beiden Familien.

Mir geht es gut, ungeachtet meiner siebenundachtzig Jahre, von denen du Dir natürlich gar keine Vorstellungen machen kannst. Aber die Wahrheit ist, daß ich mich besser fühle als manche, die zwanzig Jahre jünger sind als ich.

Laß mich bitte auch weiterhin wissen, wie es Euch geht, Euch allen und dem Baby in Dir, das sich wohl bald melden wird, daß es da ist, und der Welt entgegenstrampelt.

Ich umarme Dich und bin Dein alter, aber aktiver godfather Ralph

So ist das Fax abgegangen. Für E-Mail bin ich, immer noch, zu doof. Doch es geht ja auch so.

Wiedersehen werde ich Samar nicht.

Meine durch Mißhandlungen in der Nazizeit stammende Klaustrophobie läßt mich nicht mehr fliegen, und den Strapazen einer kombinierten Land- und Schiffsreise, wie damals für »Israel, um Himmels willen, Israel«, fühle ich mich nicht mehr gewachsen.

Aber beide sind in meinem Herzen – Israel und Samar. Und dort bleiben sie, bis es nicht mehr schlägt.

3. März 2010, Köln
Heute vor einem Jahr Einsturz des Historischen Stadtarchivs.

Offizielle Veranstaltungen, organisierte Trauer, ohne daß bisher Verantwortliche dingfest gemacht oder Namen genannt worden wären.

Die Aufmerksamkeit der Öffentlichkeit gilt deshalb der Bürgerdemonstration vor dem Rathaus, Proteste, Forderungen, der technische Vorstand der Kölner Verkehrs-Betriebe« (KVB) solle zurücktreten, statt zu verdrängen und zu vertuschen. Jedes Vertrauen ist verlorengegangen. Aufbegehren, Widerstand, Empörung – »Nicht zur Tagesordnung übergehen!«. Transparente: »Köln kann auch anders«. Na Gott sei Dank!

Da kocht etwas, da fühle ich mich zugehörig, da bin ich Partei, da ist mir wohl.

Vom Rathaus zur Einsturzstelle – Kerzen, Tränen, echte. Und mir wird klar: Was hier durch menschliche Nachlässigkeit, Gleichgültigkeit gegenüber den Mitmenschen, blanke Profitgier und krassen Egoismus verschüttet worden ist, das ist weit über materiellen Verlust und ideelle Unwiederbringlichkeit hinaus eine Katastrophe von nationalen Ausmaßen.

4. März 2010, Köln

Sie planten den möglicherweise größten Anschlag von islamischen Terroristen in Deutschland. Im sogenannten Sauerland-Prozeß sind vier Terroristen zu langen Haftstrafen verurteilt worden: Die beiden zum Islam konvertierten Deutschen Fritz Gelowicz und Daniel Schneider erhielten je zwölf Jahre Freiheitsstrafe, die Türken Adem Yilmaz und Attila Selek elf bzw. fünf Jahre wegen Mitgliedschaft in der terroristischen Vereinigung Islamische Dschihad-Union sowie Verabredung zum vielfachen Mord.

Der monatelange Prozeß entwarf ein Schreckensszenario, dessen Ausführung durch die Attentäter eine neue Ära deutscher Geschichte eingeleitet hätte. Richter Ottmar Breidling sagte, »daß wir es mit einem ungeheuren Tatgeschehen zu tun haben, und zwar der Verabredung zu Sprengstoffanschlägen mit dem Ziel der Tötung von mindestens 150 amerikanischen Militärangehörigen. Einen Anschlag von einem solchen Ausmaß hat es in Deutschland noch nie gegeben und auch nicht die Verabredung zu einem solchen Anschlag.« Der Richter sprach weiter von Blutbädern, die an die furchtbaren Anschläge von London und Madrid erinnern konnten. »Wir müssen mit Erschrecken erkennen, daß die Geißel unserer Zeit, die ungeheure Bedrohung der internationalen Staatengemeinschaft, nämlich der weltweite Terrorismus, um sich greift und auch junge Menschen erfaßt, die in westlicher Kultur aufgewachsen sind.«

Daß tiefe Einblicke in diese todesgeschwängerte Denkwelt möglich wurden, war dem Umstand zu verdanken, daß die Angeklagten nach dem 15. Verhandlungstag beschlossen hatten, ihre Schweigetaktik aufzugeben. Die Initiative dazu ging von Adem Yilmaz aus, der seine Mitangeklagten bewegte, Aussagen über ihre Zeit in den Ausbildungslagern Pakistans zu machen und den Ermittlern detailliert die Vorbereitung von Anschlägen gegen amerikanische Einrichtungen in Deutschland zu schildern.

Was dabei herauskam, veranlaßte Richter Breidling zu der Feststellung: Derart umfassende Geständnisse in einem Strafprozeß vor dem Hintergrund des globalen islamistischen Terrorismus habe es bisher noch nicht gegeben.

Aus der Urteilsbegründung: Das vorliegende Verfahren habe mit erschreckender Deutlichkeit gezeigt, zu welchen Taten haßerfüllte, verblendete und von verqueren Dschihad-Ideen verführte junge Menschen bereit und in der Lage seien. Offenbar reiche bei solchen verblendeten Extremisten eine nicht einmal rudimentäre Kenntnis des Islam, um sich zu Todesengeln im Namen des Islam zu erheben. Und dann: »Ein ungeheures Blutbad mit einer unübersehbaren Vielfalt von Toten und Verletzten ist verhindert worden durch die Arbeit der Polizei und der Geheimdienste. Die Überwachungs- und Ermittlungsmaßnahmen haben sich inzwischen als unverzichtbar erwiesen.«

Das all den selbsternannten Menschenrechtswächtern ins Stammbuch, die im Namen der Grundrechte am liebsten jede Überwachung der Telekommunikation unterbinden würden.

Das Gericht schloß sich ausdrücklich der Einschätzung der Generalbundesanwaltschaft an, daß die geheimdienstliche Arbeit für die Aufdeckung islamistisch-dschihadistischer Strukturen unverzichtbar sei. Was der Sauerland-Prozeß mit großer Überzeugungskraft demonstriert hat.

Deutschland ist noch einmal davongekommen.

Doch was, wenn die Terroristen nicht im September 2007 im

sauerländischen Medebach-Oberschledorn gefaßt worden wären? Wenn die beiden Kofferbomben von Köln gezündet hätten und es Hunderte von Toten und Verletzten gegeben hätte?

Die Antwort: Von dieser Stunde an befände sich das Land in einer Situation, in der sich die Israelis seit Jahrzehnten befinden – daß jedermann zu jeder Zeit und an jedem Ort von einer Bombe zerfetzt oder verwundet werden kann, Tag und Nacht, im ganzen Land, und das als Status quo. Ich jedenfalls sehe rot, wenn bisher ungefährdete Deutsche besser als die israelische Regierung und ihre Sicherheitsorgane wissen wollen, wie die Bürgerinnen und Bürger vor den mörderischen Anschlägen der Hamas und des Dschihad zu schützen seien.

Möge Deutschland nie in die gleiche Lage kommen.

6. März 2010, Köln

Das Aktionsbündnis »Gesicht zeigen« wird zehn Jahre alt.

Was der »Chef«, der rührige Uwe-Karsten Heye, aus diesem Anlaß zu sagen hat, erschreckt mich. An die 20 000 rechtsextremistisch motivierte Straftaten 2009, das heißt alle 26 Minuten eine, und seit der Wende 130 Tote, das alles ohne einen adäquaten Widerhall in der Öffentlichkeit. »Wäre nur ein einziger an der Hühner- und Schweinegrippe gestorben – was in diesem Lande los gewesen wäre, will ich mir nicht ausmalen«, so Heye.

Die Bedrohung kommt aber längst nicht mehr allein von den Skins, den Gewalttätern und Totschlägern in Springerstiefeln an der Front des Ausländerhasses und des Antisemitismus. Sie kommt vielmehr auch in Gestalt intellektueller Brandstifter und im Namen eines neuen Konservatismus, der Deutschland zum eigentlichen Opfer der Geschichte erklärt. Es ist eine vorwiegend männliche Domäne, die nach politischem Einfluß strebt und zum Beispiel in Nordrhein-Westfalen über 24 Kommunalmandate verfügt. Dabei fungiert die NPD bundesweit als »revolutionäre Protestpartei«, die mit Fußballturnieren, Zeltlagern und rechten Rockkonzerten sehr erfolgreich ist.

An der menschenverachtenden Ideologie hat sich nichts geändert.

Mit anderen Worten: Hitler, und was der Name symbolisiert, ist zwar militärisch geschlagen, nicht aber auch schon geistig, oder besser ungeistig. Das ist es, was mich tief erschreckt, diese Bilanz fünfundsechzig Jahre nach dem Untergang des Dritten Reiches. Aber das nicht, weil ich das Ende der demokratischen Republik, neue Rassengesetze, Berufsverbot oder einen zweiten 30. Januar 1933 befürchte – natürlich nicht. Was mich erschreckt, ist, daß Neonazismus und Rechtsextremismus nicht auf den öffentlichen Widerstand und Widerspruch stoßen, die nach allen historischen Erfahrungen geboten wären – das erschreckt mich. Eine Sorge, in die die jüdische Gemeinschaft in Deutschland mit einbezogen ist.

Ich trage das hier ungern ein, aber da gibt es schon Momente, in denen ich glaube, daß die Lebenslast, die ich getragen habe, letztlich doch umsonst war und das Daseinsmotto »Hitler besiegen!« nicht verwirklicht ist. Was die Aufarbeitung der Nazizeit betrifft, sitzt in mir ein großes Mißtrauen gegen Teile der deutschen Justiz, besonders gegen ihre höchsten Organe – angefacht noch durch die Ablehnung eines Verbots der NPD. Ich glaube, daß sich daran auch nichts ändern wird. In dieser Frage werde ich mit großer Unruhe sterben.

Das könnte mich zwar niemals bewegen, die Hände in den Schoß zu legen oder zu verstummen, im Gegenteil, je wütender ich werde, desto ungestümer dreht sich der kreative Kreisel in mir.

Aber die Zuversicht hat sich doch abgenutzt durch die Wirklichkeit, durch den langen Atem, den das Böse hat, seine Ausdauer und seine Leichtfüßigkeit.

9. März 2010, Köln
Manchmal aber, wie schön, siegt das Gute doch.

»Die sieben Samurai«, arte, 3 Stunden 27 Minuten, ohne Unterbrechung durch Werbung.

Es ist die Geschichte von Bauern eines mittelalterlichen japanischen Dorfes, das alljährlich nach der Reisernte durch räuberische Nomaden überfallen und ausgeplündert wird. Die Bauern, Jammergestalten, die der bewaffneten Übermacht hoffnungslos unterlegen sind, heuern schließlich unter Aufbietung ihrer letzten Mittel sieben der legendären Schwertmänner an. Und siehe da, das Dorf wird gerettet, alle Banditen sind tot, aber aus sieben Samurai sind drei geworden – ein waffenklirrendes Heldenepos.

Ich sehe den Film von 1954 nicht zum erstenmal, erinnere mich aber nicht mehr an meine damaligen Reaktionen auf die erheblich gekürzte Kinofassung. Diesmal nun wird die volle gezeigt.

Ich sitze die ganze Zeit da und denke: Um Himmels willen, wie langatmig, wie übertrieben die Gesten und Mimik, die körperlichen Verrenkungen. Als wenn ein Stummfilm abliefe, in dem das fehlende Wort durch Zeichen ersetzt werden muß.

So mäkele ich bis weit nach Mitternacht, grummelt es in mir aufständisch und griesgrämig, bin ich voller Abwehr gegen sichtbar werdende traditionelle Ehrauffassungen und – völlig verzaubert von Akira Kurosawas Klassiker!

Dafür schäme ich mich denn ein bißchen vor dem Einschlafen, tröste mich aber damit, daß man »Die sieben Samurai« als Sieg des Guten auslegen kann – wenn auch nicht ganz ohne schlechtes Gewissen.

Die Phantasie des deutschen Geschichtsrevisionismus ist unerschöpflich.

Allerletztes Beispiel: Auf der Leserbrief-Seite der F. A. Z. der Vorschlag von Dr. Dr. h. c. Peter Koslowski, Amsterdam, den »Westgebieten Polens« (Ostpreußen, Pommern, Schlesien und Teilen von Brandenburg) den Status Südtirols zu geben, also weitgehende Autonomie und Zweisprachigkeit! Und das sozusagen als Wiedergutmachung dafür, daß sich Polen nach dem Zweiten Weltkrieg im Gefolge der Sieger üblerweise dem »Recht des Stärkeren« verschrieben habe. Daß der befremdliche Vorschlag die Vorgeschichte der Vertreibung und der deutschen Gebietsverluste mit keiner Silbe erwähnt, dürfte niemanden verwundern, der die Grundthese des Revisionismus kennt: *Deutschland – das eigentliche Opfer der Geschichte!*

Und das durch böse Mächte, beginnend mit der Einkreisungspolitik gegen das Kaiserreich durch die Großmächte England, Frankreich und Rußland vor 1914, die wahre Ursache für den Ausbruch des Ersten Weltkriegs. Nach 1918 wird Deutschland dann das Opfer des Versailler Vertrags; 1929 des Schwarzen Freitags an der Wall Street mit Millionen von Arbeitslosen; in den Dreißigern Opfer der Hitler ermutigenden Beschwichtigungspolitik der Westmächte; nach 1939 Opfer der anglo-amerikanischen Bomberflottillen; ab 1945 Opfer der Flucht, der Vertreibung, der Siegerjustiz, der Entnazifizierung und der Teilung des Landes. Wobei sämtliche Übel eines gemeinsam haben – sie alle kommen von außen!

Diese Fähigkeit, die Verantwortung für die eigene Geschichte, besonders aber für ihre Katastrophen, in die Verantwortung fremder Mächte zu delegieren, diese Fähigkeit macht dem deutschen Revisionismus keiner nach.

Nun also soll fast die Hälfte des polnischen Territoriums den Status der Autonomen Region Trentino-Südtirol erhalten, Zweisprachigkeit eingeschlossen – wenn es nach dem Willen des Doppeldoktors Peter Koslowski aus Amsterdam ginge.

Wie kann man das ernst nehmen?

Den Namen werde ich mir trotzdem merken. Nicht, weil das »Projekt« auch nur die geringste Aussicht auf Verwirklichung hätte, sondern weil diese »Korrektur« der Weltkriegs-2-Ergebnisse wieder daherkommt im Gewande hehrer Parolen wie »Verzicht auf das Recht des Stärkeren«. Aber das nicht aus dem Munde brüllender Skins – hier ist vielmehr Akademikertum im

Spiele, die Intellektualität eines deutschen Konservatismus, der fälschlicherweise als überwunden galt, ehe er sich nur als scheintot entpuppte. Sein treuester Begleiter: ein Revisionismus, der im Kern revanchistisch ist.

Auch wenn solche wahnwitzigen Projektionen wie der Südtirol-Status für Polen nostalgische Sandkastenspiele bleiben werden, eine unruhestiftende Drohung sind sie doch.

Also werde ich ihr weiter auf der Spur sein, wenn inzwischen auch endgültig davon überzeugt, daß der deutsche Revisionismus länger leben wird als ich.

»Habent sua fata libelli.«

Diesmal geht es um ein Buch, nach dem ich lange gefahndet habe, das ich aber erst gestern wieder in die Hände bekam – mit den Gefühlen tiefer Scham.

Es heißt »Westdeutsches Tagebuch«, trägt den Untertitel »Vom Kampf der jungen Garde«, ist 1953 unter dem Pseudonym Jan Rolfs mit der Widmung »Unserm Kraftquell – der Deutschen Demokratischen Republik« im Ostberliner Verlag Neues Leben erschienen und – stammt aus meiner Feder.

Sein Inhalt: Aufzeichnungen vom 30. September 1951 bis zum 30. Oktober 1952.

Ich war damals achtundzwanzig Jahre alt, seit 1946 Mitglied der Kommunistischen Partei Deutschlands, Landesorganisation Hamburg, Kreis V, und dort Sekretär für Agitation und Propaganda.

In dem schmalen Band wird auf 144 Seiten geschildert, was wir, eine kleine Schar junger Genossinnen und Genossen, so in Altona und den Elbvororten trieben: Flugblätter verteilen, an extremen Plätzen Losungen malen – »AMI – GO HOME!« –, Plakate kleben, und das alles im Kampf um ein wiedervereinigtes Deutschland unter SED-Herrschaft.

Je tiefer ich mich in den Text hineinlese, desto wütender werde ich – auf mich selbst. Und immer fassungsloser: »Welch ein tapferer, welch ein starker Mensch ist Werner doch durch den Friedenskampf geworden«, steht da. Das soll ich geschrieben haben, diesen Mist? Dann die auftretenden Figuren, blutleer, entpersönlicht, allesamt aus der Retorte kommend. Dabei gab es sie wirklich, Klaus, Werner, Peter, aber in meinem Buch waren sie Attrappen und sonst nichts.

Typisch der Hang zu falscher Dramatisierung: »Meine Tagebuchaufzeichnungen müssen aus dem Haus. Für jeden Friedenskämpfer besteht heute die Gefahr, daß seine Wohnung von der Polizei untersucht wird.« In Wahrheit hat sie für mich nie bestanden. Warum, verdammt noch mal, tat ich dann so, als hätte die Gestapo überlebt? Dann die vier Zwischentitel, die für sich sprechen: Herbst: »Ami go home«, Winter: »Hell aus dem dunklen Vergangenen«, Frühling: »Wir sind bereit«, Sommer: »Der Einheit entgegen«. Schließlich die unsägliche Widmung »Unserm Kraftquell – der Deutschen Demokratischen Republik«.

Am meisten aber schaudert's mich heute noch bei der Erinnerung, mit welcher Eloquenz ich damals bei der Blankeneser Polizei alle an die Wand geredet habe, wenn ich mal wieder bei einer unbotmäßigen Aktion gefaßt worden war. Das ging so weit, daß die Hüter des Gesetzes mich lieber ungeschoren ließen, als sich meinen Elogen über die DDR auszusetzen. Noch heute entdecke ich mich dabei, daß ich erschreckt in meinem Redefluß innehalte und denke: »Mit der gleichen Verve hast du damals deinen Irrtum unter die Leute gebracht. Was, wenn du dich auch heute irrst?«

Es war ein Kampf auf der falschen Seite der Weltgeschichte, die Parteinahme für eine Diktatur gegen die demokratische Republik, die totale Verkennung der eigenen Position – Schwarz war Weiß, und Weiß war Schwarz.

Summa summarum – das »Westdeutsche Tagebuch« war so etwas wie der Tiefpunkt meines politischen Lebens. Ein Klassiker des sozialistischen Realismus, jener Kunsttheorie, die sich die Welt nach den Maßstäben des Stalinismus zurechtbog, einer Wunschvorstellung von Funktionären und Agitatoren auf dem Vormarsch zur kollektiven Beglückung des Erdballs. »Wir sind der Einheit um ein Jahr nähergekommen«, lese ich da, geschrieben 1951 – es kann doch nicht wahr sein! Aber es ist wahr und dieses Machwerk aus meiner Feder.

Ich gebe mir Mühe, mich in den Giordano von damals zu versetzen, nur will es mir nicht gelingen. Diese Seiten sind wie aus einem anderen, fremden Kosmos. Einzig da, wo sich der Text gegen Nazis wendet, kommt ein persönlicherer Ton auf, ein unverhüllter Zorn auf das, was ich später die »zweite Schuld« genannt habe. Aber das bleibt punktuell, es ändert nichts an der Agitationssubstanz. Auch stilistisch kommt der Giordano, den ich kenne, nur hier und da durch. Sonst nichts als hölzerne Rhetorik.

Der Text ist wie an eine übergeordnete Instanz gerichtet, eine Art Rechenschaftsbericht an eine Variante von George Orwells »Großem Bruder«, der alles sieht, alles hört und alles richtet.

Mein Anschluß an eine Ideologie hatte mich bis zur Unkenntlichkeit selbst entstellt.

Wenn es überhaupt eine rationale Erklärung dafür geben kann, so ist es das ungeheure Bedürfnis nach Zugehörigkeit, das hinter all der Pappnasenhaftigkeit meiner damaligen Parteiexistenz sichtbar wird. Also das, was mich nach der langen Isolation der zwölf Nazijahre 1946 zur KPD gebracht hat. Sie war die erste Organisation, die mir die Tür zum Schreiben aufgestoßen hat, für das Parteiorgan »Hamburger Volkszeitung«, für die »Weltbühne« und als Korrespondent für die »Berliner Zeitung«. Dabei hatte ich mich verlaufen, hatte geglaubt, die Feinde meiner Feinde müßten auch meine Freunde sein – ein schwerwiegender Irrtum.

Den humanen Kern in mir hat mein Irrtum zum Glück jedoch nicht zerstören können.

Denn fünf Jahre später, 1957, werde ich die Partei aus den gleichen Gründen, aus denen ich zu ihr gestoßen war, auch wieder verlassen: um diese Welt mit meinem Molekül ein wenig bewohnbarer zu machen. Die Etappen dahin schildere ich in meinem 1961 erschienenen Buch »Die Partei hat immer recht«. Nicht als Biographie eines enttäuschten Kommunisten, sondern als Anatomie des Stalinismus auf deutschem Boden.

In diesem Kontext stellt das »Westdeutsche Tagebuch« mit seinem anonymen Autor so etwas wie den Tiefpunkt meines politischen Lebens dar.

Das Seltsame aber war: Während ich diesen literarischen und politischen Unrat von mir gab, zur selben Zeit arbeitete ich an den »Bertinis« – eine Ebene, die mit dem Milieu des »Westdeutschen Tagebuchs« nichts zu tun hatte. Und so wird es bleiben, in all den vierzig Jahren, von der Idee dazu im Januar 1942 bis zum Erscheinen des Buches 1982.

Schlimmer, als einen politischen Irrtum zu begehen, ist es, keine Konsequenzen aus ihm zu ziehen, sich also einem Feind nicht zu stellen, der nur von innen her besiegt werden kann, und das desto schmerzhafter je gründlicher. Der Bruch wird zu einem Akt der Selbstbefreiung, zur Rückkehr zu eigenen Ursprüngen.

Das sind die Zusammenhänge, wie aus dem Pseudonym »Jan Rolfs« das Synonym für den großen persönlichen Irrtum geworden ist. Dennoch hat meine Anfälligkeit für leere Parolen mir weh getan, hat das Ausmaß meiner Verführbarkeit mich erschreckt, die Ausdauer meiner Blindheit mich verstört. Das Buch aber, an dem sich alles ablesen läßt, war verschollen. Doch wozu gibt es das Internet?

Da ich selber technisch zu doof bin, hetzte ich meinen guten Freund Martin R. aus Bremen darauf, jenen irischstämmigen Briten mit dem furchterregend akzentfreien Deutsch. Und siehe da, nach längerer Zeit gelang es ihm, ein Exemplar aufzutreiben und es mir zu vermachen.

Nun halte ich also nach fast sechzig Jahren das Corpus delicti in Händen, sichtlich abgegriffen, auf dem Cover einen fackeltragenden Unhold, hinter dem mit Schlagstock ein verzerrtes Polizistengesicht auftaucht, und ein Inhalt, den ich selbst mit einer Feuerzange nicht mehr anfassen möchte. Bei der Lektüre muß ich einen lächerlichen Anblick geboten haben, da saß ich kopfschüttelnd und immer wieder unterbrochen von Selbstanklagen wie »Das kann doch nicht wahr sein!« oder »Nein, um Himmels willen, nein!«.

Ich werde das vergilbte Buch aus dem Jahre 1953 noch eine Weile hier behalten und dann an meinen Nachlaß im Deutschen Literaturarchiv abgeben.

Den Leuten, die sich später vielleicht daranmachen werden, soll mitgeteilt sein, was für ein Idiot ich mal gewesen bin, auch wenn's lange her ist.

10. März 2010, Hamburg

Großer Günter-Kunert-Abend in der Hamburger Handelskammer hinterm Rathaus: Lesung des Autors aus seinen Werken und die Ausstellung »Augenspielereien«. Der große Saal ist bis auf den letzten Platz besetzt.

Erst die Lesung.

Kunert ist einer der nicht gerade zahlreichen Autoren, die übers Schreiben hinaus auch lesen, vortragen können. Lachen kommt auf, Kunerts spröder Humor betritt die Szene. Ganz gelöst wird es dann, wenn nach Heinescher Manier die letzte Zeile eines Gedichts zur kontrapunktischen Pointe wird. Wie in dem über ein schorfiges Agrarmilieu mit unverständlich fernen Stimmen, rindigem Holz und reglosen Steinen, denen sich ein ratternder Trecker zugesellt, der die Eintönigkeit auch nicht belebt – ein Topos der Trostlosigkeit. Darunter dann: »Ansonsten ist das Landleben gemütlich.«

Die Ausstellung nicht.

Eine Flut von Zeichnungen und Druckgraphiken, Hinterglasmalereien und Bronzen, künstlerische Zeugnisse von überbordender, ja ausschweifender Phantasie – heiter und boshaft, von Breughelschen Teufeleien bis zu hingehauchten Tuschen.

Da glaubte ich, diesen »optimistischsten Pessimisten« oder »pessimistischsten Optimisten« (mein Copyright!) zu kennen, und kenne seine Lyrik und Prosa ja auch bis in ihre letzten Verästelungen. Aber vor diesen »Augenspielereien« stehe ich einigermaßen fassungslos, einer Dimension, von der ich bis jetzt nur die Ränder wahrgenommen hatte.

So sind auch die treuesten Freundschaften vor Überraschungen nicht gefeit.

Der Gefeierte fährt heute noch zurück nach Kaisborstel, tiefstes Schleswig-Holstein, wo er am Rand der Ortschaft mit unverbaubarem Blick über die Felder lebt, eine Idylle sondergleichen.

Ich aber hatte wieder einen Grund, nach Hamburg zu kommen, meinem geliebten Hamburg – und das, wie immer beim Anblick seiner Türme, mit Herzklopfen, Herzklopfen bis zum Halse!

12. März 2010, Köln
Neuerliches Erdbeben in Chile, Stärke 7,2.

Von Opfern wird nichts gemeldet, wohl aber von schweren Schäden in Rancagua, etwa hundert Kilometer südlich von Santiago und dem Epizentrum ganz nah.

Der Name der Stadt provoziert eine böse Erinnerung in mir.

Drei Tage nach dem Beben vom Juli 1971, dessen Schrecken wir in der Hauptstadt gerade überstanden hatten, waren wir nach Rancagua aufgebrochen, um dort in der berühmten Kupfermine El Teniente zu filmen.

Also ging es in die Eingeweide des Berges und in ein Dunkel, das nur erhellt wurde von der Stirnlampe eines schweigenden Cicerone in Minenarbeiterkluft, hinter dem das Team blind wie Maulwürfe torkelte, ständig damit beschäftigt, nicht in einen der Schächte zu stürzen, die rechts und links neben dem schmalen Pfad klaftertief abfielen. Wenn es in meinem Leben als Globetrotter je eine wirkliche Gefahr gegeben hat, dann in dieser Mine und seiner totalen Finsternis.

Aber damit nicht genug.

Denn plötzlich schwankte der Boden unter unseren Füßen, schien der Berg sein Unterstes nach oben kehren zu wollen, blieben wir starr vor Entsetzen stehen – kein Zweifel, kurz nach dem ersten Stoß bebte Chiles Erde ein zweites Mal! Nicht lange, aber gewaltig. Danach Totenstille. Was nun? Immerhin lebten wir

noch, wenn auch vor nackter Angst stumm bis in die Sprach-
losigkeit. Sollte es wirklich hier zu Ende gehen und diese Mine
zu unserem felsigen Grab werden? Oder waren wir, da weitere
Stöße ausblieben, ein zweites Mal gerettet und davongekommen? Diese glimmende Hoffnung wurde vor allem durch das
Verhalten unseres Cicerones genährt, der einzigen Lichtquelle
weit und breit. Denn die leuchtete auch während der durch Mark
und Bein gehenden Stöße unbeirrt vor uns her, durch keinerlei
Stockungen oder Zögern unterbrochen, sondern hell wie ein
Stern der Zuversicht an der Spitze eines ansonsten tiefverstörten
Fernsehteams aus Europa.

Zum Glück hatten wir bald unser Ziel erreicht: einen Mann
von dreißig Jahren, Indio-Einschlag, verheiratet, Vater zweier
Söhne, ein Leben für El Teniente und dabei aufgestiegen vom
Arbeiter bis zum geachteten Sprengmeister. Und als solcher
müsse er, José Acuña-Acuña, uns nun leider informieren, daß er
mit der heutigen Sprengung, die wir ja filmen wollten, nicht auf
uns warten konnte, weil das die Produktion aufgehalten und ihn
möglicherweise den Job gekostet hätte. »Ob wir das verstehen?«

»O ja, ganz gewiß, nur allzugut! Machen Sie sich unseretwe-
gen, Señor José Acuña-Acuña, doch bitte keine Sorgen.« So unsere etwas exaltierte Reaktion, verräterisches Zeichen einer Erleichterung, wie sie wohl üblich ist bei Menschen, die sich nach
einer überstandenen Gefahr wie zum zweiten Mal geboren vorkommen.

Und genauso war uns.

Wir bekamen unsere Sprengung dann doch noch, waren bei
José Acuña-Acuña zu Hause, im Kreise seiner Familie, bei den
ninos, Knaben von elf und zwölf Jahren, denen, wie das Ehe-
paar leuchtend verkündete, zwei Töchter folgen sollen. Alle vier
sollten dann später, so der stolze Vater, eine höhere Schule be-
suchen und klüger werden als ihre Eltern. Presidente Allende
werde schon dafür sorgen …

Was ist aus ihnen geworden? Leben der ehemalige Sprengmeister der Kupfermine El Teniente und seine Frau noch? Sind den

beiden Söhnen die erwünschten Töchter gefolgt, haben sie eine bessere Schulbildung genossen? Und sind sie von Erdbeben betroffen worden, diesem und späteren?

Lang sind sie her, dieser Tag und diese Begegnung, aber unvergessen.

14. März 2010, Köln

Heute nacht war der bisher stärkste verbale Angriff, die Stimmen von drei Männern, mit einem abgestimmten Programm, in dem »Allah u-akbar« vorherrscht, in schrecklicher Lautstärke.

Bis jetzt habe ich mir das angehört, wie unter einem Zwang, alles mitzukriegen. Damit werde ich jetzt Schluß machen.

16. März 2010, Köln

Mißbrauch und Mißhandlungen von Kindern und Jugendlichen in katholischen Institutionen – und kein Ende.

»Er hat mir die Hose heruntergezogen. Ich habe ihn nicht gesehen, er war ja immer hinter mir – ich ekle mich vor diesen Erinnerungen. Er hat mir danach, als ›das‹ vorbei war, mein zerfetztes Gesäß eingekremt. Das war noch unangenehmer. Ich möchte wissen, welche Männer mit welchen Entscheidungen mein Leben zerstört haben, das möchte ich wissen.«

Nur *eine* Stimme aus einem Kosmos von Scheußlichkeiten, deren Wahrzeichen entblößte Hintern, Lineale, Schnüre und Teppichklopfer sind. Besonders widerwärtig aber ist es, wenn Vertreter der katholischen Kirche nicht müde werden, mit kaum unterdrückter Genugtuung auf die Verjährung hinzuweisen – da wird Erleichterung spürbar, sichtliches Aufatmen. Doch zu früh, denn was heißt das eigentlich – Verjährung? Etwa, daß es seit damals keine solchen Straftaten mehr gegeben hätte? Daß die Kette der sexuellen Gewalt plötzlich abgerissen und alle Fummelpriester ausgestorben wären? Welch grober Täuschungsversuch! Denn natürlich ist das perverse Handwerk weitergegangen, natürlich hat hier kein Systemwechsel stattgefunden, natürlich ist seit den siebziger Jahren des vorigen Jahrhunderts bis ins 21. weiter gegrapscht, vergewaltigt, gefummelt worden. Verjährung! Da kann man den heute Mißbrauchten nur raten, mit ihren Eröffnungen nicht wieder zwanzig, dreißig Jahre und mehr zu warten, sondern das akute Verbrechen gleich zu offenbaren, zu dieser Stunde noch.

Wird einem doch angst und bange, wenn die verjährten Mißbrauchsfälle hochgerechnet werden – von Deutschlands siebenundzwanzig Bistümern sind zweiundzwanzig betroffen.

Verstörend auch, *wie* die Diskussion geführt wird, mit welchen Hauptlinien. Geht es dabei doch zu neunzig Prozent um die Täter, nicht um die Opfer. Schauerlich mit anzusehen, wie unsicher, wie emotional plakativ die Vertreter der katholischen Kirche werden, wenn die Sprache auf die Opfer kommt. Kein Wunder angesichts der inneren Beziehungslosigkeit zu ihnen und der Tradition, die Täter zu schützen. Zu diesem Repertoire gehört übrigens auch die unvermeidliche Beschwörung »Kein Generalverdacht!«. Wer erhebt den denn? Nur darf dazu bemerkt werden, daß die Epidemie der Fummler es den Entkräftern jener These wahrlich nicht leichtgemacht hat.

Am verkrampftesten aber sind die Versuche des Klerus, den Zölibat als eine der bestimmenden Ursachen des Mißbrauchs zu negieren, zu ignorieren oder wenigstens kleinzuhalten. Offiziell wird die Ehelosigkeit weiter verteidigt mit der Begründung, »der Priester könne sich dann in vollständiger Hingabe Gott widmen«. Aber gerade das klappt doch nicht, wie jetzt knüppeldick offenbar wird, sondern bleibt ein frommer Wunsch.

Darf auch gelacht werden? Ich weiß es nicht, wage es aber mal mit einem Witz, der gerade umgeht. Zwei katholische Priester sitzen auf einer Bank. Sagt der eine: »Glaubst du, wir werden es noch erleben, daß der Zölibat abgeschafft wird?« Darauf der andere: »Wir nicht, aber vielleicht unsere Kinder.«

Ganz plötzlich ergibt sich die Gelegenheit zu einer Zäsur, wird endlich von außen versucht, ein jahrhundertealtes Tabu aufzubrechen gegen einflußreiche Mächte, die die Unkultur des Schweigens fortsetzen wollen. Deshalb Paroli, Klarheit, restlose, deshalb Wahrheit pur!

Das heißt ja nicht, daß die katholische Kirche Luther als den Klügeren anerkennen soll, aber sie muß damit aufhören, nach dem Mechanismus der antiken Tragödie gerade mit den Maßnahmen, die ein Schicksal abwenden sollen, dieses nur um so rascher herbeizuführen: durch Schweigen laut zu reden!

In dieser zentralistisch geführten »Firma« kommt letztlich alles auf den Papst an. Zwar tut man ihm unrecht, wenn behauptet wird, er habe sich zu Mißbrauchsfällen nicht öffentlich geäußert. Das hat er sehr wohl getan, in vergangenen Jahren und bei mehreren Anlässen, ich habe es mit meinen eigenen Ohren gehört. Aber das war immer im Ausland, zum Beispiel bei seinem Besuch in den USA, und niemals direkt auf Deutschland bezogen.

Diese Stunde wäre nun gekommen.

In vier Tagen wird Benedikt XVI. einen Hirtenbrief an die Katholiken Irlands richten. Wird er die Gelegenheit wahrnehmen, um endlich nachzuholen, was mehr als überfällig ist: den Augiasstall des Mißbrauchs im Lande seiner Herkunft auszukehren?

Ich bin gespannt.

»Rommels Schatz« – »Phoenix« sei Dank!

Da wird ein weiterer Stein herausgebrochen aus dem verlogenen Mythos um den legendären »Wüstenfuchs« und angeblichen Widerständler gegen Hitler, Feldmarschall Erwin Rommel. Da fehlt noch ein Kapitel, das selbst in einschlägigen Kreisen der Geschichtsaufarbeitung so gut wie unbekannt ist: die Judenverfolgung in Tunesien.

Wie überall, waren auch bei der Besetzung des Landes 1943 Eichmanns Häscher sofort der Armee auf dem Fuße gefolgt. Das militärische Ende des Afrikakorps war bereits absehbar wie die Gefangenschaft von 300 000 deutschen Soldaten. Doch Eichmanns Todesschwadronen funktionierten auch hier bis zuletzt. Als die Wehrmacht abzog, waren über 2500 tunesische Juden ermordet – nachdem sie vorher ausgeraubt worden waren.

Auf Djerba hatte die SS mit sofortigen Erschießungen gedroht, wenn nicht fünfzig Kilo Gold herausgegeben würden. Und so auch anderswo. Ein Zeitzeuge aus Tunis: »Sie sind während des Gebets zum jüdischen Viertel gekommen und forderten fünfzig Kilo Gold. Unser Großrabbiner ist herumgefahren und hat das Gold eingesammelt, von den Familien und auch von der Synagoge. Jeder Jude, der nur etwas Gold hatte, mußte es abgeben. Um die horrenden Summen aufzutreiben, mußten wir auch Grundstücke verpfänden.«

Zum Raubzug trugen Armeeangehörige bei, unter anderem mit Ausgangssperren, während die SS Exekutionen und Bombardierungen androhte, falls die geforderte Beute nicht pünktlich geliefert würde. Es wurde aber nicht nur Gold geraubt, es wurden auch Schmuck und kostbare sakrale Gegenstände entwendet. So kamen 88 Millionen Francs zusammen, der sogenannte Rommelschatz. Von ihm fehlt bis heute jede Spur.

Ich hole die Karte des Zweiten Weltkriegs hervor, beuge mich über sie und denke: Was, wenn Rommel über den Nil und Ägypten hinaus bis nach Palästina vorgedrungen wäre? Was, wenn er gesiegt hätte und nicht General Bernard Law Montgomery und seine 8. britische Armee?

Und weiter: Welch langer Weg der *Desert Rats* von El Alamein über Tobruk und Sizilien quer durch Europa bis vor die Tür unseres Verstecks am 4. Mai 1945, welch unendlich langer Weg.

17. März 2010, Duisburg
Der Frühling ist da, hingetuscht wie ein zarter Hauch nach dem harten Winter.

Ich sitze auf der Bank im Wohnpark, mir ist geradezu warm, und wo vor kurzem noch Schnee lag und die Eisdecke gefährlich rutschig war, taut es nun. Hat die Natur je sanfter aus- und eingeatmet?

Duisburg-Marxloh, Deutschlands größte Moschee, vier Neben-
und eine Hauptkuppel, 23 Meter hoch, das Minarett 34 Meter.
Da wollte ich hin, da war ich heute.

Sie ist nach dreijähriger Bauzeit am 26. Oktober 2008 in Gegenwart des nordrhein-westfälischen Ministerpräsidenten Jürgen Rüttgers als eine interkulturelle und interreligiöse Stätte unter großer öffentlicher Anteilnahme eröffnet worden. Platz für
3500 Gläubige, Kostenpunkt 7,5 Millionen Euro, zusammengekommen von der EU, dem Land Nordrhein-Westfalen, der
DITIB und Spenden – so die offizielle Version. Ich dagegen bin
überzeugt, daß das direkt der türkischen Regierung unterstellte
Amt für Religion (Dyanet) in Ankara sein Scherflein oder mehr
dazu beigetragen hat.

In Duisburg ging es ohne Tumulte wie bei der Köln-Ehrenfelder Moschee ab. Was nicht heißt, daß es in der Bevölkerung keine
Ängste und Vorbehalte gegeben hätte. Die gab es sehr wohl.

Die relative Ruhe in Marxloh ergab sich einfach daraus, daß
die Wellen des Kölner Konflikts erst während des Baus hoch-
schlugen. Deshalb war kein nennenswerter Widerstand zu regi-
strieren gewesen. Dazu beigetragen hatte wohl auch, daß der
Muezzinruf nicht über das Minarett nach draußen schallen soll.

In seiner Eröffnungsrede hatte Jürgen Rüttgers vor Vorurteilen gegenüber dem Islam gewarnt, aber auch die Muslime aufgefordert, sich aktiv um ihre Integration zu bemühen. Es müsse
eine ebenso klare wie unzweifelhaft eindeutige Antwort gefunden werden, ob *Islam und Demokratie vereinbar sind*. Womit der
Kern des Problems angesprochen war – und mein Zweifel an
solcher Vereinbarkeit. Bedenken gegen eine schleichende Islamisierung und Verfestigung der Parallelgesellschaften hatte schon
die muslimische Frauenrechtlerin und schwerbedrohte Rechtsanwältin Seyran Ateş zur Eröffnung geäußert und sich dabei auf
mich berufen.

Man wußte hier also, wer um diese »Audienz« nachgesucht
hatte, der »Türkenschreck« und »Antimuslimguru«, der die La-

wine losgetreten und die Apologeten der Political Correctness mit so häßlichen Vokabeln wie »Multikulti-Illusionisten«, »Sozialromantiker«, »Beschwichtigungsapostel«, »Gutmenschen vom Dienst« und »deutsche Allround-Umarmer« belegt hatte.

Leicht war es mir nicht gefallen hierherzukommen, gerade nach den besonders heftigen Attacken der letzten Zeit, aber Berührungsängste, egal welche, sind meine Sache nie gewesen. Auch nicht bei diesem Thema, das so nachdrücklich in mein spätes Leben getreten ist.

In Duisburg-Marxloh erwartete mich eine Muslima, die für die Bildungsarbeit und die Deutschkurse zuständig ist – zweiundvierzig Jahre alt, hier geboren, zweimal von muslimischen Ehemännern geschieden, alleinerziehende Mutter zweier Söhne im Teenageralter, sehr gläubig und im Gespräch ohne jedes Tabu.

Als ich hier eintraf, war sie gerade dabei, eine Gruppe von Besuchern über die Geschichte der Moschee zu unterrichten und Fragen zu beantworten. Dabei war sie von sich aus auf die »heißen Eisen« gekommen, wie sie es nannte – Gewalt in der Familie, Jugendkriminalität, Zwangsehen, Ehrenmorde. Für mich überraschend, nach allem, was bisher aus der DITIB kam.

Dann mit ihr in die Moschee. Ich ziehe diesmal meine Schuhe aus und betrete den großen Gebetssaal mit der Gebetsnische in Richtung Mekka. Unter einer gewaltigen Kuppel ein riesiger Leuchter, in dessen vergoldetem Rand die 99 Namen für Allah eingraviert sind. Es sind nur wenige Betende da. Ein Vater kommt mit seinem etwa drei Jahre alten Sohn, einem Kerlchen, das herumtobt und sich hier offenbar wie zu Hause fühlt – ein rührendes Bild. So etwas habe ich in einer Kirche nie gesehen, wohl aber in Synagogen.

Danach gehen wir in die Teestube.

In den nächsten zwei Stunden lerne ich in einem Gespräch ohne thematische Begrenzungen eine Muslima kennen, von der ich resümiere: Bestünde die muslimische Minderheit in Deutschland aus Menschen wie sie, so wäre das Migrations-/Integrationsproblem erheblich entschärft. Ich erkenne eine volle Integration, die mein tiefes Mißtrauen gegenüber dem Dachverband DITIB, bei dem sie angestellt ist, zwar nicht aufhebt, aber auch die Warnleuchten in mir unbedient läßt. Ich empfinde das als eine wichtige Erfahrung. Es war gut, daß ich hierhergekommen bin. Differenzieren ist wichtig, aber aufpassen, daß mit der Forderung nicht das Exemplarische erschlagen werden soll.

Draußen dann, gegen 21 Uhr, stehe ich allein vor der angestrahlten Großmoschee in Duisburg-Marxloh mit der steinernen Nadel des Minaretts – ungeachtet des mächtigen Bauwerks ein fast anmutiges, betörend koloriertes Bild.

Aber es in Einklang zu bringen mit dem Stand des Migrations-/Integrationsproblems – das will mir dann aber doch nicht gelingen. Da wuchtet vor mir das Symbol eines der großen, vielleicht sogar des größten Problems der deutschen Innenpolitik im 21. Jahrhundert hoch und gleichzeitig das zentrale Fragezeichen: Sind Islam und Demokratie vereinbar? Das könnte ich nur mit Ja beantworten, wenn ich all meinen Realitäts- und Rationalitätssinn selbstbetrügerisch in Urlaub schicken würde.

So, wie die Dinge liegen, muß die Welt fertig werden mit einem Islam, der mit Demokratie nicht zu vereinbaren ist.

Aber heißt das, deshalb die Hände in den Schoß zu legen? Das läßt die Begegnung mit Ayşe und Bassam, meinen virtuellen Patenkindern aus dem Zug vor einem Jahr, nicht zu. Ich fühle mich vielmehr als Teil jener säkularisiert-emanzipatorischen Gesellschaft, in die beide Eingang finden müssen, eine offene Demokratie, die ihnen alle Möglichkeiten einer freiheitlichen Gemeinschaft bietet. So will ich mit meinem Molekül beitragen, daß ihnen archaische Sitten, Gebräuche und Traditionen nicht im Wege stehen, ein Kampf, den ich an der Seite kritischer Muslima und Muslime führe.

Dabei werden sich neben der Hauptfrage, ob Islam und Demokratie vereinbar sind, immer deutlicher Fragen ergeben, die der öffentliche Diskurs angesichts ihrer Brisanz sich zu stellen bisher gescheut hat. Erstens: Ist eine wirkliche Integration des Individuums ohne Entislamisierung möglich? Zweitens: Läßt sich der größte, der türkische Sektor der muslimischen Minderheit in Deutschland überhaupt *kollektiv* integrieren? Und drittens: Was, wenn nicht?

Die Antworten können nur gemeinsam gefunden werden, bei Gegenkräften sowohl von muslimischer wie auch von nichtmuslimischer Seite. Wobei ich nach wie vor überzeugt bin, daß die stärkste Integrationshemmung aus der muslimischen Minderheit selbst kommt.

Sie hat einen Namen: Recep Tayyip Erdoğan, Ministerpräsident der Republik Türkei.

19. März 2010, Köln
Unvergessen sein Auftritt in der Kölnarena vom Februar 2008 vor einer aufgeheizten, ja, kochenden Menge. Da stand er vorn, ganz Übervater aller Türken urbi et orbi, ein Marionettenkünstler von hohen Graden, der zwei brisante Botschaften soufflierte: »Lernt Deutsch, aber bleibt, wie ihr seid« und »Bildet einen Staat im Staate, ohne es so zu nennen«. Danach dann noch sein berühmtes Wort: »Assimilation ist ein Verbrechen gegen die Menschlichkeit.« Wobei »Assimilation« mühelos mit »Integration« ausgetauscht werden konnte. Es war eine unverblümte Kriegserklärung an die Mehrheitsgesellschaft, das Integrationsfeindlichste, was je aus dem Munde eines türkischen Politikers auf deutschem Boden verlautete, ein eindeutiger Tenor. Während die Vertreter der Political Correctness Augen, Ohren und Mund auch weiterhin verschlossen hielten, ein Akt der Kapitulation.

Erdoğan ist in meinen Augen ein Brandstifter, ein Demagoge der besonderen Art, ein gefährlicher Einschmeichler. Ich kann mir nicht vorstellen, daß seine Politik im Interesse der türkischen Minderheit in Deutschland liegt und daß alle darauf hereinfallen werden. Was sich gerade jüngst bestätigt hat.

Auf Einladung des Ministerpräsidenten in Istanbul großes Treffen von im Ausland lebenden Staatsbürgern, herausragenden Persönlichkeiten, 2160 nach Angaben des Kabinetts. Eine klare Lobbyveranstaltung der türkischen Regierung zur Feier ihres Oberhauptes, eine Veranstaltung, nach der neutrale Beobachter erklärten: »Gegner des EU-Beitritts der Türkei hätten eine Menge Stoff für ihre Argumente bekommen.«

Und in der Tat, Erdoğan zog im Großen Kongreßsaal von Istanbul eine Schau ab, ein Schmierentheater, wie es ihm so leicht keiner nachmacht.

Aus seiner Rede: »Wir Türken sind in verschiedene Länder verstreut, aber unsere Herzen sind eines und schlagen als eines. Wir sind alle Geschwister, Kinder desselben Stammes. Wenn die Nase eines einzigen Bruders in Solingen blutet, fühlen wir den Schmerz von fünf Kontinenten in unseren Herzen, und wenn die Träne eines Unschuldigen in Sarajewo auf den Boden fällt, brennt es in all unseren Herzen zu gleicher Zeit.« Hilfe! Aber weiter: »Wo immer wir sind, immer wir atmen, wir waren die Repräsentanten des Friedens. Wir waren die Repräsentanten harter Arbeit, guter Moral und Ehrlichkeit in den Ländern, in denen wir arbeiten.« Das soll nicht bestritten werden, nur ganz so lupenrein ist es nun wirklich nicht gewesen. Und wieder Erdoğan: »Unsere Anstrengungen zielen darauf, euch zu helfen, als würdevolle Bürger zu leben. Wir wollen sicher sein, daß ihr eure Köpfe aufrecht halten könnt, als Bürger, als Kinder. Je mächtiger die Türkei ist, desto mächtiger werdet ihr dort sein. Zu diesem Zweck haben wir danach gestrebt, die Macht, das Ansehen und den Ruf der Türkei zu mehren.« Nachdem Erdoğan die seiner Meinung nach eskalierenden rassistischen Angriffe gegen Türken »in gewissen Staaten« verurteilt und die doppelte Staatsbürgerschaft gefordert hatte, endete er mit: »Vorwärts, vorwärts, vorwärts!«

Kann man sich etwas Integrationsfeindlicheres als diese agitatorische Suada, dieses nationalistische Wortgebimmel vorstellen?

Das schien selbst einem Teil des Auditoriums zu blumig, zu schwülstig gewesen zu sein, abgesehen von dem Eindruck, daß man hier als Interessenvertreter der türkischen Regierung vereinnahmt werden sollte.

Jedenfalls sollen sich nach Deutschland zurückkehrende Teilnehmer dahingehend empört geäußert und an die Medien gewandt haben.

Doch ist noch ein zweiter Sündenfall dieses schillernden Politikers zu vermelden.

»Es leben 100 000 Armenier in meinem Land, die nicht seine Bürger sind. Und denen ich sagen kann, wenn es nötig wäre: ›Los, zurück in euer Land.‹«

So die Reaktion Erdoğans darauf, daß der Stockholmer Reichstag und der Auswärtige Ausschuß des amerikanischen Repräsentantenhauses die Verfolgung der Armenier »Völkermord« genannt hat. Der armenische Außenminister Edward Nalbandian sagte dazu: »Mit solchen Erklärungen begannen jene Ereignisse, die zum Völkermord an den Armeniern im Jahr 1915 führten.«

Mit solchen Erpressungsversuchen wird der Premier auch weiterhin zur Hand sein – Recep Tayyib Erdoğan ist an einer Aussöhnung von Türken und Armeniern nicht interessiert.

Und doch ist der Status quo ante nicht wiederherzustellen.

Wer hätte denn auch geglaubt, daß Millionen Menschen einfach so von der Erde verschwinden könnten, ohne einen Schrei von kosmischer Lautstärke auszustoßen und zu hinterlassen?

Seit zwei Monaten arbeite ich an der Rede, die ich am 24. April 2010 in der Frankfurter Paulskirche zum 95. Gedenktag des Völkermords an den Armeniern halten werde – wie schon vor fünf Jahren, zum 90.

Hat sich in der Zwischenzeit etwas verändert?

Nicht an der staatlichen Lebenslüge, die ist so versteinert wie eh und je, wohl aber in der Öffentlichkeit – durch einen Mord. Am 19. Januar 2007 war der armenische Schriftsteller und Publizist Hrant Dink in der Halaskargazi-Straße Istanbuls von einem siebzehnjährigen Nationalisten erschossen worden. Ein Augenzeuge berichtete, der Täter habe auf der Flucht gerufen: »Ich habe den Ungläubigen erschossen.« Er war kein Einzeltäter, mit ihm werden achtzehn Hintermänner angeklagt.

Auf die Frage, ob es Völkermord gewesen sei oder nicht, hatte Hrant Dink geantwortet: »Das Ereignis ist entscheidend, nicht das Wort.«

Klassischer könnte man es nicht sagen.

Er hat gespürt, daß die Gefahr näher und näher heranschlich, nachdem er wegen »Beleidigung des Türkentums« auf Grund des berüchtigten Strafrechtsparagraphen 301 verurteilt worden war.

»Der 301 hat Hrant Dink getötet«, schrieb der einflußreiche Kolumnist Mehmet Ali Birand am Tag der Beisetzung. »Der Paragraph schuf die mörderische Atmosphäre des Hasses und der Hetze, die zu seinem Tod führte.«

Die Beisetzung geriet zu einer eindrucksvollen Kundgebung. Es sollen sich an die hunderttausend Menschen versammelt haben, ein riesiger Zug, in dem schwarze Tücher hochgehalten wurden mit der Aufschrift »Wir sind alle Hrant Dink« und »Wir sind alle Armenier«. Viele Menschen brachen in Schluchzen aus, andere applaudierten immer wieder.

Rakel Dink, die Witwe, mußte gegen den Wind ankämpfen, als sie mit hoher, brüchiger Stimme rief: »Mein Geliebter, du hast uns, deine Familie verlassen, aber nicht die Türkei.«

Da Hrant Dink nach beiden Seiten Kritik übte, war er auch bei Armeniern nicht überall willkommen, sein Mut aber wurde von allen anerkannt. Er kostete den Dreiundfünfzigjährigen das Leben.

Der Premierminister konnte übrigens an der Beerdigung nicht teilnehmen, er hatte einen wichtigen Termin – Recep Tayyib Erdoğan mußte einen Autobahntunnel eröffnen.

Und so brüte ich denn über meiner Rede, seit ich vor mehr als sechs Wochen von der Spitze der Armeniergemeinde in Deutschland den ehrenvollen Auftrag dazu erhielt, und ich tue das neben meiner Arbeit für das Tagebuch. Ich konnte nicht warten bis zu seiner Beendigung am morgigen Tag, obwohl von da an bis zum 24. April noch genügend Zeit gewesen wäre, die Rede auszuarbeiten.

Aber das geht nicht, soviel Geduld habe ich nicht. Wenn ich

mich zu etwas verpflichte, muß es auch gleich in Angriff genommen werden. Also existiert bereits ein Rohtext, der aber noch streng bearbeitet werden muß. Der Schluß meiner Rede steht jedoch schon fest, wortwörtlich, wie bei all meinen Ansprachen und Texten vor Armeniern seit fünfundzwanzig Jahren, eine Art Aufruf, ein persönlicher Schwur:

Es lebe die armenische Sache! Es lebe die Armenische Republik! Es lebe das armenische Volk, dieser kleine Fetzen Menschheit! Es lebe Hayastan!

So heißt Armenien auf armenisch.

Papst Benedikt XVI. hat seinen mit Spannung erwarteten »Hirtenbrief« veröffentlicht.

Das lange Schreiben trägt das Datum vom 19. März 2010, ist an die katholische Kirche Irlands gerichtet, in vierzehn Abschnitte unterteilt und dem Verfasser mit spürbar widerwilliger Feder abgetrotzt.

Für mich ist das ein altes Thema – »Mein irisches Tagebuch« von 1996 hatte ihm ein großes Kapitel gewidmet. Schon damals fegte ein Sturm der Empörung über die Insel, mit haarsträubenden Eröffnungen über pädophilen Mißbrauch in Tausenden von Fällen.

Und nun, fünfzehn Jahre später, donnerte es in diesem »Hirtenbrief« mit alttestamentarischer Wucht auf die irische Priesterschaft nieder: »Ihr habt das Vertrauen, das von unschuldigen jungen Menschen und ihren Familien in euch gesetzt wurde, verraten, und Ihr müßt Euch vor dem allmächtigen Gott und vor den zuständigen Gerichten dafür verantworten«, lese ich da, und weiter in diesem Stil: »Ihr habt die Achtung der Menschen Irlands verspielt und Schande und Unehre auf Eure Mitbrüder gebracht. (…) Gemeinsam mit dem immensen Leid, das ihr den Opfern angetan habt, wurden die Kirche und die öffentliche Wahrnehmung des Priestertums und des Ordenslebens beschädigt.« Dann an die »Mitbrüder im Bischofsamt«: »Es kann nicht geleugnet werden, daß einige von Euch und Euren Vorgängern bei der Anwendung der seit langem bestehenden Vorschriften des Kirchenrechts zu sexuellem Mißbrauch von Kindern versagt haben. (…) Dies alles hat Eure Glaubwürdigkeit und Effektivität untergraben.«

Dann, ans Ende gelangt, denke ich voller Verblüffung: Was der Papst da den irischen Priestern und ihrer Kirche vorwirft, kann er doch auch den deutschen Priestern und der deutschen Kirche vorwerfen! Aber darüber kein Wort, nicht eine Silbe. Zudem wird in dem »Hirtenbrief« das Problem des Mißbrauchs von Kindern relativiert – es sei kein rein kirchliches. Wie tröstlich! Strukturelle Ursachen für die Verbrechen des inflationären Mißbrauchs von Kindern und Jugendlichen bleiben in dem »Hirtenbrief« völlig unberücksichtigt. Prophetisch deshalb, was ein irischer Priester am Vortage verlauten ließ: »Der Papst wird zwar die Sünde des Mißbrauchs mit starken Worten verdammen, nicht aber, daß das Versagen der katholischen Kirche als Institution genauso schuld ist an den Ereignissen wie alles andere.«

Bei den Opferverbänden Irlands kommt geharnischte Kritik auf, so die Gruppe »One in Four«: Vor allem hätte der Papst die Art und Weise verurteilen sollen, wie die Kirche den Mißbrauch systematisch über Jahre verdeckt gehalten habe. Dadurch habe er eine glorreiche Möglichkeit verstreichen lassen, den Kernpunkt des kirchlichen Mißbrauchsskandals anzusprechen: die absichtliche Politik der katholischen Kirche bis in die höchsten Ebenen, Mißbrauchstäter zu beschützen und damit Kinder zu gefährden.

Aber auch in Deutschland rumpelt es.

Die Initiative Kirche von unten wirft dem Papst vor, in seinem Schreiben an die irischen Katholiken bei verbaler Betroffenheit stehengeblieben zu sein und den Blick auf die strukturellen Ursachen zu verweigern, indem er sich die »Einzeltäterthese« zu eigen mache.

Auch der Bund der Deutschen Katholischen Jugend muckt auf: »Angesichts einer größer werdenden Verunsicherung bei uns Katholikinnen und Katholiken und deren Eltern hätten wir uns über ein persönliches Wort der Begleitung, der Stärkung und des

Zuspruchs gefreut.« Und »Wir sind Kirche«: »Daß sich der Papst nicht zu den deutschen Mißbrauchsfällen geäußert hat, wird seine Autorität und sein Ansehen in der Kirche nicht erhöhen.«

Bei den Kirchenoberen Deutschlands dagegen ist der Brief gut angekommen, so bei Stephan Ackermann, Sonderbeauftragter der deutschen katholischen Kirche zur Aufklärung der Mißbrauchsfälle: Er glaube nicht, daß sich der Papst noch einmal in einem gesonderten Wort an die deutschen Katholiken wenden werde. Das sei nicht mehr nötig.

Aber nicht genug damit: Papst Benedikt XVI. gerät nun selbst ins Zwielicht.

In seiner Eigenschaft als Erzbischof von München-Freising soll er in den »Verschiebebahnhof« pädophiler Priester verstrickt gewesen sein. Es ist die Schreckensgeschichte des Kaplan H., dessen vielfache Vergehen nicht weitergegeben wurden an die Staatsanwaltschaft, obwohl er an den Orten seiner Versetzungen wieder pädophile Straftaten beging. Wie konnte Erzbischof Ratzinger zulassen, was hier in seiner Diözese vorging, also mehrfach auffällig gewordene Priester anderswo weitermachen zu lassen? Und übers Lokale, Regionale hinaus: Dreiundzwanzig Jahre, von 1981 bis zu seiner Papstwahl, war Ratzinger Chef der »Glaubenskongregation« und mit zuständig für das Thema »sexueller Mißbrauch«. Niemand konnte besser informiert gewesen sein als er.

Jahrelang hat auch er sexuellen Mißbrauch hingenommen, war er Teil der Tarnkappe, die von der katholischen Kirche über eines der großen Verbrechen unseres Zeitalters gestülpt worden ist, erpicht auf Täterschutz und Ansehen der Kirche und ohne jede innere Beziehung zur Welt der kindlichen und jugendlichen Opfer.

Was ist in diesem Punkt eigentlich mit der Evangelischen Kirche Deutschlands los, der EKD? Von ihr liegen Zahlen aus neun von zweiundzwanzig Landeskirchen vor: In den vergangenen zehn Jahren gab es elf Fälle von Mißbrauch, mit einem Fall von Pädophilie. Alle betroffenen Pfarrer und Diakone wurden aus dem Dienst entfernt. Sobald ein Anfangsverdacht vorliegt, heißt es, wird Strafanzeige erstattet.

Natürlich bedeutet das nicht, daß die Herrschaft der Engel in der EKD ausgebrochen ist. Dennoch kann mir keiner erzählen, daß die Fälle von sexueller Gewalt und pädophilem Mißbrauch nicht weit höher liegen würden, wenn es den Zölibat auch in der protestantischen Kirche geben würde.

Jetzt wird zerknirscht Besserung gelobt, ein »Runder Tisch« in Aussicht gestellt, der Zölibat aber unangetastet gelassen. Da kreißt also wieder mal ein Berg, aus dem wahrscheinlich auch diesmal nur ein Mäuschen hervorkriechen wird. Noch einmal: Mein Vertrauen in die Reformierbarkeit der katholischen Kirche ist gleich Null. Schon gibt es Stimmen hochrangiger Würdenträger, die, man will es nicht glauben, die Kinder und Jugendlichen als die eigentlichen Verführer hinstellen, also die Täter zu Opfern und die Opfer zu Tätern machen. Von allen Scheußlichkeiten, die sich da darbieten, dürfte dies die allerscheußlichste sein.

Was Wunder, daß die Kirchenaustritte steigen. Ich bin kein religiöser Mensch, aber daß katholische Gläubige derzeit und lange noch schwer an den systemimmanenten Verbrechen ihrer Kirche leiden werden, das kann ich begreifen. Es liegt so etwas wie ein kollektiver Kater in der Luft.

Die Ausläufer reichen bis zu meinen Verwandten auf Sizilien. Das sind brave, würdige Menschen, von festen, mafiaimmunen Ehrbegriffen. Sie werden getragen von einem Lebensrhythmus, einer Kraft, die von tief unten kommt, aus der Erde, auf der sie stehen. Nun spüre ich dort Bangigkeit, Verletztheit. Also mache ich mich auf, ihnen gut zuzusprechen, und zeige ihnen, daß Freundschaft und Liebe noch etwas gelten, dio mio!

20. März 2010, Köln
Frühlingsanfang – und Geburtstag!

In meiner Kindheit gab es nicht nur den Weihnachtsmann, sondern auch einen Geburtstagsmann. Der stand zwar deutlich unter dem Rang des Gottähnlichen und war seltsam unkörperlich (im Gegensatz zu dem Weißbärtigen tauchte er nie persönlich auf), wurde aber doch gespannt erwartet.

Das erste Geschenk, an das ich mich erinnere, war ein grüngestrichenes Gehege, ein hölzerner Zoo, aus der geschickten Hand von Opa Rudolf, dem Großvater mütterlicherseits. Ein sicherer Platz war das für meine Elastolinlieblinge – ein Panzernashorn, ein weißer Elefant, ein indischer Löwe, ein Nilpferd und ein Perlhuhn unter anderen.

Lange angehalten hat mein Glaube an Weihnachts- und Geburtstagsmann allerdings nicht, grausam aus vorschulischer Idylle gerissen von gleichaltrigen, aber realitätsnäheren Mitschülern, die sich totlachen wollten über den zurückgebliebenen Achtjährigen. Doch während Weihnachten noch lange etwas von seinem Zauber bewahrte – beim Geburtstag war der Lack unwiederbringlich ab, der einstige Glanz dahin. Dafür begann die ernüchternde Ära sogenannter nützlicher Geschenke, also Socken, Taschentücher, Oberhemden, die einem ebensogut an jedem anderen Tag hätten vermacht werden können.

Dann aber, im Laufe des Lebens, machte ich eine eigentümliche Feststellung: Ich fühlte mich nicht so alt, wie ich wirklich war, sondern weit jünger. Das fing bereits mit der Schnapszahl 33 an, und daran hat sich bis heute, also bis in die zweite Hälfte des neunten Jahrzehnts, nichts geändert. Vor mir im Spiegel steht ein typischer Spätentwickler, innerlich und äußerlich, mit der ziemlich degoutanten Angewohnheit, desto hemmungsloser mit seinen Jahren zu kokettieren, je älter er wird.

Schön ist das nicht, aber fast so etwas wie eine Droge.

Doch wie alle Drogen, so hat auch diese natürlich ihre Nebenwirkungen, und die können einem das Dasein ziemlich vermiesen.

Seit langem spüre ich deutlich ein schlechtes Gewissen beim Anblick von Leuten, die viel jünger sind als ich, deren Körper ihnen aber offensichtlich mehr zusetzt als mir der meine. Was heftig an mein besseres Ich appelliert. Wenn mir also Menschen begegnen, die gebückt gehen, auf einen Stock gestützt oder an die

Ehefrau, den Ehemann gelehnt, darunter manch zu Herzen gehendes Bild, dann bremse ich mein Tempo unwillkürlich ab und verfalle von mir aus in invalide Haltungen, um nicht den strammen Max zu spielen, den Playboy vom Dienst, der vom Jungbrunnen genascht hat und sich unverschämterweise für unsterblich hält.

Bei der Schlußbeichte an diese verwundbare Stelle gelangt, flechte ich ein: Vollends unmöglich scheint mir solche Vermessenheit dennoch nicht zu sein – wenn man, wie ich seit gestern, die Ergebnisse der letzten Blutuntersuchung vorliegen hat:

Leberwerte in Ordnung – Nierenwerte und Elektrolyte in Ordnung – Harnsäure (Gichtwert) in Ordnung – Cholesterin optimal – Blutgerinnung in Ordnung – Schilddrüsenwerte in Ordnung – Rheumaserologie in Ordnung – Tumormarker nicht erhöht, insbesondere auch nicht der PSA-Wert – Blutbild (Anzahl der diversen Blutzellen) völlig in Ordnung – Eisen und Eisenspeicher in Ordnung – Bluteiweiß und dessen Untergruppen (Elektrophorese) in Ordnung.

Die frohe Botschaft wird begleitet von der freundlichen Aufforderung der behandelnden Ärztin, »Freude zu haben an Ihren schönen Werten und sich entsprechend gesund zu fühlen«.

Das will ich dann auch ganz wacker befolgen, mir absolut bewußt, daß Glück nicht ewig währt. Schließlich gibt es da eine ganz bestimmte Art, wie Freunde, Verwandte und Bekannte dich bei diesem Thema zu mustern beginnen.

Um jeglichem törichten Verdacht der Selbstüberschätzung einen Riegel vorzuschieben, male ich mir und der neidischen Umwelt dann wortreich aus, daß selbst der Gesündeste eines Tages dran glauben und von dieser Erde abtreten muß. Das allerdings, halten zu Gnaden, möglichst betagt, physisch intakt, ohne Schmerzen und finanziell gesichert. Und was den konkreten Fall betrifft: nicht abtreten, ohne vorher noch die beiden geplanten Bücher geschrieben zu haben – eine Auslese meiner Reden,

Schriften und Vorträge der letzten zehn Jahre (2011), danach an der Seite kritischer Muslime ein Buch über das Migrations- und Integrationsproblem (2013). Was hieße, mich noch mit neunzig über die Frankfurter Buchmesse tappeln zu sehen …

Soweit zu meinem Testament.

Ein Jahr ist vergangen, auch für Knuffi-Kirschauge.

Das Ritual ist immer das gleiche: Allmorgendlich wird der Labradorwelpe aus Stoff von mir herzhaft auf die schwarze Nase geküßt, was nicht spurlos an ihr vorbeigegangen ist, er mir aber nicht übelgenommen hat. Denn während ich ihn jetzt in den Arm nehme, sehen mich seine Augen wieder so inniglich an, daß sie von echten kaum zu unterscheiden sind.

Der Traum von einem Labrador aus Fell und Pfoten jedoch ist endgültig ausgeträumt, die Hoffnung, als Voraussetzung dafür ein stationäreres als das bisherige Leben zu führen, erloschen.

Ein bloßer Ersatz, Knuffi-Kirschauge, bist du dennoch nicht.

Der letzte Eintrag in diesem Buch gilt dem Mann, dem es seinen Titel zu verdanken hat – Victor Klemperer, Verfasser des Monumentalwerks »Ich will Zeugnis ablegen bis zum letzten. Tagebücher 1933–1945«. Mein Buch ist eine Hommage an diesen gelehrten, tapferen, ausdauernden kleinen Juden, der zum Entzücken seines akademischen Auditoriums den rechten Fuß immer an der linken Wade zu wetzen pflegte, ohne sich auch nur eine Sekunde dessen bewußt zu sein.

Victor Klemperer (1881–1960), auch »Kulturgeschichtsschreiber der Katastrophe« genannt, wurde achtundsiebzig Jahre alt, so daß ich schon heute neun Jahre älter bin, als er wurde. Dennoch wird er für mich immer der Senior bleiben, der Schicksalsgefährte und Kollege, der den unnachahmlichen Satz prägte: »Mein Leben ist so sündhaft lang.«

Und das meine? Wie lange es auch währen mag, eines ist heute schon sicher:

Die größere Hälfte habe ich hinter mir.

Ralph Giordano. Ostpreußen ade. Reise durch ein melancholisches Land. KiWi 854

Am Anfang war ein Foto von Masuren. Gut sechs Jahrzehnte
später machte Ralph Giordano seinen Traum wahr und reiste
durch ein verlorenes Land: Ostpreußen.

»Es gibt viele Bücher über Ostpreußen – keines aber gleicht
dem einzigartigen Buch, das Ralph Giordano geschrieben hat.«
Marion Gräfin Dönhoff

www.kiwi-verlag.de

Ralph Giordano. Erinnerungen eines Davongekommenen.
KiWi 1047

Dass er als Sohn einer jüdischen Mutter davonkommen würde,
war unwahrscheinlich. Wie er dennoch davonkam, und das immer
wieder, darüber legt der Journalist, Fernsehautor und Schriftsteller
Ralph Giordano in der Mitte seines neunten Lebensjahrzehnts nun
Zeugnis ab – engagiert und kämpferisch wie eh und je.

»Spannende Lebenserinnerungen eines großen Mahners.«
Arno Lustiger, FAZ

www.kiwi-verlag.de

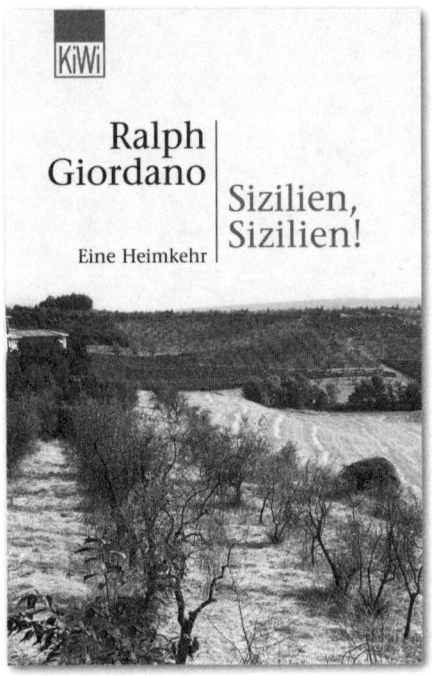

Ralph Giordano. Sizilien, Sizilien! Eine Heimkehr. KiWi 855

Ralph Giordanos literarischer Reisebericht ist weit mehr als eine meisterhafte Schilderung der kargen Schönheit an Afrikas Grenze. Es ist auch eine Rückkehr zu eigenen Wurzeln. Auf den Spuren seines Großvaters Rocco entdeckt Giordano sein Sizilien.

»Ein berührendes und liebenswertes, ein kluges und bereicherndes Buch. Vor allem aber weckt es starke Sehnsucht.«
Kölner Stadt-Anzeiger

www.kiwi-verlag.de